U0453317

Changes in the Public Image
and Social Status of Overseas
Chinese in Samoa

萨摩亚华侨华人
公共形象和社会地位的变迁

石莹丽 著

中国社会科学出版社

图书在版编目（CIP）数据

萨摩亚华侨华人公共形象和社会地位的变迁／石莹丽著 . —北京：中国社会科学出版社，2023.6
ISBN 978-7-5227-1291-8

Ⅰ.①萨…　Ⅱ.①石…　Ⅲ.①华人—研究—萨摩亚 ②华侨—研究—萨摩亚　Ⅳ.①D634.363.8

中国国家版本馆 CIP 数据核字（2023）第 021367 号

出 版 人	赵剑英
责任编辑	耿晓明
责任校对	王佳玉
责任印制	李寡寡

出　　版	中国社会科学出版社
社　　址	北京鼓楼西大街甲 158 号
邮　　编	100720
网　　址	http://www.csspw.cn
发 行 部	010-84083685
门 市 部	010-84029450
经　　销	新华书店及其他书店
印　　刷	北京君升印刷有限公司
装　　订	廊坊市广阳区广增装订厂
版　　次	2023 年 6 月第 1 版
印　　次	2023 年 6 月第 1 次印刷
开　　本	710×1000　1/16
印　　张	15.5
插　　页	10
字　　数	248 千字
定　　价	89.00 元

凡购买中国社会科学出版社图书，如有质量问题请与本社营销中心联系调换
电话：010-84083683
版权所有　侵权必究

图1 萨摩亚区位图

图2 阿松(Ah Soon,1874—1932)

图3 1910年可可种植园中的契约华工

图4 1914年菠萝种植园中的契约华工

图 5　1930 年前后的契约华工

图 6　1930—1931 年合同到期被遣返的华工

图 7　香蕉园中的中国工人

图 8 梁槐的洗衣店

图 9 梁槐的妻子及其孙辈孩子们

图 10　陈茂与妻子洛特

图 11　阿健后人

图 12　陈宝元先生

图 13　余荣相与儿子、儿媳、孙女合影

图 14　萨摩亚前总理图伊拉埃帕与陈思缵小孙子对弈

图 15　蔡健敏先生

图 16　周小宽与家人

图 17　翁维捷与员工们在一起

图 18　翁维捷烟厂一角

图 19　正建公司承揽的滨海工程

图 20　工作中的施祖杰

图 21　吉志明的吉祥食府

图 22　酷尔码生产车间一角

图 23　黄至杰的员工宿舍

图 24　两位萨摩亚小伙子在倪时钦商店里挑选吉他

图 25　长才的秋天的梦

图 26　从山顶拍摄的学瑜农场

图 27　笔者与李美女士

图 28 孙明霞与当地女性

图 29 莫健锋、伍艳梅一家

序　言

在担任中国政府太平洋岛国事务特使的八年里，我每次到岛国访问，总要设法去看望在前方工作的中国专家或中资企业人员，听他们讲述成功的喜悦、方方面面的收获，以及工作和生活上遇到的烦恼。对我，每一次这样的交流都是难忘的经历。

2017年9月初，我率团出席在萨摩亚首都阿皮亚举行的第48届太平洋岛国论坛对话会。一天下午休会早，离晚上的活动还有一点儿时间，驻萨摩亚大使王雪峰驱车带我去郊外村子里看望山东聊城大学援助萨摩亚的教师志愿者。我们抵达时，学生们已经放学，夕阳下的校园一片寂静，只有援教队老师和当地校长在办公室里等候我们。大家刚要坐定，在附近另一学校工作的一位聊城大学的男老师带着四五岁的小女儿也匆匆赶了过来。我这才知道，在萨摩亚支教的除了五位老师，还有陪同他们的两位老人和三个孩子。在距祖国万里之遥的热带海岛上见到同胞，大家都有说不出的高兴。在我和王雪峰大使心中，他们是中萨友谊的播种者，是最可爱的人。

援教队队长石莹丽老师是一位青年学者，消瘦优雅，来萨摩亚支教已经三年，言谈中洋溢着发自内心的自豪和成就感。她和团队不仅克服出国前难以想象的困难出色完成了教学任务，而且帮助萨摩亚政府对全国的数学和计算机老师进行培训。她们以高超的专业水平、对学生发自内心的热爱和严谨认真的工作态度赢得萨摩亚同事的交口称赞。在与萨摩亚学生、家长和当地社会的互动中，她们更是把自己当作民间使者，每时每刻都在播撒友谊的种子。在萨摩亚独立日庆典活动中，当她们组成的中国教师志愿者方队高举五星红旗走过主席台时，萨摩亚国家元首起立致意，全场欢声雷动。石莹丽老师告诉我，作为聊城大学太平洋岛国研究中心的学者，她还利用业余时间收集资料，开展田野调查，希望为以后的研究工作打下更好的基础。

两年以后，我受邀前往聊城大学太平洋岛国研究中心进行学术交流，再次遇到已经完成支教任务回国的石莹丽老师。她告诉我，她的《萨摩亚的历史与现实》一书即将出版，接着她还要写一本介绍萨摩亚华侨华人历史的著作。如此高效的研究和著述工作，令人敬佩。回到北京后，我把自己收藏的两本有关题材的书寄给她，并感慨新一代中国学人既把论文书写在大地上，又求经问道于殿堂之中。

萨摩亚华侨华人史是华侨华人发展史中的一个很独特的章节，悲惨、曲折，充满了人性的张力和历史沧桑感。从有记载的第一位中国人到达萨摩亚于今已经有一个半世纪。一代代华人华侨以他们的血汗和聪明才智为萨摩亚的发展做出了贡献，也留下了自己鲜明的印记。但是，由于距离遥远，萨摩亚国家规模又小，国内对有关问题一直缺乏深入系统的研究。因此，石莹丽老师此次推出的《萨摩亚华侨华人公共形象和社会地位的变迁》一书，又是做了一件弥补空白的工作。善莫大焉，可喜可贺！

为了撰写本书，作者在离开萨摩亚前访谈了30多位不同行业有代表性的侨胞。行文中，作者有意识地站在历史与现状、时代潮流与个人命运的交叉点上，带领读者走近一个个鲜活的人和他们的内心世界。相信这一特点将会受到读者的欢迎。

在祝贺本书出版的时候，我想特别对石莹丽老师所在的聊城大学太平洋岛国研究中心致敬。中心成立十年来，在推动中国的太平洋岛国研究方面做了大量开创性工作。特别是近一时期，中心学者佳作迭出，蔚为壮观，不能不让关心太平洋岛国和中太关系的人感到由衷的高兴。

杜起文

2022年8月于北京

目 录

引 言 ……………………………………………………………………（1）

上篇 萨摩亚华侨华人概况

第一章 太平洋岛国华侨华人历史追述 …………………………（15）
 一 概念辨析 ………………………………………………（15）
 二 太平洋岛国华侨华人概况 ……………………………（19）
 三 华人移民历史分期 ……………………………………（21）

第二章 萨摩亚华人移民历史及社会地位的变迁 ………………（25）
 一 工作条件的转变 ………………………………………（25）
 二 政治身份的转变 ………………………………………（30）
 三 社会地位的转变 ………………………………………（35）

第三章 中国驻萨机构及华侨华人社会组织的设立 ……………（37）
 一 清末林润钊与在萨华工 ………………………………（37）
 二 医疗保障和华人公会的成立 …………………………（40）
 三 华侨华人对萨摩亚社会的影响 ………………………（46）

第四章 当代萨摩亚华侨华人面临的机遇与挑战 ………………（48）
 一 群体构成及主要社会活动 ……………………………（48）

二　目前面临的问题 …………………………………………（51）

三　华侨华人的教育诉求 ……………………………………（54）

中篇　1870—1979 年华侨华人典型案例

第五章　从海员到商人（1870—1902）………………………（59）

一　阿穆 ………………………………………………………（60）

二　阿苏 ………………………………………………………（60）

三　阿庆 ………………………………………………………（61）

四　阿松 ………………………………………………………（61）

五　阿昌 ………………………………………………………（62）

六　阿福 ………………………………………………………（62）

第六章　从"付费奴隶"到合法公民（1903—1949）…………（64）

一　陈泮 ………………………………………………………（65）

二　阿健 ………………………………………………………（66）

三　李蒙 ………………………………………………………（67）

第七章　从平民百姓到商界精英（1950—1979）……………（68）

一　梁槐 ………………………………………………………（68）

二　陈茂 ………………………………………………………（70）

三　阿李 ………………………………………………………（72）

下篇　当代萨摩亚华侨华人典型案例

第八章　此心安处是吾乡（1980—1989）……………………（75）

一　陈宝元 ……………………………………………………（75）

二　余荣相 ……………………………………………………（86）

三　陈氏三兄弟 ………………………………………………（92）

第九章　不负韶华行且知（1990—1999） ……………… （98）
　　一　王志国 …………………………………………… （98）
　　二　蔡健敏 …………………………………………… （105）
　　三　周小宽 …………………………………………… （111）

第十章　应似飞鸿踏雪泥（2000—2009） ……………… （119）
　　一　翁维捷 …………………………………………… （120）
　　二　施祖杰 …………………………………………… （132）
　　三　王培正 …………………………………………… （145）
　　四　吉志明 …………………………………………… （155）
　　五　黄至杰 …………………………………………… （162）

第十一章　何妨吟啸且徐行（2010—2020） …………… （170）
　　一　梁华新 …………………………………………… （170）
　　二　王命秀 …………………………………………… （177）
　　三　林学瑜 …………………………………………… （182）
　　四　王长才 …………………………………………… （189）
　　五　倪时钦 …………………………………………… （195）

第十二章　兹游奇绝冠平生
　　　　　　——萨摩亚的女性华侨 ……………………… （200）
　　一　李美 ……………………………………………… （201）
　　二　孙明霞 …………………………………………… （206）
　　三　伍艳梅 …………………………………………… （212）

附录 ……………………………………………………… （218）

参考文献 ………………………………………………… （230）

后记 ……………………………………………………… （237）

引　言

"风来自很远的地方，去去也无妨。"

2016年元旦，我在微信朋友圈里写下这样一句话，那时距我启程前往萨摩亚执行教育援助任务已不足半个月时间了。第一次到离家万里之外的太平洋岛国工作，对那里的一切有太多的未知与不安。这句话既是自己惶恐不安心绪的表露，也是向周围亲友宣布：我即将远赴太平洋地区的一个岛国工作。

2016年1月13日，我与生命科学学院陈彦老师、物理科学与信息工程学院张桂清老师、地理与环境学院肖燕老师、化学化工学院汝晶夫妇踏上了前往萨摩亚的征程。

一　写作缘起

萨摩亚，一个小到在地球仪上仅用一个点来表示的国家，一个面积不足3000平方千米、人口不足20万的微小国家。如果用一句话描述这个国家，不妨借用网络上流传的那句"身上裹块布，吃饭上大树，活人死人一块住"，短短十几个字便十分形象地勾画出了萨摩亚人的日常生活习惯和民风民俗。

萨摩亚地处南太平洋地区，位于南纬13°—15°、西经168°—173°，总面积2934平方千米，共由10个岛屿组成，其中三个岛屿有人居住。

萨瓦伊岛为该国第一大岛，面积1708平方千米，但仅有22.2%的人口住在该岛。首都所在乌波卢岛为第二大岛，面积1118平方千米，有77.8%的人口居住在该岛。另有1000人左右居住在第三大岛马努努岛。由于萨摩亚群岛系火山喷发而成，岛屿呈中间高、周围低的形态，早期岛民主要沿海岸环岛居住。随着萨摩亚经济日渐好转，岛民们域外亲属汇款增多，加之台风、地震、洪水等自然灾害时有发生，一些经济条件较好的家庭开始搬至中部山区。

在萨摩亚大约3000年的历史中，经历过汤加入侵、德国殖民、新西兰托管等几个重要时期。950年前后，汤加入侵萨摩亚，并在此地统治了大约500年。1899年，德国开始对此殖民。1914年，新西兰占领萨摩亚，直到1962年萨摩亚独立。萨摩亚传统社会实行酋长制，村庄是基层社会单位。每一个村庄由若干个大家庭组成，每一个大家庭由一位酋长负责，若干个大家庭的酋长共同组成村一级乡村议事会，负责全村人的土地分配、农业生产、民事纠纷等。由各村推举出的酋长共同组成各区酋长委员会，如此形成塔式等级制度。所以在萨摩亚一个有意思的现象是，所有议员均有酋长身份，国家最高级别酋长被称为国家元首，是名义上的国家最高领导人，但握有实际权力者为内阁总理。

萨摩亚地处太平洋中心，与美属萨摩亚骨肉相连，是澳大利亚、新西兰的传统盟国。1975年11月6日，萨摩亚与中国正式建立外交关系。建交40多年来，两国关系稳中有升。中国对萨摩亚进行了包括基础设施援助、人力资源援助在内的多项援助，对于萨摩亚社会的经济发展起到了重要作用。正是基于两国长期友好关系，中国教育部把在太平洋岛国的理科教育援助试点定在萨摩亚，并委托聊城大学予以实施。

由于被援助的学校非常分散，彼此之间离得较远，援助教师见面机会并不多。幸运的是，老师们刚刚抵达萨摩亚半个月左右就接到了中国驻萨大使馆春节招待会邀请函，老师们也是第一次见到了许多中国同胞。宴会即将结束时，一个陌生的身影出现在大家面前，面带微笑，阳光热情，已经在萨摩亚工作了两年的汉语教师王小丽介绍说："这是翁维捷经理，我们都叫他'萨翁'。"

"欢迎各位老师到我那里做客。"简单地打了一个招呼，他便匆忙离开了。这是老师们与在萨同胞第一次正式接触，但也仅仅是一个微笑、一声招呼而已。在接下来的 4 年时间里，来自聊城大学的 20 位教师均受到了这位同胞的热情照顾。

2016 年 3 月 25 日，一个风和日丽的星期六下午，我独自一人在校园里散步，突然间收到一条短信："石老师，您好，我是王小丽老师介绍的翁老板。今晚能否来家吃饭，都是家乡菜哦。"因为当时我住的地方离首都很远，公交车已经停运，就婉言表示下次一定赴宴。没想到翁维捷经理果断地说：收拾几件衣服，校门口等着，我去接你！干脆得让我无法拒绝。

一个小时后，翁维捷驱车到达我的校门口，他见到我的第一句话是：终于见到最后一位老师了。我的心里顿时感到温暖而惊讶。没有想到，在这个遥远的太平洋岛国，有这样一位同胞忙碌而潇洒的身影，热情而真诚的微笑。在这片陌生的土地上，有一个人一直记挂着我，而且是一位身价不菲的老板。当天晚上我发了一条朋友圈：今后无论身在哪里我都不再感到孤单，因为我相信无论我走到哪里，都会有同胞温暖的笑容与接纳。

这是我与翁维捷经理的第一次谋面，也是在萨摩亚接触的第一位华人朋友。之后在我工作的三年时间里，我接触到的华侨华人越来越多，深切感受到了他们在异国他乡奋斗的艰辛，萌生了为他们记录下奋斗足迹的想法。于是我开始试着采访他们。而当他们郑重地坐在我面前，面对镜头侃侃而谈时，透过他们黝黑的面庞和平静的话语，我被他们在萨摩亚的经历所打动。这中间，有欢欣、有成功，有孤寂、有愤怒、有无奈、有不舍。就这样，在我即将离开萨摩亚的半年之内，我连续采访了30多位华侨华人。他们中有20世纪70年代末到萨摩亚的老华人，也有刚刚入萨的新华人。他们中有资产千万的大老板，也有年近古稀的打工人。但他们有一个共同特点，就是当我支起摄像机，与他们促膝交谈的时候，他们丝毫没有流露出局促与不安，也没有试图去掩饰内心的纠结与羞涩。我向他们承诺，回国后要记录下他们的过往，为他们撰写一部奋斗史。只是，承诺得太早，完成得太迟。其间有华人朋友侧面问我进展情况，我一直搪塞说在赶稿子。其实，回国后的工作远不如在萨摩亚时单纯，每天被繁杂的教学和家务牵绊，无法平心静气地专注于书稿写作。坦率地讲，有时候十分怀念在萨摩亚的日子，因为在那里可以心无旁骛地遵从自己的内心，不被过多的杂事困扰。有关华侨华人的个体访谈早已整理出来，只是希望在体例和撰写风格上有所突破，故一直迟迟未能交付出版。

二 国内外研究现状

到目前为止，以萨摩亚华侨华人为主要研究群体的论述并不多见，但在几部出国华人资料汇编以及有关太平洋岛国华侨华人的著述中，均为萨摩亚华侨华人留有一席之地，大致情况如下。

1. 国内研究现状

目前所见资料汇编主要有陈翰笙主编的《华工出国史料汇编》[①]，其中第一辑《中文官文书选辑》第四册、第八辑《大洋洲华工》涉及西萨摩亚群岛有关内容。书中涉及德属萨摩亚招工的官方文书较为

---

① 陈翰笙主编：《华工出国史料汇编》，中华书局1984、1985年版。

全面，是所有研究德属萨摩亚期间契约劳工的权威资料。1994年，百花洲文艺出版社出版了《世界华人精英传略》丛书，在"大洋洲与非洲卷"中，未收入萨摩亚华人，未免有些遗憾。其实，该书出版时，正是萨摩亚陈茂家族鼎盛时期，陈茂家族当时已发展成为西萨摩亚首富，陈茂本人曾于1976年受到周恩来总理接见，完全有实力进入该书。由张兴汉、刘汉栋编著的《世界华侨华人概况》于1997年出版，涉及西萨摩亚华侨华人的内容仅有两页，但提供了1961年西萨摩亚人口普查时"老年华侨人数为108名"和华人公会的信息，较之前国内研究有所突破。只是书中对于华侨华人的概念界定不够清晰，此处108名应为华人，而非华侨。另外，书中提到约1997年，"西萨摩亚的华侨华人约有1万人，其中50%以上集居在首都阿皮亚市"，这一数据未给出出处，有待考证。① 翟兴付著《萨摩亚华侨华人今昔》于2003年暨华工赴萨100周年之际出版。作者查阅了大量文献资料、采访了部分华人后裔，使用了许多原始资料。该书是一本研究萨摩亚华侨华人历史的重要参考文献，尤其是对于美属萨摩亚华侨华人的介绍，填补了南西·汤姆（Nancy Y. W. Tom）1986年出版的《龙来千里：中国人在西萨摩亚1875—1985》一书的不足。但遗憾的是，该书对于1949年以后萨摩亚华侨华人历史没有系统追述，对于2000年以后赴萨经营者没有涉及。② 笔者于2019年出版的《萨摩亚的历史与现实》一书中涉及部分当代萨摩亚华侨华人，但仅限于概括性介绍，未做详细评述③。

论文方面，陈泽宪辑译的《南太平洋地区法、德、英属殖民地招用华工纪略》一文涉及法属大溪地、法属新喀里多尼亚、英属斐济、德英在新几内亚、瑙鲁、西萨摩亚群岛的华工情况。具体到萨摩亚，作者概述了美德分治后1900—1926年契约华工在西萨摩亚的人数。但

---

① 张兴汉、刘汉栋编：《世界华侨华人概况》，暨南大学出版社1997年版，第319页。
② 翟兴付：《萨摩亚华侨华人今昔》，香港社会科学出版社有限公司2003年版。
③ 石莹丽：《萨摩亚的历史与现实》，中国社会科学出版社2019年版。

文中收录数据与南西·汤姆的《龙来千里：中国人在西萨摩亚1875—1985》有较大出入。① 汤熙勇《德属萨摩亚招募华工的交涉与中国的保侨设领事（1903—1914）》一文概述了德属萨摩亚期间契约华工受虐争议及清政府派员调查、设立领事的经过。但作者认为，清政府在处理萨摩亚华工的问题上力度不够，始终没有设立一个专门负责维护华工权益的机构，在制度上是一个损失。② 马一《清驻德属西萨摩亚中国领署的设置》一文介绍了德国殖民统治内部对于种植园经济的不同观点、华工受虐、中德交涉及清政府设领事的过程。作者认为，限于自身国势，晚清至民国初期旅萨华工境况并未有根本好转。③ 费晟的《南太平洋岛国华人社会的发展：历史与现实的认知》一文是现阶段国内少有的研究南太平洋岛国华人社会的论述，文中详细梳理了早期南太平洋岛国华工数量，太平洋战争以来岛国华人社会的嬗变以及岛国华人社会的影响④。由费晟与毕以迪（James Beattie）合作撰写的《近代华人移民与南太平洋地区复合生态的形成》一文从环境史视角出发，指出在以海上贸易为基础的交通网络建立后，华人移民劳工和其后兴起的华人资本积极参与并推动了南太平洋地区农牧矿复合生态的形成。⑤ 笔者于2019年发表的《萨摩亚华人华侨公共形象和社会地位的变迁》一文梳理了1875—2018年以来萨摩亚华侨华人政治身份和社会地位的转变，对于改革开放以来萨摩亚华侨华人历史有所评述，

---

① 陈泽宪辑译：《南太平洋地区法、德、英属殖民地招用华工纪略》，载陈翰笙主编，《华工出国史料汇编》第八、九、十辑，中华书局1984年版，第64—72页。Nancy Y. W. Tom, *The Chinese in Western Samoa 1875 – 1985 : The Dragon came from afar*, Western Samoa Historical and Cultural Trust, 1986.

② 汤熙勇：《德属萨摩亚招募华工的交涉与中国的保侨设领事（1903—1914）》，张焱宪主编，《中国海洋发展史论文集》（第六辑），"中研院"中山人文社会科学研究所1997年版，第593—627页。

③ 马一：《清驻德属西萨摩亚中国领署的设置》，《德国研究》2015年第2期。

④ 费晟：《南太平洋岛国华人社会的发展：历史与现实的认知》，《太平洋学报》2014年第11期。

⑤ 费晟、毕以迪：《近代华人移民与南太平洋地区复合生态的形成》，《历史研究》2020年第1期。

也为本书的撰写提供了思路。①

2. 国外研究综述

较早研究华工在萨摩亚历史的有道格拉斯·哈尼斯（Douglas Haynes）1965年惠灵顿维多利亚大学的硕士毕业论文《1900—1950年间华工在萨摩亚》。② 影响最大的著作莫过于南西·汤姆1986年出版的《龙来千里：中国人在西萨摩亚1875—1985》（以下简称《龙来千里》）。③ 该书在参考哈尼斯毕业论文的基础上，考证了1875—1985年中国人以个人身份到萨摩亚的时间、人数和在萨生活状况。通过大量史料再现了中国人以契约华工身份在萨摩亚的数量、工作条件等内容，对许多华工后代进行了采访，并配有大量图片，是研究萨摩亚华侨华人不可多得的资料。但该书有关1949年以来华侨华人在萨情况的介绍稍显笼统。2015年，该书出版30周年之际，由南西·汤姆授权的萨摩亚历史文化信托公司再版发行，并将赴萨华侨华人时间下延至2015年。遗憾的是，1985—2015年间华侨华人的有关内容并非南西本人所做，而是直接收录了2015年2月25日在萨摩亚国立大学召开的"从大洋洲视角看中国与太平洋"研讨会上，时任萨摩亚检察长托塔加洛·阿乌木阿·明·梁槐（Tuatagaloa Aumua Ming Leung Wai）提交的一篇题为《对萨摩亚华人社区经历的思考》的论文。需要特别说明的是，托塔加洛先生为一代华工梁槐的曾孙，梁槐现已成为家族姓氏，其名字中间的"明"字为其祖父梁槐明之名。该文仅仅补充了几位现阶段在萨摩亚较有影响的个体经营者，对于华侨华人群体未做总体性评述。尤其是文中对于100多年来萨摩亚华侨华人的四个分期不符合中国当代历史进程和

---

① 石莹丽：《萨摩亚华人华侨公共形象和社会地位的变迁》，《太平洋岛国研究》第2辑，社会科学文献出版社2018年版，第132—144页。

② D. R. Hayden, *Chinese Indentured Labour in Western Samoa, 1900–1950*. Wellington: Government Printing Office, 1965.

③ Nancy Y. W. Tom, *The Chinese in Western Samoa 1875–1985: The Dragon came from afar*, Western Samoa Historical and Cultural Trust, 1986.

华侨华人在萨摩亚实际情况。另外，带着对其祖辈的情感，该文认为，当代华侨华人群体未能如其先辈那样真正融入萨摩亚社会，在萨摩亚民众中受欢迎程度亦不及老一辈华人。① 该文是迄今研究萨摩亚华侨华人的最新著述。本·阿娜（Ben Featuna'I Liua'Ana）于1997年6月刊发的《小天堂里的龙：中国人在萨摩亚的幸与不幸1900—1950》一文，详细介绍了华工在萨境遇及少量华工最终实现个人梦想的历史，但亦将研究时间界定在20世纪上半叶，并主要参考了《龙来千里》一书。② 此外，在有关德属萨摩亚和新西兰委任统治时期萨摩亚政治历史的著作中，亦有对20世纪上半叶契约华工的零散介绍。阿·思阿欧思（A. S. Noa Siaosi）的论文《抓住龙的尾巴——中国人在萨摩亚的影响》一文系作者2010年坎特伯雷大学硕士毕业论文，也是目前研究萨摩亚华侨华人收集资料较全的一篇论文。其中涉及1950年以前华侨华人在萨摩亚历史亦主要参考了《龙来千里》一书，但其略过了1950—1980年华侨华人历史。就中萨建交后华侨华人情况，作者只是简单概述了2010年前中国对萨摩亚基础设施建设项目及医疗队、汉语教师等人力资源援助，对于在萨个体经营群体未做系统评述。③

综上，既有研究成果对于1900—1949年在萨华工情况考证详细，

---

① 该文将赴萨华人分为四个时期：第一个时期是19世纪40—90年代，这一时期主要是以个人名义到萨务工的广东福建两省男性。他们到萨后，有的很快开始经营小买卖，有的与萨摩亚女性结婚生子，定居下来；第二个时期是20世纪初年至30年代，即1903—1934年，这段时间主要是以集体名义到萨从事种植业。第三个时期大约是在20世纪50年代至20世纪末年，这一时期华人主要是投奔亲戚而来，帮助亲戚打理生意，有一些人在萨结婚定居下来，也有一部分人转战新西兰、中国香港等地。第四个时期是21世纪初年至今。他们主要是到萨的建筑工人和经商老板，这个阶段的华人同胞很少同萨摩亚人结婚。值得注意的是，《龙来千里》一书第一版于1986年出版，其对于华侨华人的描述亦止于此年。本文所引系该书2015年第二版，此版将华侨华人在萨历史延至2015年，笔者不同意第三和第四个时期的划分。因为迄今许多在萨华人系改革开放初年至90年代到萨，人为地将其割裂既不符合中国当代历史走势，也不符在萨华人的实际情况。参见：Nancy Y. W. Tom, *The Chinese in Samoa*: *1875 - 2015*, *The Dragon Came from Far*, pp. 134 - 148.

② Ben Featuna'I Liua'Ana, "Dragons in Little Paradise: Chinese (Mis-) fortunes in Samoa, 1900 - 1950", *The Journal of Pacific History*, Vol. 32, No. 1 (Jun 1997) , p. 29.

③ A. S. Noa Siaosi, *Catching the Dragon's Tail*: *The Impact of the Chinese in Samoa*, A thesis for the Degree of Master of Arts in Pacific Studies, the University of Canterbury, 2010, p. 39.

但对于1949年以后华侨华人历史没有系统论述，尤其对于1975年中萨建交以来华侨华人群体缺乏总体性考察，进而无法全面考察150年来萨摩亚华侨华人在萨人身自由度、工作生活环境及萨摩亚官方与民间对华侨华人的总体评价。

三　本书思路与方法

萨摩亚华侨华人历史是世界华侨华人历史的重要组成部分，与世界政治、经济紧密联系。既往研究成果对于1945年之前萨摩亚华侨华人历史已有较为翔实的研究，但对于改革开放以来萨摩亚华侨华人历史鲜有论述，在有限的记述中亦缺乏系统深入的评析。本书在充分参阅既有研究成果的基础上，选取40年来萨摩亚华侨华人典型案例，逐一访谈，由点及线，尝试勾勒出百余年来萨摩亚华侨华人公共形象和社会地位的变迁，并考察变迁背后的历史原因和现实原因。

由于本书所涉历史较长，人物众多，故根据萨摩亚华侨华人公共形象、社会地位、政治身份的转变分为上中下三篇。上篇集中对百余年萨摩亚华侨华人历史进行总体评述，以太平洋岛国华侨华人移民为切入点，将评述重点放在萨摩亚华侨华人身份、社会地位和政治归属的转变，从而折射出百余年太平洋岛国华侨华人不屈不挠的奋斗历程。该篇还有一个重点内容是集中论述当代萨摩亚华侨华人群体的人员构成、职业特点以及与当地社会的关系，不但填补了既有研究成果的空白，也在发挥民间外交，加强中国与太平洋岛国友好关系提供了参考。

本书中篇选取1870—1979年有代表性的华侨华人，以人物素描形式简单勾勒出百余年间中国人在萨摩亚的奋斗历史。需要指出的是，所选人物在既有研究成果中均或多或少地有所呈现，本篇集多人所长，力求更加完整细致地把他们呈现出来。另外，对于清政府设驻萨领事、早期华侨华人创办的华人公会，本书在既有研究成果的基础上进行了解读。另外，由于笔者在《萨摩亚的历史与现实》一书中已经粗略介绍了少数当代华侨华人，本篇补充了该书中未能呈现的部分数据，对于已有内容不再重复，这或许会造成某种程度上不够连贯系统，还请读者谅解。①

本书下篇系笔者在萨摩亚实地采访的集中呈现。在30多位受访者中选取了每个阶段具有代表性的人物进行了详细评述。他们中既有事业有成的千万富豪，也有打拼十几年依然一贫如洗的普通人……本篇所述内容皆以真实姓名呈现，并且受到了采访者的大力支持。为了力所能及地呈现出受访者的奋斗历史、心路历程，本篇对多位受访者的记述均以原始面貌呈现，在叙述中采用了大量对话和笔者的解读。

不可否认的是，由于受性别、成长背景、年龄、语言、受教育水平等影响，本书所有受访者在叙述过程中均有不同程度的个体情感坦露，这些因素或多或少地影响了华侨华人对于萨摩亚的总体认知以及与当地人的社会关系。为了能够以最真实的面貌呈现出萨摩亚华侨华人的奋斗经历，笔者经受访者同意，在对受访者面对面访谈时，进行了全程录像，而且与每位受访者交谈时间不少于两小时。访谈过程中，笔者尽量提醒自己，不要带有任何先入为主的假设诱导受访者，不过多表露出个人观点，尊重受访者的情感经历，尽力让他们回到当初的情境之中，并且试图与受访者建立同理心，去理解他们所有行为的合理化，让每位受访者平静地讲述自己的经历。

在半年的集中访谈中，受访者对于自己在萨摩亚经历的感触有天壤之别。为了避免将他们同质化，笔者均如实记录了他们的心路历程。当他们坐在我对面，面对摄像头，毫无保留地说出自己的经历，时而落泪、时而欣喜，笔者也深受触动。在写作过程中，这种情感又不自觉地流露出来，并熔铸于文字中。但自从笔者回国后，与他们再未谋面。回国三年多以来，每天忙于国内工作，无暇回顾在萨摩亚的点滴。受疫情影响，萨摩亚始终处于封国状态，他们中的许多人已与家人分开几年时间，即便家人在澳大利亚、新西兰定居，乘坐飞机仅需一、两个小时，

---

① 石莹丽：《萨摩亚的历史与现实》，中国社会科学出版社2019年版。

他们也无法与家人团聚。2019年，萨摩亚华侨华人经历了两位同胞离世。一位中国农业技术专家因病去世，一位中国商人遭抢劫遇难。2021年，他们经历了萨摩亚大选，一向与中国关系友好的图伊拉埃帕（Tuilaepa Sailele Malielegaoi）总理落选，新任总理菲亚梅（Fiame Naomi Mataafa）一经上任就释放出了亲美信号，这些均影响到华人同胞的心理和生意。某种意义上来说，回国以后，我从他们的情感中迅速走了出来，但我把它们留在了萨摩亚。

本书主体内容完成之后，笔者尝试与他们沟通，请华人朋友校版，补充近3年的信息，一向友善的同胞们又给予了我极大信心和鼓励，纷纷表示笔者写出了他们心里想表达的东西。当然也有同胞表示不愿公开个人信息或者不想被写入本书，笔者均尊重了他们的意见。

本书最后一章，笔者特别记载了三位不同经历的女性。或许在人类学家和女权主义者看来，这带有性别意识和对女性特质化的嫌疑，我不应把女性单列出来，甚至或许会受到来自男性视角的批评。但在太平洋岛国的华侨华人中，女性数量的确少之又少。而且，在以男性为主的华侨华人群体中，女性能够获得成功，需要付出更多心血。在此，笔者只想把女性同胞的坚韧与艰辛、智慧与拼搏凸显出来，别无他意。

最后需要做出几点说明：第一，本书中提到的"远山文艺"公众号系笔者于2018年开通的微信公众号，原名"萨摩亚的故事"，2020年更名为"远山文艺"。第二，书中涉及1875—1978年及之前图片主要来源于南西·汤姆《龙来千里》一书及萨摩亚博物馆馆藏图片。涉及当代（1978年后）萨摩亚华侨华人图片，除笔者拍摄外，翁维捷、王培正、孙明霞等人也提供了部分图片。第三，受写作主体所限，本书未将中国援助人员纳入写作范围。在《萨摩亚的历史与现实》（中国社会科学出版社2019年版）一书中，笔者已经对中国援助萨摩亚的总体情况进行了简要概述，但不足以把40年来中国对萨摩亚的无私援助全部概括出来。在笔者离开萨摩亚之前，曾对中国农业技术专家组队长刘知文、安徽外经工程师马典松、上海建工萨摩亚项目部经理施林杰、华南渔业驻太平洋岛国项目经理王浩等中国公派援助人员进行了访谈，计划将中国援助写入本书。但受写作主体所限，只能忍痛割爱，在此，向在萨摩亚执行国家任务的所有中国援助人员致以崇高的敬意和深深的歉意。第四，为了对美属萨摩亚有更加深入地了解，2018年11月，笔者会同隋清娥、曲升两位教师前往美属萨摩亚考察，重点拜访了近10位华侨华人。他们中有在美属萨摩亚定居几十年的台湾同胞陈亮珊老人，有怀揣5美元到达帕果帕果的黄强华，有经历过汤加暴乱后在美属萨摩亚东山再起如今已经成就了自己的商业帝国的林行松，也有从塞班岛刚转至美属萨摩亚不久的汪国芳……他们的生命历程同样绚烂。但由于两地分开已久，政治属性已然不同，故本书未将美属萨摩亚华侨华人纳入写作范围，在此向我采访过的美属萨摩亚同胞致以由衷的歉意。

上 篇

萨摩亚华侨华人概况

自西方殖民者抵达太平洋岛国之前,中国人就与该地区建立了商贸关系。中国人在萨摩亚的奋斗历史可以追溯到1875年前后。近150年来,中国人为萨摩亚经济发展做出了重要贡献,见证了萨摩亚从被德国殖民、新西兰托管到独立的历史进程。萨摩亚华侨华人的公共形象、政治身份和社会地位也发生了重要转变。

本篇采用由远及近写作方式,在总体概述太平洋岛国华侨华人移民历史的基础上,对萨摩亚华侨华人奋斗历史进行了阶段性论述,剖析了当代萨摩亚华侨华人群体特点和面临问题,并提出了改进建议。

第一章 太平洋岛国华侨华人历史追述

19世纪中叶以后，中国遭遇英法等帝国主义国家入侵，东南沿海一带受侵略影响尤为严重，加之广东福建等地百姓历来出海谋生者络绎不绝，小农经济逐渐破产。随着西方殖民者对南太平洋地区的入侵，大量荒地被开发，劳动力短缺，于是成批的华人被贩运到澳大利亚和太平洋岛国。

一 概念辨析

本书将写作主体定位为华侨华人。为了统一起见，本书依据《现代汉语词典》《中华人民共和国归侨侨眷权益保护法》（以下简称《保护法》）的有关规定和2009年国务院侨务办公室颁发的《关于界定华侨外籍华人归侨侨眷身份的规定》予以界定。

1. 华侨、华人、华裔

华侨 《保护法》中规定，华侨是指"定居在国外的中国公民"。但《保护法》并未对定居给出相应解释。依据国务院侨办对定居、华侨、非华侨三种情况的具体界定，"定居"指中国公民已取得住在国长期或者永久居留权，并已于住在国连续居留两年，两年内累计居留不少于18个月。中国公民虽未取得住在国长期或者永久居留权，但已取得住在国连续5年及以上合法居留资格，5年内于住在国累计居留不少于30个月，视为华侨。同时，国务院侨办明确认定，中国公民出国留学（包括公派和自费）在外学习期间，或因公务出国（包括外派劳务人员）在外工作期间，均不视为华侨。①

华人 在现代汉语词典中有两种解释，一是指中国人，二是已经取得住在国国籍的中国血统的外国公民。也就是说，此概念有广义和狭义之分。但一般来讲，主要用于指称在海外长期居住且已经取得住在国国籍的一代中国人，这里也就涉及另一个概念：外籍华人，本书采取狭义概念，外籍华人与华人外延相同。

华裔 华裔不是一个法律概念，主要指于住在国出生的第二代以后的华人及其后代。② 本书部分内容中涉及这一概念。

移民 即国际移民。根据前面华侨、华人、华裔的相关界定，华侨属于国际移民范畴，华人中曾经拥有中国国籍且非出生在当地的华人属国际移民范畴，于住在国出生的华裔不属于国际移民范畴。因此，本书所述对象主要以华侨和一代华人为主。

另外，学界有人用"新华人"一词指代当代海外华人群体，但这一概念尚未有清晰的界定，故本书在涉及这一群体时，使用了"当代萨摩亚华侨华人"一词，主要指改革开放四十余年来的华侨华人。

2. 美属萨摩亚、西萨摩亚、萨摩亚

由于部分华侨华人1997年以后到萨摩亚创业，部分华侨华人在美属萨摩亚生活过一段时间，在此有必要对西萨摩亚、萨摩亚、美属萨摩亚作简要介绍。

美属萨摩亚与萨摩亚同属萨摩亚群岛，两地相距约40英里，乘坐小型飞机大约30分钟。美属萨摩亚陆地面积199平方千米，由5个岛屿和两个珊瑚礁组成，首都帕果帕果Pago Pago，人口6万左右。

---

① 董传杰主编：《涉侨法规政策文件汇编》，暨南大学出版社2014年版，第6页。
② 张秀明：《华侨华人相关概念的界定与辨析》，《华侨华人历史研究》2016年第2期。

1722年，荷兰航海家雅各布·罗杰文（Jacob Roggeveen）在荷属印度公司和泽兰资本（Zeeland）的支持下，装备了一支由三艘帆船组成的探险队，绕过合恩角进入太平洋后，于1722年6月到达萨摩亚群岛。罗杰文用自己副手的名字巴奥曼（Bouman）命名了这个群岛。由于罗杰文的航海日记后来丢失，这一发现直到1839年其航海日志被重新发现才被世人知晓。1766年12月，法国航海家路易斯·博根威尔（Louis Antoine de Bougainville）选择由大西洋绕过麦哲伦海峡进入太平洋的航线，并于1768年5月3日以"航海家群岛"［Archipel des Navigateurs（法语，即英文 Archipelago of the Narigators）］之名记录下其发现的这片小岛。之后，欧洲教会官方一直运用这一名称。直到1875年欧洲人陆续到达萨摩亚，音译"萨摩亚群岛"（Samoa）才在各方文字中被逐渐取代。1830年8月底，英国传教士约翰·威廉（John William）一行到达萨摩亚，会见了萨摩亚最高首领马列托亚（Malietoa），马列托亚同意了英国传教士在岛上传教的请求。到1839年时，岛上基督徒数量占全岛总人数的2/3，萨摩亚逐渐被发展为伦敦传教会在太平洋的"地理中心和精神中心"[①]。1766年，德国戈德弗罗伊（Godeffroy）贸易公司将买卖做到阿皮亚之后，打破了英国在萨摩亚的垄断，也引起了英国对这方水域的重视。但彼时的萨摩亚不仅受到德国的青睐，还受到来自美国捕鲸人的厚爱，美国的捕鲸队也正式将美国海军引入萨摩亚。于是，自1830—1899年，英、德、美三国相继入侵萨摩亚，三方冲突不断，直到1899年三方签订协议，美国占领西经171°以东，德国占领西经171°以西，双方承认英国在太平洋上的其他岛屿权力作为补偿而将萨摩亚分割成两部分，即美属萨摩亚（通常被称为东萨）和德属萨摩亚（习惯上被称为西萨）。

三方协议后，美属萨摩亚一直处于美国统治之下，首都帕果帕果为天然深水良港，曾为美国重要海军基地。德属萨摩亚仅仅维持了15年

[①] 王华：《萨摩亚争端与大国外交：1871—1900》，中国社会科学出版社2008年版，第40页。

时间。1914年7月28日第一次世界大战爆发，英国政府要求新西兰控制德国在西萨摩亚的无线电站。于是，由罗伯特·劳干（Robert Logan）担任西萨摩亚探险部队指挥官，组建了一支1400人的探险队经斐济抵达萨摩亚首都阿皮亚，正式发表声明占领西萨摩亚。第一次世界大战结束后，国际联盟于1920年正式委托新西兰管理西萨摩亚。1926年，西萨摩亚爆发了马乌（Mau）独立运动，运动口号是"萨摩亚是萨摩亚人的萨摩亚"。1954年，西萨摩亚开始实行内部自治，1961年11月24日，新西兰承认西萨摩亚独立，并于1962年1月1日生效。1975年11月6日，西萨摩亚独立国与中国建交，1976年12月15日，西萨摩亚加入联合国，1997年7月改为萨摩亚独立国。

美属萨摩亚与萨摩亚一母同胞，二者同根同祖，百姓日常交流使用萨摩亚语，官方语言均为英语。二者都尽最大努力保留了传统文化，酋长在基层管理中起到至关重要的作用，许多萨摩亚家庭有美属萨摩亚亲属，双方往来便捷，阿皮亚附近设有美属萨摩亚专属机场，每天6对往返航班，单程仅需30分钟左右。

美属萨摩亚使用美国法律体系，百姓享有美国福利待遇。但在政治身份上，美属萨摩亚人属于美国国民，没有选举权和被选举权。在他们护照最后一页有一句特别说明：THE BEARERIS A UNITED STATES NATIONAL AND NOT A UNITED STATES CITIZEN（持证人系美国国民而非美国公民）。但美属萨摩亚人可以通过两种途径获得美国公民身份：服兵役或者在美国本土居住3年以上。美属萨摩亚工业薄弱，主要生活用品依靠进口。金枪鱼生产加工系美属萨摩亚主要经济产业，现有两家大型金枪鱼加工厂，雇佣工人3000多人，其中来自萨摩亚的工人占到80%。

尽管美属萨摩亚与萨摩亚联系密切，但萨摩亚人如要入境美属萨摩亚仍需办理签证。即使萨摩亚人持有入境美国本土签证亦需要办理美属萨摩亚入境签证。

美属萨摩亚现有700多位华侨华人（包括二代华裔：父母为第一代

中国人，子女在美属萨摩亚出生），主要从事食品、百货的批发零售；萨摩亚现有华侨华人1000人左右，除从事食品、百货的批发零售外，还经营建筑、农场、烟草、海水养殖、铝合金加工等产业。

3. 太平洋地区、南太平洋地区、太平洋岛国、南太平洋岛国

本书中主要涉及太平洋地区、南太平洋地区、太平洋岛国、南太平洋岛国等相关概念。太平洋地区不仅包括通常意义上的27个国家和地区，还包括太平洋沿岸的若干国家。南太平洋地区主要指14个独立国家和13个领地。南太平洋岛国既是一个地理概念，也是一个政治概念。作为地理概念，主要指赤道以南的太平洋水域，作为政治概念，则包括了赤道以北的帕劳、密克罗尼西亚联邦、马绍尔群岛以及美属关岛、北马里亚纳群岛等地。现在，南太平洋岛国与太平洋岛国有通用之意。例如成立于1971年的南太平洋岛国论坛于2000年更名为太平洋岛国论坛。本书中太平洋岛国指南太平洋27个国家和地区。

二 太平洋岛国华侨华人概况

严格意义上讲，太平洋岛国主要指14个独立国家，不包括澳大利亚和新西兰。① 但若追溯中国人到达太平洋岛国的最早时间，则必然要联系到澳、新两国，因为"早在西方殖民者抵达南太平洋岛国之前，中国与相关地区已经产生了密切的商贸联系，尤其是在靠近东南亚的美拉尼西亚地区"②。据文献记载，1872年广东台山华侨从澳洲移居到斐济。③ 但是成批的中国人赴南太平洋一带谋生始于18世纪末："1798年就有中国人到达澳大利亚"，主要从事种植业和畜牧业。1848年后，西

---

① 例如，陈晓晨在其《南太平洋地区主义》一书中认为，"南太平洋地区主要指的是（截至2018年）14个独立的太平洋岛国所构成的地区"，此处"不包括澳新"。陈晓晨：《南太平洋地区主义》，社会科学文献出版社2020年版，第12页。
② 费晟：《南太平洋岛国华人社会的发展：历史与现实的认知》，《太平洋学报》2014年第11期。
③ 张兴汉、刘汉栋编：《世界华侨华人概况》，第322页。

方国家开始把大批华工运抵澳大利亚，1851—1852年，在澳大利亚从事苦力的华工高达2666人；到1866年，在新西兰的中国移民达到1219人，之后又成倍增长，至1874年达到4816人。① 也就是说，在成批华人被运抵南太平洋岛国之前，已经有大批中国人以契约华工身份被运至澳大利亚和新西兰了。具体到华人在南太平洋岛国的情况如下：

大溪地：早在1860年，就有20多位华人在此生活，1864—1866年，先后有3批契约华工1071人被运抵大溪地。至1926年，岛上有华侨华人4000多人，1966年达到1万人，1997年达1.8万人。② 1864—1865年，另经德国船运抵达大溪地的华人达1025人。

新喀里多尼亚：1860年以后陆续有少数中国人进入该岛务工。1870年，岛上约有600位中国人。③

萨摩亚：1880年前，有3位华人跟随渔船到达萨摩亚。1883—1899年，仅有9位华人在萨摩亚定居。1903—1934年，共有15批6984位契约华工被运抵萨摩亚。随着华工到期不断被遣返，至1945年第二次世界大战结束时，仅有293人留在萨摩亚。20世纪80年代，岛上大约有100位华人，至2020年，岛上大约有1000位华人，3万华裔。④

斐济：1891年，约有21位华人在斐济生活，1911年有305人，1915年增至821人，1936年达到1751人，1946年达到2105人，1956年达4155人，1966年达到5149人，1981年为5200人，1988年为5500人，⑤ 目前约有一万人。

瑙鲁：1914年，第一批华工到达瑙鲁，但人数不详，1965年时约有华工1000余人，1997年，约有华侨华人300多人。⑥

巴布亚新几内亚：1966年有华侨华人2935人，1975年巴布亚新几

---

① 张兴汉、刘汉栋编：《世界华侨华人概况》，第271、303页。
② 张兴汉、刘汉栋编：《世界华侨华人概况》，第313—314页。
③ 陈翰笙主编：《华工出国史料汇编》第八辑，中华书局1984年版，第50—51页。
④ 石莹丽：《萨摩亚的历史与现实》，第207—211页。
⑤ 张兴汉、刘汉栋编：《世界华侨华人概况》，第322—323页。
⑥ 张兴汉、刘汉栋编：《世界华侨华人概况》，第327—328页。

内亚独立时，华侨华人达 4000 多人。①

所罗门群岛：1929 年开始有中国人抵达所罗门群岛，1997 年岛上有华侨华人 350 余人。②

新几内亚：1880 年以前新几内亚东南部已有华工。1901 年，约有 277 名中国契约工人前往德属新几内亚；1900—1914 年，约有 3500 名中国人被招到德属新几内亚；1923—1924 年，约有 1273 名中国人在几内亚入境；1935 年，该岛西部德属部分约有 3000 位中国人，澳大利亚托管区内约有 1448 位中国人。③

三　华人移民历史分期

大致看来，自 1848 年第一船中国人被贩卖到澳大利亚至今，④ 华侨华人在太平洋岛国的奋斗历程达 170 余年，与太平洋岛国被殖民、托管、独立的历史相始终。华侨华人最早参与了太平洋岛国的近代开发与建设。大致看来，岛国华侨华人移民历史大致分为四个阶段：

第一个阶段从 19 世纪四五十年代至 1945 年第二次世界大战结束的一百年间。这一阶段正是西方国家逐步走向对外扩张、殖民霸权时期。随着英、法、德等西方殖民者的足迹踏遍南太平洋岛国，该地区相继被占领和开发，劳动力需求激增。殖民者便将目光投向经济落后、人口众多、能够吃苦耐劳的亚洲人身上。于是，成批的中国人以契约华工身份被运抵南太平洋岛国，主要在种植园中从事农业劳动。早期华工被视为"付费奴隶"和"廉价劳动力"⑤。他们的生存环境恶劣，待遇低下，经常被克扣工资、遭受殴打甚至出现多起流血事件，有的国家还出台法律

---

① 张兴汉、刘汉栋编：《世界华侨华人概况》，第 330 页。
② 张兴汉、刘汉栋编：《世界华侨华人概况》，第 334 页。
③ 陈翰笙主编：《华工出国史料汇编》第八辑，第 4 页。
④ 陈翰笙主编：《华工出国史料汇编》第八辑，第 55—56 页。
⑤ Ben Featuna'I Liua'Ana, "Dragons in Little Paradise: Chinese (Mis-) fortunes in Samoa, 1900–1950", *The Journal of Pacific History*, Vol. 32, No. 1 (Jun 1997), pp. 29, 47.

条文，禁止中国人与当地人通婚等。① 当然，华侨华人敦厚朴实、吃苦耐劳，受到当地民众普遍接纳，与当地女性通婚者不在少数。但这种通婚没有被法律认可，华工合同期满后并未因其婚姻状态而免于遣返。20世纪30年代，由于太平洋战争爆发，向岛国输送华工的途径被中断，少数没有被遣返者滞留当地，以小本生意谋生。随着第二次世界大战的结束，华侨华人逐渐摆脱契约身份，获得自由，开始自主经营，部分华人进入当地富人阶层，个别华人或后裔进入政界。②

第二个阶段是第二次世界大战结束到1980年的35年间。这一时期，世界局势动荡，局部战争不断，冷战态势严重，西方大国对中国关闭了大门，南太平洋地区一度出现排华风潮。例如，"第二次世界大战后，塔希提一度掀起排华浪潮，法国当局借机限制华人学校的入学年龄，华文学校在1965年曾被迫停办"③。这一阶段中国对外人力资源输出出现断层。因此，在有限的几本华侨华人出国史料专著中，对于这一时期的记载都十分薄弱。与此同时，早期滞留在岛国的华侨华人年龄渐长，人数呈下降趋势。在有限的岛国华人群体中，他们已经摆脱华工身份，获得人身自由，拥有选举权和被选举权。例如，在萨摩亚，1949年有175名华工获得了萨摩亚身份；在巴布亚新几内亚，1957年华人获得选举权。④

值得注意的是，这一时期早期华工数量逐渐呈萎缩态势。例如，在萨摩亚，至1973年时，仅剩有68名华人移民，他们均是留下来的契约华工。⑤ 但第二代、第三代华裔已经成长起来，他们多数承继父辈资产，在岛国的经济发展中起到中流砥柱的作用，也有华裔进入政界，产生一定影响力。例如，陈仲民（Julius Chan）先后当选为巴布亚新几内亚国会议员、财政部部长、副总理、总理职务；斐济著名律师梁林

---

① Nancy Y. W. Tom, *The Chinese in Samoa：1875-2015, The Dragon Came from Far*, p.138.
② 参见石莹丽《萨摩亚的历史与现实》，第213页。
③ 张兴汉、刘汉栋编：《世界华侨华人概况》，第313页。
④ 张兴汉、刘汉栋编：《世界华侨华人概况》，第330页。
⑤ Nancy Y. W. Tom, *The Chinese in Samoa：1875-2015, The Dragon Came from Far*, Foreword vii.

(Graeme Leung)曾出任斐济法学会会长兼全国选举委员会主席。① 萨摩亚早期华工李航长期担任华人公会秘书长,其最小的儿子尼可·李航(Niko Lee Hang)曾出任萨摩亚交通与基础设施部部长,其二女儿帕萨米·李航(Pasami Lee Hang)去世前曾为萨摩亚尼尔森图书馆馆长,其长孙德斯蒙德·李航(Desmond Lee Hang)现为萨摩亚国立大学副校长,孔子学院外方院长。

第三个阶段是20世纪80年代到2000年前。这一阶段,随着中国改革开放政策的实施,中国与太平洋岛国逐步建立外交关系,太平洋岛国的一代华人开始回乡探亲,在家乡招募雇工,中国人前往太平洋岛国的人数呈上升趋势。同时,早期契约华工人数越来越少,有的岛国仅剩不足10人。例如,至1985年,已经取得萨摩亚身份的华工仅32位,持有中国大陆、中国香港和中国台湾护照的华人有15—20人;② 至1996年,仅剩6位契约华工。③ 与此同时,第二代、第三代华裔已完全本地化,彻底融入当地社会。他们不懂汉语,不了解中国文化,但清楚自己是华人后裔,对中国依然有着特殊的情感。另外,这一时期已有广东、福建等地人经回乡探亲的早期华工及其亲属介绍陆续到达太平洋岛国。他们肩负着全家人的希望,只身前往岛国进行探路式打工,待创业初见成效后,再介绍其他亲属前往;他们离乡出国时往往身无分文,靠打工为生;有人多年没有回过家乡,已经没有回家养老定居的打算。

第四个阶段是2000年至今。这一阶段,中国对外开放步伐加快,以经商、旅游、留学等名义走出国门的中国人越来越多,前往岛国经商定居的华人出现了小高潮。据不完全统计,目前斐济约有华人10000人,汤加约有3000人,瓦努阿图接近1000人,巴布亚新几内亚10000多人,萨摩亚有第一代华侨华人1000人左右。④ 与前面三个阶段的华侨华人相比较,

---

① 费晟:《南太平洋岛国华人社会的发展:历史与现实的认知》,《太平洋学报》2014年第11期。
② Nancy Y. W. Tom, *The Chinese in Samoa: 1875 – 2015*, *The Dragon Came from afar*, p. 82.
③ 翟兴付:《萨摩亚华侨华人今昔》,第137页。
④ 汤加、萨摩亚数字系笔者从汤加、萨摩亚移民局获悉;斐济、瓦努阿图、巴布亚新几内亚数字从当地华人处获悉。

这一时期华侨华人群体呈现出以下特点：一是不再靠做苦力及小本经营为主，而是拥有一定资金实力，有一定经营规模，零售批发兼顾，财富积累速度加快；二是从华人经营向华人制造迈进。许多华人在当地买房置地，投资建厂。有一定经济实力的华侨华人大多在岛国有多处房产并且开始建立加工厂，主要集中在白酒、烟草、矿泉水、软饮料、铝合金加工等行业，亦有华人经营农场，进行规模化种植、养殖；三是凭借自身文化和资金储备，与当地上流人士、政界要人建立密切关系较为容易，这种关系可以保障自身在当地的经营；四是流动性加强，华侨华人不仅在本岛国内经营，而且在各岛国之间流动；五是与当地人接触不深。早期华人为了取得岛国身份，多采取与当地人通婚方式，现在这种现象依然存在，但不是主流。华人经营者雇用了大量当地人，但关键岗位安排中国亲属看管；六是家人多在新西兰、澳大利亚等地定居，只身在岛国打拼，定期前往澳、新度假；七是理解中国政策，有情怀，有境界，关心家乡发展和祖国建设，并且积极参与当地慈善事业。

纵观四代华侨华人在太平洋岛国的移民历史，尽管时代背景不同，创业经历不同，但他们有相同的离愁别绪和家国情怀。无论他们来自哪里，都把自己看作龙的传人。他们通过资助家乡兴修桥梁公路，改善学校办学条件等方式表达自己的爱国情感。他们固守中国传统文化，过着中国传统节日。无论他们生意做得多么成功，都始终秉承着儒家文化传统，给子女最好的教育，希望子女将来从事稳定体面的工作。在他们身上，还体现出了中国人特有的内敛、豁达、仁义、爱面子。太平洋岛国陆地面积不大，市场份额相对固定，同行之间存在一定竞争，但他们奉行吃亏是福、君子爱财、取之有道的原则，尽量不与同行发生冲突，不与当地人产生争执。在商业王国里，信息就是财富，但他们彼此之间经常交流市场信息，在资金上互相帮助，共同撑起一片华侨华人的商业天空。他们也从不拒绝当地人的求助，无论是个人还是社团组织，都会力所能及地施以援手。他们在用自己的方式诉说着对祖国的眷恋，对家乡的思念，并且希望当地人给予宽容与理解，与当地社会共同推动太平洋岛国的建设和发展。

第二章　萨摩亚华人移民历史及社会地位的变迁

距19世纪70年代首位华人到达萨摩亚迄今已有近150年的历史。百余年来，华侨华人经历了公共形象转变、身份认同以及社会地位的变迁，逐渐融入萨摩亚社会，广泛受到社会尊重。现阶段华侨华人被视为聪明、富有的精英群体。

一　工作条件的转变

自19世纪70年代第一位华人到达萨摩亚至今，华侨华人见证了萨摩亚被德国殖民、新西兰托管、寻求独立、去殖民化、融入全球化的全过程，也在萨摩亚的社会发展中发挥了巨大作用。在这一过程中，中国人的身份发生了几次转变，具体情况如下。

19世纪70年代中国人到达萨摩亚时，恰逢德、美、英等国在萨摩亚争夺愈演愈烈之际，各方之间冲突不断。1858年德国戈德弗罗伊（Godeffroy）贸易公司收买了乌波卢岛的一部分，主要从事热带作物种植业，但因该公司经营不善于1879年破产，德国人遂在该公司基础上成立了德国南太平洋岛屿贸易和种植园公司（Deutsche Handles and Plantagen-Gesellschaft）。该公司随即垄断了乌波卢岛大部分种植业。大规模种植园经济的扩张使该公司极度缺乏劳动力，但当时政府禁止中国人移民，该公司无法获得廉价的亚洲劳动力，于是试图从周边群岛输入劳动力，但终不能满足需要。1903年，德国驻萨行政长官威廉·索尔夫（Wilhelm Solf）废除了禁止中国人入萨的法令。

相较于萨摩亚本土和周边岛屿劳动力，中国人因能熟练使用斧头、铲子等劳动工具，能胜任繁重的采摘、种植等体力劳动而广受欢迎。但是，善良的中国人离开家乡之际，并不知道自己将来的生活环境和将要从事的工作。当时一家香港公司代理了到中国招募工人的生意，公司的招工人员到广东台山游说。他们手持海报，海报上一位中国人正站在一棵香蕉树下采摘一挂成熟的香蕉，身旁是一位怀抱婴儿的大眼睛、棕皮肤的当地女性。殊不知，美好的画面掩盖了残酷的现实。这一时期是华工在萨遭受身心侮辱最严重的时期，被视为"廉价商品""付费奴隶"和"次于萨摩亚人的第四等人"①，被任意解雇和鞭打，②萨摩亚雇主从来"未尝以人类视之，亦未尝以人类待之，其为人类之自由权利，完全为别人所剥夺"③。华工不能更换雇主，不能与萨摩亚女性通婚，每天要工作9个半小时，每周工作六天。只有在日均气温超过38度时才可以每周减少半小时的工作时间，而每个月工资只有少得可怜的2.4美元。④

1906年，以陈耀栋为首的800多名华工联名向清政府报告在萨摩亚的遭遇，引起清政府重视。⑤ 1907年，福建、广东两省委派汕头洋务委员林树棻前往萨摩亚实地调查华工受虐情况，第二年又派两广总督署洋务委员林润钊前往调查。这一时期是华工生存环境最为恶劣的时期，由于不堪忍受精神与肉体的双重折磨，1909年相继发生了"萨瓦伊岛德籍种植园主枪杀4名要求增加工资的无辜华工、华工朱河因轻伤德籍管工而被重判死刑，以及华工与招工人员在前往萨瓦伊岛船中发生暴力

---

① Ben Featuna'I Liua'Ana, "Dragons in Little Paradise: Chinese (Mis-) fortunes in Samoa, 1900–1950", *The Journal of Pacific History*, Vol. 32, No. 1 (Jun 1997), pp. 29, 47. 实际上，在2018年由萨摩亚Coconet TV台发行的《龙在天堂》纪录片中，华裔历史学家罗娜·李（Ronna Lee）认为，当时的中国人被认为是除白人、白人混血、萨摩亚人之外的第四等人。

② [新西兰] W. 福克斯、B. 坎伯兰：《西萨摩亚：热带波利尼西亚的土地、生活及农业》，中山大学地理系经济地理教研室译，商务印书馆1977年版，第124页。

③ 《华侨志·总志》，华侨志编纂委员会1956年版，第97页。

④ Nancy Y. W. Tom, *The Chinese in Samoa: 1875–2015, The Dragon Came from Far*, p. 138.

⑤ 陈翰笙主编：《华工出国史料汇编》第一辑第四册，中华书局1985年版，第1610页。

图 2-1　华工余益的身份证明①

---

① 华工余益，编号 398 号，1921 年 9 月 12 日在香港签发，照片由香港泰和影相拍摄（图片来源：萨摩亚博物馆）。

冲突"三大华工受虐事件，清政府最终于1909年9月8日下诏设立驻德属南洋各岛领事，附近德属奴阿岛、巴劳岛皆归其统辖，委任同知衔的林润钊署理是职。① 清政府驻萨领事的设立，一定程度上制约了当地雇主对于华工的严厉苛责，改善了华工的生活环境、工资待遇，缓解了华工与雇主之间的矛盾。1923年，新西兰统治当局通过了《中国自由劳工法令》，修改了华工条例，禁止对华工进行严厉体罚、关押等非人虐待，并且经驻萨领事许可，华工可以更换雇主。② 在历任中国驻萨领事的积极努力下，华工在萨工作环境和生活条件均有较大改善，且争取到了"过春节、清明节、端午节等中国传统节日的权利"③。

尽管华工在萨社会地位低下，几无人身自由可言，但相较于萨摩亚男性，华工还是以能干吃苦顾家以及能够更好地为妻子提供财力支持等因素，而受到萨摩亚女性的青睐，④ 华工与萨摩亚女性通婚现象十分普遍。据统计，至1916年新西兰委任统治时期，共有100对华工萨妻夫妇，育有108个混血孩子。至1930年，有中国血统的萨摩亚人上升到1000—1500人。⑤ 与此同时，有关禁止华工与萨摩亚女性婚恋的条例却不断修改且愈加苛刻，华工不允许进入当地人住所，合同到期被强制遣返，如有违反则面临罚款和拘禁等处罚。尽管许多华工在萨已有家室，合同期满也要遭遇被迫遣返以至妻离子散的命运。到1913年6月17日，在距第一批华工入萨十年后，共有七艘船3868位契约华工进入萨摩亚，其中2278人有完整合同，合同期满必须被驱逐出境。据1914年记录显示，有2184名中国人在德属萨摩亚工作。这意味着在德国统治的10年之内，有1684人被遣返，遣返率为74%。这段时期是华人生活

---

① 马一：《清驻德属西萨摩亚中国领署的设置》，《德国研究》2015年第2期。
② Yee Sin John., *The Chinese in the Pacific*, Suva: South Pacific Social Sciences Association, 1974, p. 21.
③ 翟兴付、仇晓谦：《萨摩亚》，世界知识出版社2002年版，第176页。
④ Newton. Rowe, *Samoa Under the Sailing of Gods*, London: Unwin Brothers Limited, 1930, p. 271.
⑤ Nancy Y. W. Tom, *The Chinese in Samoa: 1875 - 2015*, *The Dragon Came from afar*, p. 142.

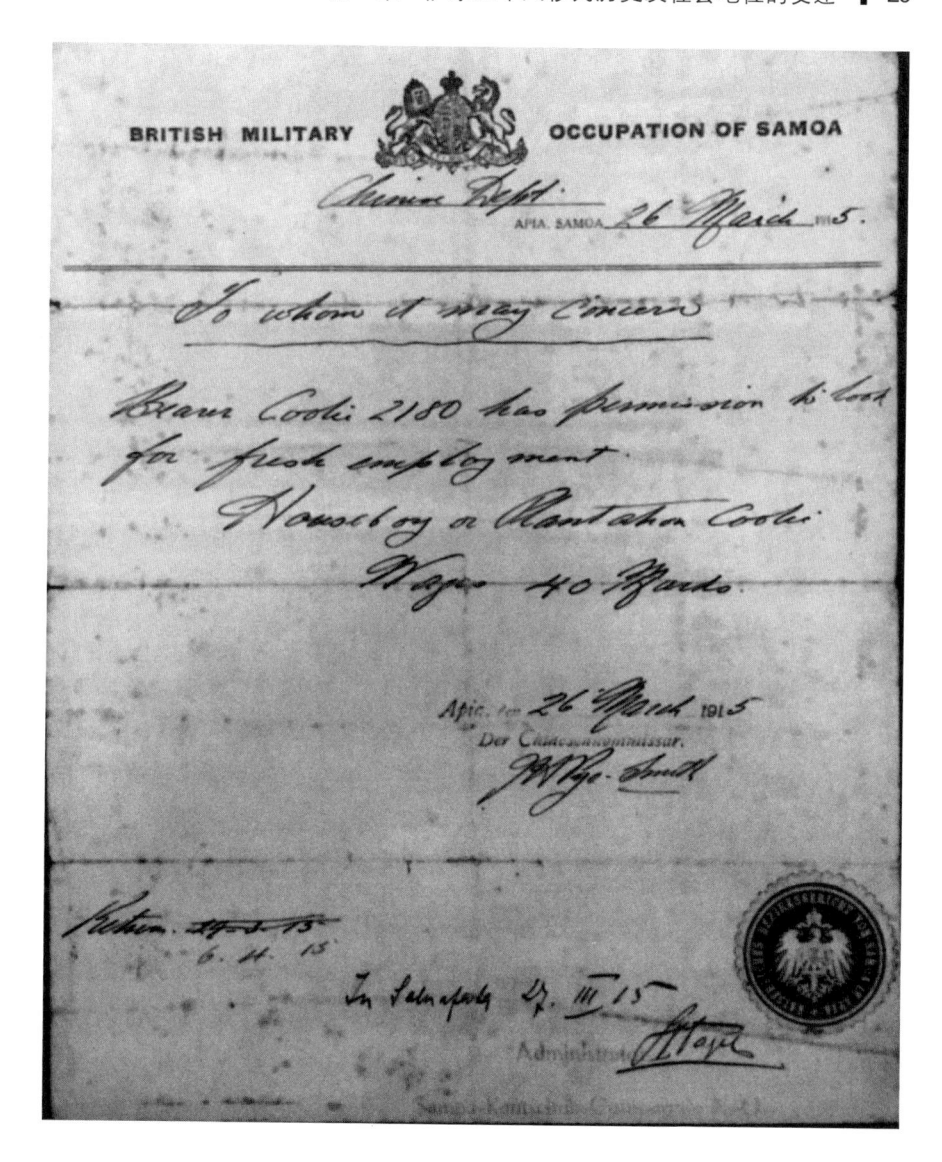

第二章　萨摩亚华人移民历史及社会地位的变迁 | 29

图 2-2　1915 年新西兰军事事务局签发的允许中国劳工更换雇主的文件①

---

① 该文件于 1915 年 3 月由奥克兰博物馆收藏，现存于萨摩亚博物馆，以"热带地区的艰苦劳动"为标题，文件中没有记载要求更换雇主劳工的真实姓名，而是用了一个在当时通用的称谓"苦力"。1923 年，《中国自由劳工法令》颁布后，华工经原雇主和清驻萨领事同意后，即可更换雇主，而不再通过新西兰军事事务局审理签发。

环境最恶劣、社会地位最低下的时期。1903—1948年，共有约1500名契约华工在萨摩亚死亡，包括死于1918年大流感中的华工。①

二 政治身份的转变

早期华工在萨摩亚的社会地位处于最底层，被污蔑为"黄色污染"，是除白人、白人混血、萨摩亚人之外的第四等人，大量华工的到来甚至被认为会导致"萨摩亚种族的彻底毁灭"②，华工与当地人通婚会造成萨摩亚的道德退化。为此，德国行政长官对华工采取了极为严苛的管理措施。华工不能进入当地人的院子，晚上九点之后必须待在住处等。相反，英国人、新西兰人等白人却畅行无阻地与当地人通婚。华工们不仅忍受着恶劣的工作、生活环境，还经常因为皮毛小事被打甚至失去生命。非人的待遇遭到了华工的强烈抵制，华工通过向国内写信求助、游行罢工甚至武力抵抗等形式予以自保。1914年8月，新西兰远征军占领萨摩亚。接管萨摩亚的新西兰行政长官罗卜特·洛根（Robert Logan）沿用德国统治者的严苛管理制度，并误认为萨摩亚人可以自主种植，不需要契约华工。为此，共有1200多位到期华工被遣返，却没有新的华工抵达萨摩亚，这也直接导致萨摩亚的种植园经济遭受重创，三家大型种植园相继破产。新西兰当局不得不重新引入契约华工，但华工身份并未改变。

为了抗议新西兰当局的非人待遇，在萨华工进行了强烈抗争。1923年，新西兰当局出台《中国自由劳工条例》，1933年又通过《劳工条例》。这两个条例的制定，明显放宽了契约条件。例如，废除刑事制裁，允许劳工更换雇主等。另外条例还规定，如果华工在受雇期间丧失行动能力或受致命伤，华工本人或者直系亲属可以获得30英镑抚恤金。③

---

① 数据系笔者根据《龙来千里》记载整理得出。
② Ben Featuna'I Liua'Ana, "Dragons in Little Paradise: Chinese (Mis-) fortunes in Samoa, 1900–1950", *The Journal of Pacific History*, Vol. 32, No. 1 (Jun 1997), 32: 1, 29–48.
③ Nancy Y. W. Tom, *The Chinese in Samoa: 1875–2015, The Dragon Came from afar*, p. 69.

1934年，中国驻萨摩亚领事馆将10月10日辛亥革命爆发日定为萨摩亚华工假日，中国驻阿皮亚领事馆副领事潘和林邀请部分华工、华人专员、政府秘书、种植园老板和商界人士出席在阿皮亚领事馆举行的招待会。1934年10月12日《萨摩亚先驱报》报道了这项活动。当时的政府秘书特恩布尔（Turnbull）表示，他很荣幸能够出席纪念活动，并且称赞了华工的吃苦耐劳和遵纪守法。① 这次萨摩亚政府人员在公共媒体上对契约华工的认可更加提高了中国人在萨摩亚的公共形象和社会地位。

1934年最后一批契约华工到达萨摩亚后，再也没有成批华工抵达萨摩亚。随着第二次世界大战的全面爆发，太平洋海域被封锁，1937年合同到期华工被遣返后直到1948年，没有一艘遣返船只驶出，致使大批到期华工被迫滞留在萨摩亚。到1946年，萨摩亚尚有大约100位自由定居者和200名契约华工。② 按照《1930年萨摩亚移民令》规定，200名契约华工被正式列为"移民"。而且该移民令规定，除非获得特别豁免，所有移民必须遣返。但遣返费用总计约为17000英镑，中国和新西兰政府均无力支付这笔款项。此时联合国也发表声明，如果中国人留在萨摩亚，他们有权享有与其他移民相同的权利。③ 经过当时中国驻萨摩亚领事调查，大约125人希望遣返，70多人希望留下。最终在中国驻萨领事和萨摩亚长老大会的推动下，新西兰行政当局通过《1947年萨摩亚移民修正令》，该法令修订了《1930年萨摩亚移民令》，规定在萨生活多年且已上了年纪的华工可免予遣返。④ 1948年10月，新西兰

---

① Nancy Y. W. Tom, *The Chinese in Samoa*: 1875 – 2015, *The Dragon Came from afar*, p. 71.

② 据老华工陈泮介绍，当时并非所有结婚生子的华工都留在了萨摩亚。有的华工听说中华人民共和国成立后可以分到田地，就独自回国了，之后因为种种原因，就再也没有回来。该信息系笔者采访陈宝元先生时获得，陈宝元的三叔公陈泮亲口所讲。其实，除了有田有地的保守思想外，老华工的思乡之情也是主要原因。

③ Ben Featuna'i Liua'ana, "Dragons in little paradise: Chinese (Mis-) fortunes in Samoa, 1900 – 1950", *The Journal of Pacific History*, 32: 1, 29 – 48.

④ Nancy Y. W. Tom, *The Chinese in Samoa*: 1875 – 2015, *The Dragon Came from afar*, p. 93.

表 2-1　　　　1903—1934 年华工到萨情况一览表①

批号	到萨时间	船名	每船人数	累计人数	备注
1	1903.04.28	德西马号	289	289	有 7 人死于途中。每期合同 3 年，到期后被遣返。1913 年后，因停止招募，至 1919 年仅剩 838 人。其中 1915—1919 年共有 1238 人乘 5 艘船被遣返回国。另有 69 人在萨死亡，31 人死于 1918 年大流感
2	1905.05.30	前进号	528	817	
3	1906.07.22	赫尔斯坦号	575	1392	
4	1908.06.10	前进号	251	1743	
5	1909.11.28	麦西尔德号	535	2278	
6	1911.12.28	帕克拉克号	551	2829	
7	1913.05.18	迈克·杰普森号	1039	3868	
8	1920.08.09	哈尔蒂斯号	502	4370	
9	1921.10.07	爱斯科特号	959	5609	
10	1925.04.12	新麦西尔德号	280	5609	
11	1926.08.16	海庆号	180	5789	包括再次应召者 26 人
12	1828.04.14	海洋号	456	6245	
13	1930.05.08	阿波伊号	251	6496	包括再次应召者 25 人
14	1931.09.08	阿波伊号	207	6703	9 月 7 日有 403 人被遣返，其中 18 人逃跑
15	1934.07.27	赛斯坦号	281	6984	包括再次应召者 30 人。本年度有 409 人被遣返，其中 6 人逃跑
16	1935—1945	无抵达船只	0	6984	1937 年 12 月，168 人被遣返，其中包括 6 名混血儿童。1948 年 10 月，104 人被遣返。自 1906 年第一批华工到期到 1948 年最后一批华工被遣返，共计有 5179 人被遣返
		合计		6984	

① 该表信息来源自南西·汤姆《龙来千里》及翟兴付《萨摩亚华侨华人今昔》，部分内容经过笔者整理而成。

当局派出一艘遣返船，最后一批华工被遣返回国，契约华工在萨历史宣告结束。至1949年，留在萨摩亚的175名华工均获得了萨摩亚公民身份。但由于华工年事已高，失去劳动能力，萨摩亚政府陆续向华工发放抚恤金。需要说明的是，1949—1961年，萨摩亚依然处于新西兰委任统治之下，华工子女身份问题一直到《1961年婚姻法》的通过才最终解决。该婚姻法规定：在此法实施之前的各种事实婚姻被承认为有效和合法，因此而生育的孩子也随之成为合法婚姻的孩子。①

至此，第一代契约华工除了大部分合同期满被遣返回国之外，留在萨摩亚的华工均完成了身份转变，由没有人身自由的契约工人转变为拥有萨摩亚国籍的华人。他们在享受萨摩亚社会的就业、就医、养老等系列待遇的同时，也拥有萨摩亚法律赋予的各项权利。他们与欧洲人一样拥有相同的政治权利。在所有议员席位中，为外籍人士保留了2个席位，习惯上称为欧洲人议席。② 在1951年4月27日议会选举时，华人和欧洲人被划为一组，当时有资格参选的华人有160名，主要职业有裁缝、种植园主、通讯员、售货员、木工、店主、面包师、厨师等。③ 但随着在萨华人年龄越来越高，一代华人越来越少，二代以上华裔已完全融入当地社会，许多华裔已经拥有酋长头衔，成为萨摩亚的重要领导人和商界精英，现在的议会选举也就没有必要为华裔专设席位了。

---

① Nancy Y. W. Tom, *The Chinese in Samoa: 1875 - 2015, The Dragon Came from afar*, p. 119.
② 根据萨摩亚1960年宪法规定，议会由国家元首和立法大会组成，国家元首有召集、休会及解散议会的权力。现在萨议会下设16个委员会，先前设有49个议席，其中萨摩亚席位47个，必须从年满21岁的酋长中选出。非萨摩亚席位两个（通常为非萨籍所设，也称为欧洲人议席）。根据2013年宪法修正案，女性须占10%的议席。因此，2016年3月18日，萨摩亚议会第5位女议员诞生，这也使议会成员由先前的49位上升为50位，其女性比例也符合了修正案的规定。
③ Nancy Y. W. Tom, *The Chinese in Samoa: 1875 - 2015, The Dragon Came from afar*, p. 76.

表2-2 契约华工被遣返情况汇总表①

顺序	年份	船名	人数	拒绝入境人数
1	1903	德西马号		6
2	1905	前进号		6
3	1906	赫尔斯坦号	213	22
4	1908	前进号	372	10
5	1909	麦西尔德号	不详	
6	1912	帕克拉号	很少	
7	1913	迈克·杰普森号	不详	
8	1915	乌波卢号	300	
9	1916	长沙号	231	
10	1917	阿瓦图号	61	
11	1918	太原号	380	
12	1919	不详	266	
13	1920	哈尔蒂斯号	13	
14	1921	爱斯科特号	627	31
15	1922	马康波号	250	
16	1923	圣弗朗西斯夏威夷号	353	
17	1925	新麦西尔德号	207	
18	1926	海庆号	111	4
19	1928	海洋号	419	
20	1929	托富瓦号	4	
21	1930	阿波伊号	288	2
22	1931	阿波伊号	403	12
23	1934	赛斯坦号	409	2
24	1937	萨格利斯号	168	
25	1948	云南号	104	
		共计	5179	95

① Nancy Y. W. Tom, *The Chinese in Samoa: 1875 - 2015*, *The Dragon Came from afar*, p. 79.

三 社会地位的转变

在德国与新西兰统治萨摩亚期间，大规模种植园经济需要大批廉价劳动力。当时不仅有来自中国的契约工人，还有其他岛国的劳工。但华工因其吃苦耐劳、遵纪守法、聪慧能干而受到普遍认可。华人在萨摩亚社会地位经历了由被压制到被尊重的转变过程。最早一批以个人身份到达的华人相对拥有人身自由，能独立经营，收入较好。但由于人少、经营规模小，影响力并未真正体现出来。1903—1934年到达的契约华工是中国人在萨摩亚社会地位最为低下的时期，他们的入境身份是"苦力"，在殖民统治者眼里就是"付费奴隶"和"廉价商品"，在当地人眼里是第四等人。随着1948年最后一批契约华工被遣返回国，滞留在萨摩亚的华工逐渐摆脱契奴身份，开始寻找机会自主经营。他们从开设餐馆、洗衣店、面包店等小买卖做起，逐渐扩大经营规模和经营种类，社会地位逐渐提高。除了拥有萨摩亚政治身份、与欧洲人一样可以竞选议会席位等，华人受到当地人的普遍认可和尊重。这一阶段的华人充分发挥聪慧勤劳的优点，在生意场上风生水起，有两位早年契约华工跃为萨摩亚首富。他们是20世纪50年代萨摩亚首富梁槐和70年代萨摩亚首富陈茂。

随着在萨华工身份的转变，其社会地位也发生了质的变化。相应地，一代华人对于萨摩亚社会的贡献也更加凸显出来，为萨摩亚经济发展做出了不可磨灭的贡献。同时，他们成立了华人公会，制定了公会章程，选举了领导机构，逐步规范华人群体。许多华人在当地社会享有较高声望，如梁槐、李航、陈茂等名字已经成为萨摩亚颇有名望的家族姓氏。

表2-3　　　　　　　华工在萨摩亚人数变化汇总①

顺序	年份	数量
1	1906	1082
2	1907	1038
3	1914	2194
4	1919	838
5	1920	783
6	1921	1291
7	1922	1591
8	1930	912
9	1932	712
10	1933	650
11	1937	326
12	1945	293
13	1949	175
14	1953	148
15	1961	108
16	1973	68
17	1985	32
18	1996	6

① Nancy Y. W. Tom, *The Chinese in Samoa*：1875 - 2015, *The Dragon Came from afar*, p. 82.

第三章　中国驻萨机构及华侨华人社会组织的设立

自19世纪70年代至今150余年，中国发生了翻天覆地的变化，从晚清到民国，从新中国的成立到改革开放，从殖民屈辱走向民族独立，从大国走向强国。中国国际地位的提升，经济实力的增长以及对萨摩亚持续不断的援助，赢得了萨摩亚民众的信任与赞誉。同时，100多年来在萨华侨华人逐步融入萨摩亚社会，对萨摩亚社会产生了重大影响，在政治、经济、文化上均推动了萨摩亚的发展。

一　清末林润钊与在萨华工

自明朝起，我国沿海居民就有出国打工的历史，但当时出国人数较少且多数前往离家较近的东南亚一带。随着世界资本主义的发展和持续不断的海外殖民扩张，19世纪后期至20世纪上半叶，中国人开始以契约华工身份被集体诱骗出国。19世纪末的萨摩亚，经过英、德、美三国明争暗斗了30多年，以1899年美德分治而告终。西萨摩亚开始进入德国殖民统治时期。由于前期德国殖民者在德国本土宣扬萨摩亚自然环境优美、土地肥沃等，吸引了一些种植园主不远万里到萨摩亚经营种植园经济，劳动力短缺问题很快呈现出来。1902年，德国殖民当局许可萨摩亚种植园主成立"输入劳动委员会"。该委员会随即派遣人员到中国沿海招募华工，并得到德国驻华公使的支持，德方负责人与两广总督招工专员议定了第一个招工章程。章程内容十分苛刻，华工毫无人身和资金安全可言。他们"日处苦海，劳不得息，病不得医"，甚至被鞭打"筋断骨折，仍须匍匐力作"。①

萨摩亚距中国万里之遥，华工们的遭遇几经周折才传回国内。而清政府从德国公使和福州太守吕渭英处获得的消息却是"工人无不安稳乐从"。为此，福建总督专门拜访了正在国内休假的清政府驻德公使杨晟。杨晟仔细审阅了德国招工合同，并就合同中含混其词致使华工受虐问题致信外务部，外务部遂将杨晟所列问题向广东、福建总督发文，指出"将来如有外洋招工之事，务以应有各节，详细订明，声载合册，俾华工有所凭证，"逐项回应。②

1906年10月15日，陈耀栋联合800多名华工联名禀告华工处境，"为违约酷待，冤抑难诉"，"抚血肉而饮泣"，要求清政府"派专员驻扎保护"。11月30日，杨晟向外务部呈文要求建立机构"设法保护"华工。但萨摩亚因太过遥远，在萨华工人数又不是太多，清政府并未有派专员的打算。1907年，华工通过在旧金山做生意的同胞再次向外务部投诉。外务部责令新任驻德公使孙宝琦会同杨晟查办，并明确指出选拔"上等商人可充领事"。在此基础上，孙宝琦在上书中陈述道："虐待华工，已成欧、美招工者之通病。"③而且由于萨摩亚虽系德国殖民地，但地处太平洋之中，距离德国太遥远。华工在萨受虐之事，经德国转至国内须经数月，大费周折，建议在萨设立领事。为此，清政府命令两广总督派人前往萨摩亚调查。广东总督张人骏遂派林树棻赴萨摩亚详细察看华工情形。林树棻到萨后，分赴25处调查华工1038人。所到之处，华工们无不"哭诉被虐情形，不忍卒听"。例如，按照华工们提前签订的合同，每月工资至少7元，但实际拿到手的仅有6元。工人们如果生病不能工作，还要扣银一马克（合0.5元），如连续12天以上不能

---

① 陈翰笙主编：《华工出国史料汇编》第八辑，第66页。
② 陈翰笙主编：《华工出国史料汇编》第一辑第四册，第1597页。
③ 陈翰笙主编：《华工出国史料汇编》第一辑第四册，第1601—1610页。

工作，非但领不到工资，但要从次月工资中补扣。工人们每月仅可以休息两个礼拜天。更有甚者，工人们在上船之前往往拿不到合同，被诱骗上船，"俟轮船启航时，始以一纸洋文，勒令工人印具指摹。工人不识洋字，听其所为。及抵工地，减少工金，频遭苛刻。纵欲控诉，皆以具有指摹，难于得直"①。林树棻在萨摩亚的调查让国内了解了在萨华工的真实处境，闽浙总督松寿专门向外务部建议给予林树棻嘉奖，但是在萨设立领事的事依然没有提上议程。

1908年，华工朱河因与德国工头发生冲突，伤及"管工手足"被判死刑，引起华工众怒，请求两广总督胡汀林予以挽救。恰好德国欲在华招收600名华工。外务部命令两广总督就华工合同期限、路费、饮食、医药、食宿、节假日等问题与德方交涉。同年，外务部准许"萨摩亚在汕头招工并派林润钊署理该岛领事"②。

林润钊上任后，在萨华工待遇有了明显改善，华工可以享受"德君生辰、耶稣诞、元旦"假期，华工生病期间可以领到1/3工资等，并逐步取消了华工合同中的苛刻条款，"萨政府愿将华工条例第三条所载，华工比照萨摩亚土人看待；第二十条鞭责之刑，先行删除""华人不在有色人种之列，现文明各国民人一律看待"等。③

可以说，早期华工付出了艰辛劳动和惨痛代价，甚至失去生命。经过几年努力，契约华工不但在工作、生活条件方面有所改善，在人格上也获得了应有的尊重。中国人的吃苦、隐忍、斗争与反抗，同样给萨摩亚人留下了深刻印象。萨摩亚民间对于华人的评价逐渐向好，许多萨摩亚女子以嫁给中国人为荣，华工为萨摩亚社会发展做出的贡献跨越了整个20世纪，成为萨摩亚近代历史中极为重要的一笔。

---

① 陈翰笙主编：《华工出国史料汇编》第一辑第四册，第1607—1608页。
② 陈翰笙主编：《华工出国史料汇编》第一辑第四册，第1613—1614页。
③ 陈翰笙主编：《华工出国史料汇编》第一辑第四册，第1619—1622页。

二 医疗保障和华人公会的成立

林润钊领事的抵达，不但为劳工们争取到了工作条件的改善，工资待遇的提升，增加了节假日，也有了相对自由地更换雇主的权利，但华工就医问题急需改善。据记载，当时华工有"疾病者，不问是非，概绝医理"的事情时有发生，致使华工"不疾则已，疾则有死无生"[①]。

华工在高温炎热的环境中每周工作6天，每天工作10个小时以上，加之生活习惯变化、饮食卫生堪忧、蚊虫叮咬等使华工染病。当时在萨摩亚首都有一所国家医院，设有当地人就医专区和欧洲人就医专区。为此，在林润钊领事的交涉下，1909年，德殖民当局同意建立华工医院。1914年，又在国家医院增开了华人专区，为华工留出60个床位。华工们每月可以接受体检一次，每周一、三、五上午7—8时可以由指定医生为附近华工看病，医疗费用由雇主根据华工数量平摊支付，重症患者可以送国家医院治疗。[②] 1933年，新西兰当局进一步规范了华工就医问题，在《劳工法令》中规定，每个劳工每周交纳6便士医疗公积金，用于华工体检、慢性病治疗、残疾华工抚恤金发放、华人公墓维护等。另外，该法令还规定一次性给予丧失劳动能力的华工和因病去世者亲属30英镑补助，这些规定不但保障了他们基本医疗条件，而且也是华工医保账户的实践。

英属西萨摩雇用农工章程翻译

一 雇工期限

此聘约以2—3年为期，由政府决定。该期限从中国放船之日起计，届期遣送回原籍。无论聘期如何，返原籍均免船费。如政府许可，则未满期限的工人亦可遣返原籍。

---

① 陈翰笙主编：《华工出国史料汇编》第一辑第四册，第1602页。
② Nancy Y. W. Tom, *The Chinese in Samoa*: 1875–2015, *The Dragon Came from afar*, p. 67.

二　水脚免费

西萨摩亚行政当局将为每名前往萨摩亚劳工提供往返萨摩亚水脚费。

三　预支薪金

凡工人上船时均可提前支付十五港元，但须由第四项条款中之半薪扣回。

四　半薪

凡工人由香港启程之日起至萨摩亚登岸之日止可以支付半薪。

四a　补回日用

如工人因自己原因耽误或无正当理由而不工作者，则须每日补回日用金九便士直至恢复工作时止。

五　废除劳动惩罚

工人到萨摩亚后不得因违反工务而有罚款或者监禁之事。

六　工作不得间断

如工人肯诚心继续工作，工务长于第一款规定，雇工期内常有工作给其操作，不得间断，农工、作家庭侍役或别项工作等，每日薪金如未逾工作钟点者保有三先令。如逾工作钟点则多给半工薪金，至于住所则均免费。

七　雇佣问题

工人抵达萨摩亚后，工务长当即派各工人前往雇主处做工。如工人欲择某雇主，若能派得者，应照工人心意派往某雇主处，工人在某雇主处雇工时，欲自己辞职往新雇主处操作，如系其辞职理由充足者，工务长当准其迁调别处做工。

八　华人慈善款

每位劳动者每周须捐助6便士（6天）给中华慈善基金会，用于支付住院或其他情况下劳动者的免费医疗费用，以及免费供养慢性病劳工、维护华人公墓及其他慈善用途。

九　照料工人

萨摩亚工务长必随时设法照料工人，确保其免受凌虐，并负责调查劳工提出的任何投诉，确保正义得到伸张。

十　工作时间

每天须完成九个半小时公平诚实的工作。如果气温达到38℃，则工作时长为九小时；如果雇工劳动为计件工作，工人有权把一天的工资按计件完成。如果其完成计件后工作时长不足9小时，工人可以自由支配剩余时间，可办理私人事务。

十一　假期

通常情况下，工人不得被要求在星期日或由行政长官所定的假期（每年放假十天）做工。如工人自愿于星期日或假期日做工并得到雇主允许，可以照准其工资按平常工资支付。如果星期日或假期有必要工作如饲养牛马或有紧急工作必须完成时，可以要求工人做工，但工资应按超时工资支付。

十二　伙食

工人应自备伙食，雇主应备足米粮，廉价卖给工人。每名工人每月最多可买大米五十磅，每磅米价不能超过三便士，但所卖之米应由国家医生检验过；每月每位工人可从雇主处购买十五磅肉，每磅价格不得超过六便士。

十三　告假

如工人有私家事务暂行离开工场，须要报告工主获得允许方可离开；无论何月，工人因私家事告假，每月不得超过一天；若告假超过一天，必向工主或工务长取得特别允许方可。

如工人欲求工务长派往别处务工者，须要预先七日通知工主。

十四　抚恤金

如工人因工作原因致残不能做工，或因工作受伤以致死亡时，应给予该工人或其亲属抚恤金三十镑，各身故工人，必须妥善收殓入棺安葬。

十五　体检

工人由中国启程前，必须先进行体检并证明其身体合格，能胜任其所签之工作。

十六 雇工期限可以缩短或延长

本章程所订三年为期，已于第一款声明，因等待船只载运、工作期满回国缘由而缩短或延长期限，须签约双方同时认定，而且此缩短或延长时间不得超过六个月。

十七 法律

各工人到达萨摩亚后须遵守萨摩政府之法律。

十八 章程之解释

本章程之解释以英文为标准。

ADMINISTRATION OF WESTERN SAMOA.
CONDITIONS OF EMPLOYMENT.

1. **Term of Engagement.**
   The engagement is for a term of two or three years, dating from the day the transport leaves China, after which the labourer will be repatriated to China. The Administrator will decide which term will apply, but in any event unconditional free repatriation will be granted.

   The labour may be repatriated before expiry of his term of service on approval of the Administrator.

2. **Free Passage.**
   The Administration of Western Samoa will provide a free passage for each labourer to Samoa, and will also pay the cost of his passage when he returns home to China.

3. **Advances of Wages.**
   At the time of embarkation each labourer will receive an advance of wages of $15.00 (Fifteen dollars) Hong Kong currency, and this sum will be deducted from the half pay referred to in Para. 4.

4. **Half Pay.**
   The labourer will receive half pay from the date of sailing from Hong Kong till the date of landing in Samoa.

4a. **Overhead Charges.**
   Labourers who are unemployed of their own fault, or leave their employers without valid reason, will be called upon to pay their own overhead charge viz. Nine (9) pence per day during the time they are out of employment.

图 3-1 英属西萨摩雇佣农工章程样本

在遥远的太平洋岛国，早期华工受到欺凌、压榨、殴打，华工们除了向国内传达诉求外，更为直接有力的自救方式则是团结起来，成立社团组织。1919年第一次世界大战结束时，萨摩亚有838名华工。1920年4月—1921年12月，新西兰当局通过香港代理商招募了1430位华工。1922年岛上华工人数达到1591人。① 为了更有力量、更有组织地争取利益，在萨华侨华人成立了第一个社团组织"华人俱乐部"，其组织者为较早获得人身自由成为种植园主的梁槐和他的岳父阿桂。

华人俱乐部存续期间，正值华工人数最多的时期，客死他乡是许多华工逃不脱的命运。于是，华人俱乐部在首都阿皮亚西部塔里马托（Talimatau）购买了一块约9.3英亩的土地，用来安葬死亡华工。2009年8月，由中国政府出资，青岛建筑公司承建，对墓园进行了修整，外围加装了铁丝围墙，入园口竖立着"华人公墓"标识牌。

笔者曾经两次独自前往华人公墓祭拜。这块墓地至今仍在使用，共安葬了大约300位华工及其亲属。整块墓地有些荒凉，杂草丛生。行走在高约半米的草丛中，眼前仿佛出现了同胞们一百多年来在萨摩亚奋斗的身影。许多石碑因风化出现裂痕，缺边掉角，有的甚至横七竖八地倒在墓旁。许多早期墓碑上仅刻有死者姓名和出生地，如陈彬，广东台山；周尧，广东斗门；郑百，广东恩平；黄修廷，广东阳江；杨成志，广东嘉应等。也有的墓碑上寄托了华人的思乡之情和报国之志，他们俨然已经把自己的劳工生活与万里之外的祖国连接起来，如台山五福陈公墓碑上刻着"龙来千里远，坟墓万年长；正忠报国，理所当然"的碑文。也有的墓碑上显示华工生前希望死后回到家乡的渴望，如宝安葵涌口水田人阿生林的墓碑上刻有"离开世界西方走，步入蓬莱上扬州"字样。更有人在碑文上记录下对于谋生不利、客死他乡的无奈，如广东恩平帝旺村梁抉灯的墓碑上刻有"只为求谋来外国，谁知命蹇丧番邦"。当然，并不是所有华工都有墓碑，也并非所有华工都安葬于此。另有几块墓碑用英文刊刻，显然是其萨摩亚子女所立。但多数石碑的记载很是简单，一般仅有名字和去世时间，很多名字也只用了乡人常用的

---

① Nancy Y. W. Tom, *The Chinese in Samoa：1875-2015*, *The Dragon Came from afar*, p.82.

阿树、阿森、阿杰之类的称呼，没有姓，没有字，更没有号。可见，当年那些不远万里到萨摩亚打拼的同胞大多来自福建和广东。他们出国的时候年龄不大，一般都是家乡的穷苦人，既上不起学，也没有名号，所以若干年后只记得自己的小名。杂草丛生的墓园、斑驳陆离的石碑仿佛诉说着当年华工的失落与无奈，但那些凄凉伤感的碑文又不禁令人感叹，无论他们走出家乡多远、多久，都会用中国传统的纪念方式来铭刻自己的生辰与离别，都会永远铭记自己是龙的传人。

1937年抗日战争爆发后，到期华工被迫滞留萨摩亚达11年之久。其间，华工们通过各种方式争取人身自由，同时他们关心祖国命运，通过华人俱乐部向国内捐赠善款，支援抗战。

1944年，经过20余年的发展，华人俱乐部改组为一个更为规范的组织——华侨公会。从今天对于华侨、华人的界定来看，这个名称颇为贴切。因为当时多数华工的身份还是中国公民，并未取得萨摩亚身份，确实属于海外华侨。成立后的华侨公会由257人集资在首都中心莫阿莫阿（Moamoa）购买了一块约为28.5英亩的土地，用于公会发展。[①] 按照当初设想，华侨们要在这块土地上兴建村庄、学校、办公场所等，形成一个独立的华人区域。但由于资金原因，并未如愿。随着1948年后在萨华人全部取得了萨摩亚身份及1962年西萨摩亚宣布独立，华侨公会于1963年更名为"西萨摩亚华人公会"。华人公会制定了章程，规范了会员资格、会费管理、委员会选举以及财务制度等，并向会员颁发会员证。遗憾的是，随着第一代、第二代华人的不断离世，华人公会的活动逐渐减少，原来的地皮也被迫卖掉。中国改革开放以后到萨摩亚的华侨华人不再加入公会，也不参加公会活动。在萨摩亚工作期间，梁槐的第四代后裔曾向笔者讲述了华人公会。现在的华人公会活动地点仅剩有一栋二层小楼，主管者为梁槐后人。公会主席团成员均为华人后裔，他们偶尔会组织会议，但实际上已经失去了社会影响力。公会主办人曾

---

① Nancy Y. W. Tom, *The Chinese in Samoa: 1875-2015, The Dragon Came from afar*, p. 127.

邀请当代萨摩亚华人入会，有的华人的确交纳了 10 塔拉的会费，但并未参加过公会活动，该社团组织其实已经名存实亡。

从华侨俱乐部到华人公会，见证了早期华工的奋斗历史，也完成了成立之初的历史使命。某种意义上，华人公会的寿终正寝是对历史最好的纪念。

三 华侨华人对萨摩亚社会的影响

早期契约华工从未放弃对于梦想的追求，他们一旦获得人身自由，便想方设法从事小本经营，并逐渐扩大经营规模。每一代华人中都会涌现出在萨摩亚颇具经济实力的企业家。对于第一代、第二代华人来讲，萨摩亚是他们寻梦的地方。为了逃避战乱、摆脱贫困，第一代华人带着全家人的希望栖息在太平洋中的一方小岛上。凭借着中国人的勤劳、聪慧，他们得以养家糊口，但也经受了异常的艰辛，承受了周围人的歧视甚至谩骂和嘲讽。如果说第一代华人尚有人身自由的话，契约华工则经历了地狱般的苦难。同样，他们带着一种美好与憧憬签下了劳工合同，踏上了远洋航船。殊不知，他们被命运开了一个巨大的玩笑，甚至有人中途命丧太平洋。即使到达了他们梦寐的淘金之地，等待他们的却是长时间的体力劳动、毫无人性可言的严苛规定。为了争取起码的生存条件，他们罢工、逃跑，甚至打死工头。正是由于这些华人的坚持、抗争、勤劳，改变了萨摩亚社会对于中国人的总体认知，赢得了种植园主、商人和公众的尊敬。他们不但为自身赢得了部分权利，而且共同推动了萨摩亚劳工法的改进和萨摩亚社会的民主化进程，为后期华人在萨摩亚的发展创造了良好的政治环境。

同样，百余年来华侨华人为萨摩亚的经济发展做出了巨大贡献。萨摩亚常年高温炎热，人口较少。萨摩亚人不需要进行繁重的农业劳动，依靠天然的香蕉、芋头、面包果等即可果腹。而且当地人普遍偏胖，也难以胜任农业劳动。但德国种植园经济属劳动密集型产业，急需大量劳动力。这并非一般的劳动力，而是被称作"苦力"（KULI）。大量华工的输入保证了萨摩亚种植园经济的大规模开展，促进了萨摩亚经济发展。

中国传统文化博大精深，流传深远。千百年来，有中国人的地方就有中国文化。华侨华人在厅堂中悬挂中堂、摆放中式家具，邀请朋友品茶、听戏、搓麻将；他们开起中餐馆，种植蔬菜，让太平洋上空飘起中国味道；他们重视每一个中国传统节日，贴春联、包饺子、为亲朋好友送上最美好的祝福。同样，萨摩亚华侨华人的中国传统文化情结也深深影响了当地人的生活，许多当地人喜爱中式服装和中国美食；中国人的隐忍、吃苦、守时、坚持让一些慵懒的萨摩亚青年逐渐改掉了原有的生活习惯，工作态度积极起来，对生活品质的追求也越来越讲究。

第四章　当代萨摩亚华侨华人面临的机遇与挑战

本书中，当代萨摩亚华侨华人指改革开放后到萨摩亚创业的华侨华人，这一时期华侨华人数量呈动态变化。本书写作下限至 2020 年年底，对于中途离开和 2021 年以来到萨摩亚的华侨华人不在撰写之列。为了更加立体地记录华侨华人奋斗经历，本书按每 10 年一个阶段分为 20 世纪 80 年代、90 年代，21 世纪第一个 10 年和第二个 10 年四个阶段进行叙述。但由于华侨华人数量时有变化，对于华侨华人总体数量和每一阶段的具体人数缺乏翔实数据。自 2018 年 7 月开始，笔者在每个阶段中选取了具有代表性的华人进行了深度访谈，他们中有 1980 年前后进入萨摩亚且迄今依然定居在萨摩亚的老华人，也有 2010 年之后刚刚到达的华侨，有人坐拥千万资产，有人依然以打工为生。他们是几千万海外华侨华人中的沧海一粟，是华夏子孙，龙的传人。每每与他们接触，笔者都会有一种别样情绪，尤其是与那些老华人交谈时，总是很小心地遣词造句，生怕勾起他们的思乡之痛。

一　群体构成及主要社会活动

据不完全统计，目前萨摩亚华侨华人有 1000 人左右，其中 20 世纪八九十年代到达萨摩亚至今仍然在此定居的华人不足百人，绝大多数为 2000 年以后到达的华侨华人。如果依然按照前面四个阶段来划分的话，20 世纪 80 年代入萨者主要包括余荣相、陈宝元、陈思京、陈思缵几位老人及其家族亲属。20 世纪 90 年代入萨的主要有蔡健敏、周小宽、王志国等人；2000—2010 年到达的华侨华人主要有翁维杰、施祖杰、王培正、吉志明等。2010 年之后入萨者主要有王命秀、孙明霞、黄志杰、倪时钦、梁华新、王长才等。他们中绝大多数都有自己的生意，但在经营规模和资产存量上有显著差距。

在萨华侨华人聪明勤劳，能吃苦，行动力强，他们能够一眼看到商机并且马上付诸行动。他们具有不怕失败、越挫越勇的精神，他们中有好几位一夜之间从千万富翁跌落谷底，但依然可以勇敢地站起来，抖落掉尘土从头再来。他们多次前往萨摩亚敬老院、受害人救助中心等进行捐助，在当地有一定的知名度和影响力。例如，蔡健敏，目前在萨拥有十二家大型食品百货超市，雇用当地员工 700 余人，成为萨摩亚食品百货的龙头企业和缴税大户。翁维捷，目前是萨摩亚百货商品批发零售的龙头，还拥有 7 家快餐店、3 家百货商场、1 家烟厂，雇用当地员工 170 多人，兼任法雷瓦奥（Falevao）村酋长。施祖杰，目前主要从事食品百货批发零售、诺丽酵素加工、海参养殖等，兼任中萨友好协会副会长。王培正注册的正建公司系萨摩亚 6 家拥有一级建筑资质的公司之一，目前已经承建了包括新西兰援助项目在内的 130 多栋房屋。王命秀建立的酷尔玛饮料生产有限公司生产的饮料口感纯正、价格亲民，深受萨摩亚人喜爱。黄志杰开设的电气焊、市内装修、铝合金加工项目大大便利了当地人的生活。

对于 20 世纪 80 年代前后入萨的华人，他们中有人从未回过家乡，对于祖国变化有些模糊，也已经习惯了萨摩亚简单纯朴的生活。而近 20 年来入萨的华侨华人年轻、有学历，勤于思考，其中有不少人在国内时有正式工作。由于萨摩亚地处太平洋中心，华侨华人均以澳大利亚、新西兰、美属萨摩亚、美国为第二生存地。多数华侨自身保留了中国国籍，但直系亲属大多已在澳、新定居或者取得了居住国国籍。因此，他们均拥有澳、新、萨摩亚的永久居住权，在太平洋岛国之间往来自由。

与第一代、第二代华侨华人不同的是，当代萨摩亚华侨华人与当地女性通婚人数逐渐下降，他们不再依靠婚姻来维系与当地的社会关系，社交圈子也呈融合性和开放性特点。我们姑且可以用同心圆来表示（图4-1），最靠近圆心、半径最小的圆是与他们一起打拼的国内亲友同乡，这些同乡多从家乡招募而来，与他们有亲属关系，在公司里从事核心工作，如财务、收银、采购等。第二层圈子是与当地官员的关系。目前在萨摩亚经营良好的华侨华人均与当地酋长、政府官员、议员、部长等交往甚好，有几位同胞与前总理图伊拉埃帕关系也十分融洽。第三层圈子是与萨籍雇员（萨摩亚当地员工）的关系。在华侨华人雇用的所有员工中，当地员工占比达90%以上。但由于长期以来当地人存在的诸如偷窃、借款等问题，目前华人经营者普遍存在如下经营难题：有一定文化程度、自觉性高、执行力强、能够胜任一定领导职位的中国员工很难遇到，而当地人又只能做一些单纯的加工、零售等体力活，这种现状一

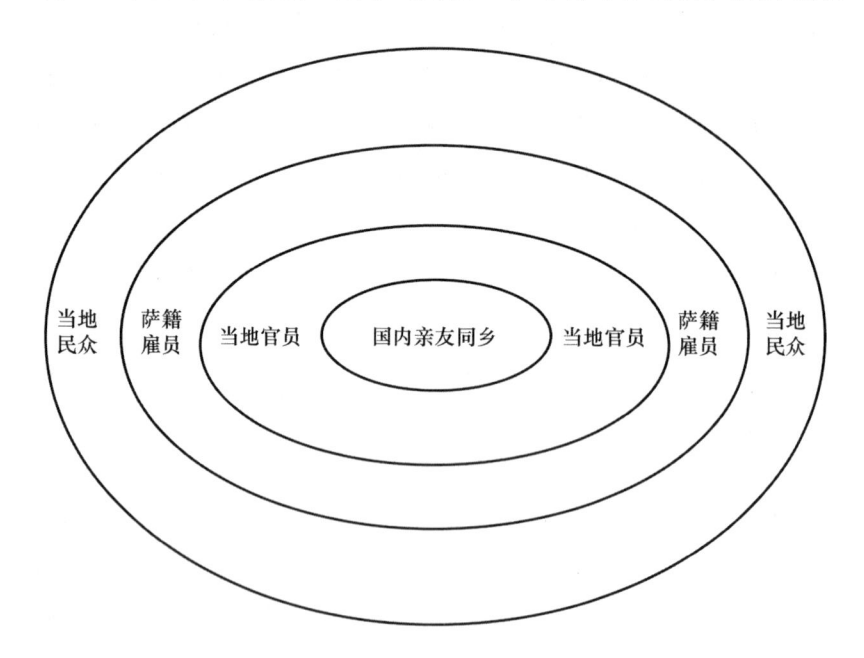

图 4-1 萨摩亚华侨华人社会关系

定程度上制约了华侨华人的发展。第四层圈子是与当地民众（当地社会）的关系。目前在有一定实力和影响力的华侨华人中，有几位已经被授予酋长头衔，他们要定期参加酋长会议，捐献钱物等。另外，当地许多社会组织如橄榄球协会、敬老院、受害人救助中心等纷纷找到他们，请其予以资助，他们每一次都会慷慨解囊。而且，也会主动对接当地社区、贫困学校等施以援手。可以说，当代华侨华人享有中国高速发展、国际地位上升带来的福利，也为中国在太平洋岛国的社会影响力起到了不可忽视的作用，俨然已经成为中萨民间外交的中坚力量。

二 目前面临的问题

自20世纪80年代以来，中国对萨摩亚援助持续增加，双方关系稳步发展，从外交、经贸、人才培养等方面达成多项合作协议。尤其是中国对萨摩亚进行的基础设施援助，提升了中国在萨摩亚民众中的威信，为华侨华人赢得了社会地位，为华侨华人的事业和生活提供了外交保障。自2020年1月新冠肺炎疫情暴发以来，萨摩亚停止办理出入境手续，华侨华人的经营受到了不同程度的影响。进入2021年，菲亚梅出任萨摩亚总理，其释放出的亲美信号在华侨华人中一度产生紧张情绪。2022年以来，萨摩亚新冠肺炎感染人数持续增加，萨摩亚依旧实行封闭政策，对于华侨华人的经营造成新的压力。另外，华侨华人本身的经营理念、经营模式也需要改进。具体如下：

第一，新冠肺炎疫情使萨摩亚对外贸易缩减，甚至萨摩亚民众急需的鸡腿、大米等食品经常出现供货紧张现象。有的船只因海员出发国、船只经停国出现感染病例而被迫停靠在海港数日。有些华侨如梁华新、黄至杰、王钦安等在萨摩亚有百货、建筑等支撑企业，但无奈滞留国内，致使在萨经营受到影响。

第二，菲亚梅上任以来，在萨华侨华人曾一度出现紧张情绪，他们通过削减货物储备、减少营业时间来进行自我保护。不过由于前总理图伊拉埃帕的冷静处理，加之中萨长期的友好关系很快将这一紧张情绪冲淡，但是中国经营者未来一段时间需要保持高度警惕，避免不必要的经济损失。

第三，由于对萨摩亚政治环境缺乏深度了解，华侨华人在人际关系疏通方面造成不必要的浪费。尽管萨摩亚在政治上实行一院制，总理握有实际权力，但议会成员中执政党与反对党成员均有一定人数。华侨华人需吃透当地政治网络，建立与当地高层官员之间多维度关系，既要避免卷入两党之间的政治竞争，又要在两党之间的掣肘中获得他们的支持，切忌初来乍到操之过急，出手过于大方的现象出现。

第四，缺乏对萨摩亚自然地理环境的充分了解和必要的农业知识，导致经营亏损严重。萨摩亚属热带雨林气候，高温多雨，病虫害严重，在萨从事种植、养殖业等，需要有一定的地理知识和农业知识。而且如要形成规模化生产，需要大量农业设备和人力资源，这是该领域的致命问题。另外，萨摩亚人的饮食结构以肉食、芋头、大米、面包果为主，对于蔬菜需求量较少，这也制约了以蔬菜种植为主的农场收入。

第五，在萨华商对于萨摩亚市场需求、民众购买力了解不够，造成货物积压，占压流动资金影响到企业生存。萨摩亚市场体量较小，旅游接待量不足，所有在萨经营者需高度重视供需关系平衡。盲目扩大经营规模、涉入陌生领域等都可能导致前功尽弃，使前期的资金积累打了水漂。因此，守住现有经营，充分考察市场行情，稳扎稳打，掌握足够的专业知识，方可在太平洋中博得一方自由而温暖的栖息地。

第六，近年来，随着外来投资的不断增多，华侨华人经营商店逐步向纵深推进，一些偏远农村新增了由华人经营的小型超市。这些小型超市的开设被一些当地人视为竞争对手，认为挤占了他们的经营空间。有的经营者没有经营执照，遂选择与当地人合作，由当地人出面办理营业执照，无形中增加了经营风险。当地人一旦翻脸，华侨华人往往人财两空，损失惨重。

第七，人身、财物方面存在安全隐患。随着萨摩亚经济社会的不断发展，传统酋长地位逐渐削弱，对当地部分年轻人管理失控，一些年轻人恣意妄为，偷盗、抢劫、掠夺、打架事件时有发生，中国人人身和财产安全受到威胁。2018年一位中国汉语教师遭遇抢劫身亡，2019年一家中国超市遭遇持刀抢劫，一名店员不幸身亡，都说明萨摩亚的社会治安出现了明显下滑。

第八，家族式企业管理模式，以人情换效率，从进货、上架到销售，均依靠人力统筹，无形中造成预算不到位、统计有失误、进货不科学等现象，无法实现赢利最大化。

鉴于前述问题，目前华侨华人急需做如下改进：

第一，学习现代经营理念、改革管理模式，寻求长效发展机制。萨摩亚四邻不靠，日用百货、粮油食品、建筑材料等几乎所有生产物资和生活物资需要进口。路途遥远，进口成本高，稍有不慎就会增加成本，降低利润。因此，要尽可能物尽其用、杜绝浪费。华侨华人要善于改变家族式经营理念，充分运用计算机功能，从人人对话转变为人机对话，加强进货、上架、销售数量的数据分析，做到进货、销售方面精、准、稳。

第二，充分考察市场，进行必要的自我评估和市场评估。目前华侨华人投资失败、损失财产的情况并不少见。华侨华人需要慎重投资，对于不熟悉的领域要做好充分的前期考察，聘请评估师进行市场评估。对于有一定客源、经营较为稳定的企业、店面，需要耐得住，守得住，不要急于扩大经营规模。切忌出现用一家店的利润填补另一家店亏损的尴尬局面。

第三，对于不熟悉的行业和领域需要慎重考虑，不要盲目上马，最好请专业人士进行投资评估。不要与当地人建立不受法律保护的合作关系，以防止当地人反悔或者钻法律的空子造成不必要的损失。

第四，做好打持久战的准备，注意经营口碑，保证商品质量，确保足额报税、纳税，用质量换信誉。

第五，注意处理好与萨摩亚有影响力的人士之间的关系。萨摩亚是一个人情社会，也是一个酋长制较为顽固的国家。处理好与各级酋长、议员及当地官员的关系，做到既遵纪守法，又乐善好施，在萨摩亚民众中树立当代华侨华人的良好形象。

三　华侨华人的教育诉求

有路的地方就有中国人，有海水的地方就有中国人。但在太平洋岛国打拼多年的中国同胞，一直十分焦虑子女受教育问题，萨摩亚华侨华人亦是如此。主要有如下几个方面原因。

第一，读书做官、为民造福的传统思想根深蒂固。中国传统文化中"万般皆下品、唯有读书高""学成文武艺、货于帝王家"的观念成为华人同胞教育子女的精神依托。早年移民至太平洋岛国的华人同胞多数学历不高，新千年之后进入岛国的华侨华人有学历，有一定的资金积累，但无论哪一代人，均把接受良好的教育看作子女安身立命的看家之本，对教育的期待程度往往更高。

第二，太平洋岛国中小学教育无法与发达国家高等教育对接。太平洋岛国教育普遍落后，尤其是数理化等学科师资力量薄弱，选课人数少，实际教育水平远远低于教学大纲要求，无法满足以逻辑思维见长的华人后代。而且华人子女鲜少掌握当地语言，英语水平又偏弱，这些都成为制约中国学生教育成长的顽疾。有条件的家庭均已把子女送至澳、新等发达国家或者留在国内接受教育，但多数华人子女跟随父母，无奈地接受当地教育。同时，太平洋岛国大学教育并不发达，华人子女中学毕业后多要前往澳大利亚、新西兰、美国等地接受高等教育。单纯依靠在太平洋岛国有限的知识储备无法与上述发达国家的高等教育对接。

第三，太平洋岛国缺乏华语学校，华人子女汉语教育成为盲区。目前，仅在斐济有两所华语学校，斐济、萨摩亚设有孔子学院，汤加、瓦努阿图设有孔子课堂，但孔子学院的汉语教学主要针对当地人，以简单的口语对话为主，无法满足当地华人子女学习要求。因此可以说，太平洋岛国几乎没有华语学校。华人子女与当地学生一起就读,受语言影响,成绩普遍偏低,如果辅以普通话教学,成绩会有相当起色。笔者在萨摩亚工作期间,曾经义务辅导华人子女数学课程,事实证明,孩子们的接受力、理解力相当强,只是语言不过关而影响了学业成绩。

在笔者采访的萨摩亚华侨华人中,翁维捷、施祖杰都表达过欲在萨摩亚建立华人学校的愿望,吉志明对于萨摩亚的汉语教学提出了中肯的建议。许多华人朋友也希望通过本书传达他们对于华语学校的渴望。借助于当地华侨华人的资金实力,通过政府、民间双重途径共同推进萨摩亚华人学校的建设不失为一个可行渠道。

中 篇

1870—1979年华侨华人典型案例

自19世纪70年代第一位中国人踏上萨摩亚岛至20世纪70年代，萨摩亚华侨华人经历了一个世纪的艰苦拼搏。他们是第一代、第二代华侨华人，总人数超过7000人。其中，1903年之前在萨摩亚定居的第一代华人仅有十余人，他们主要是以海员身份到达萨摩亚，从事个体经营。1903—1934年，德国和新西兰当局在中国招募了6984位契约华工。至20世纪70年代，第一代华工早已离世，第二代华工仅剩几十人。改革开放后，以新的自由职业者身份进入萨摩亚的中国人数逐渐增多，萨摩亚华侨华人开启了新的历史时期。但是，由于第一代、第二代华人在萨摩亚的影响力，迄今依然可以追寻到第二代华人的影子，如梁槐、陈茂、李航在萨摩亚的家族成员超过百人，他们的名字均已成为家族姓氏。

第五章　从海员到商人（1870—1902）

据现有资料记载，1880年以前，仅有3位跟随渔船到达萨摩亚的中国人，① 但这已足以引起当时萨摩亚最高酋长玛列托亚·劳佩帕（Malietoa Laupepa）的恐惧，中国人被看作萨摩亚经济和人种的破坏者。由于害怕越来越多的中国人到来，玛列托亚·劳佩帕政府于1880年出台了禁止中国人移民的法律，② 违反者将被处以不超过50美元的罚款、最高60天的监禁或被强制驱逐出境。故此，在1883—1899年，仅有9位中国人在萨摩亚定居下来。他们登记的职业有厨师、木工、制盒工、面包师、零售商，还有一位美国驻萨领事管家。③ 由于年代久远，许多信息无法考证，对于他们的了解仅限于南西·汤姆《龙来千里》一书中的简单介绍。但他们的名字都有一个共同的特征，阿苏、阿青、阿穆、阿快、阿福、阿顺、阿松、阿庆、阿昌……他们大概来自中国同一个地方，有着同样的记名方式，他们中许多人被埋葬在萨摩亚首都西南部的华人公墓。

---

① Stephen John Smith, *The Samoa (N. Z.) Expeditionary Force 1914–1915*, Wellington: Ferguson and Osborn Limited, 1924, p. 107.
② Malama Meleisea, *The Making of Modern Samoa: Traditional Authority and Colonial Administration in the Modern History of Western Samoa*, Suva: Institute of Pacific Studies of the University of the South Pacific, 1987, p. 168.
③ Nancy Y. W. Tom, *The Chinese in Samoa: 1875–2015, The Dragon Came from afar*, p. 54.

一 阿穆

阿穆（Ah Mu，？—1910），1875年前后到达萨摩亚，这是现有记载中到达萨摩亚最早的中国人之一。1870年前后的中国正处于帝国主义铁蹄之下。经历了两次鸦片战争的阵痛之后，清政府被迫与列强签订了一系列不平等条约，开放了十余处通商口岸。英、法等国舰艇经常停靠在中国口岸。阿穆的家就在大海边，对于眼前的一切很熟悉。在他很小的时候就被英国海员收留，成年后他加入了英国国籍，成长为一名海员，经常跟随英国舰船到太平洋岛国游历，并且学会了一口流利的英语。直到有一天，他厌倦了海上的漂泊生活，便下得船来在萨摩亚住了下来。凭借着多年积累的船运经验，他做起了货运生意。阿穆非常聪明，尽管没有文化，但他清楚自己的盈利与亏损。除了运输外，他又做起了修理车轮和钉马掌的生意，还养了几头奶牛，收入很是不错。1910年阿穆去世，葬于阿穆家族墓地。其子约翰·阿穆（John Ah Mu）子承父业，并且将生意扩大。1915年，当地一家报纸曾为约翰·阿穆刊登过福特汽车广告。约翰·阿穆曾在法国和巴勒斯坦服兵役，系6位返回的萨摩亚出生的士兵之一。阿穆孙女擅长赛马，曾于一天之内获得4项赛马冠军。

二 阿苏[①]

阿苏（Ah Sue，1845—1925），阿苏出生于1845年，早年在海盗船上担任厨师，在风浪中游历了半生，是一个见过世面的中国人。1884年，即将步入知天命之年的他决定结束漂泊而危险的生活。于是，他以厨师和园艺师的身份到达萨摩亚并且定居下来。他与一位当地著名的餐

---

① 关于阿苏生卒年介绍，南西·汤姆《龙来千里》中为1845—1925年，翟兴付《萨摩亚华侨华人今昔》中为1937—1912年，本书采纳了《龙来千里》的记录。

馆老板琼·马尼拉（Joe Manila）合伙开起了餐馆，自己还经营着一家小商店。其子詹姆斯1914年出任英德双语报纸《萨摩亚人报》的出版人兼编辑。1925年，阿苏去世，被葬于华人公墓。

三 阿庆

阿庆（Ah Ching，1854—1923），1870年前后开始受雇于一艘英国商船，他经常随船到太平洋岛国进行商品贸易。进入中年以后，阿庆决定在萨摩亚定居。于是他于19世纪80年代到达萨摩亚，与一位当地酋长的女儿法阿图普·雷奥塔（Faatupu Leota）结为夫妻。两人共育有10个子女。走下商船的他，凭借着在英国商船上的经验，很快开了一家小商店，从事食品、面粉等日用品的零售与批发，并且不断扩大经营规模，成为萨摩亚颇具影响力的商人。1910年，阿庆联合在萨摩亚为数不多的几个商人成立了商人协会。阿庆将三个儿子、一个女儿送回中国读书。1923年，阿庆病逝，被安葬在妻子家族墓地中。[①]

四 阿松

阿松（Ah Soon，1874—1932），出生于广州。早年在一艘德国巡洋舰上做了5年伙食管理员，跟随德国舰队经常到萨摩亚巡查，并且学会了德语，还担任过德国驻萨摩亚首任总督威廉·索尔夫（Wilhelm Solf）的厨师。1897年，43岁的阿松走下巡洋舰，在萨摩亚经营了一家杂货店。阿松不但擅长厨艺，也会一些木匠手艺。与其他早期华人多娶当地女性为妻不同的是，他娶了华人阿桂（Ah Kuoi）与一位萨摩亚女性的女儿。夫妻二人深谙中国商品在萨摩亚的受欢迎程度，他们开起了

---

① 现在华人公墓中也有一块阿庆的墓地，墓碑上显示：Ah Ching：1890.5.2 - 1952.8.8，显然，与本书记载的阿庆不同。从生卒时间推算，该墓碑主人应是一位1905年之后到萨的契约华工。

中国商店，经营丝绸、百货、中国传统饮食如海参、豆豉、咸菜等。另外，阿松还经营有裁缝店，专门做西式衬衫和西装。阿松头脑灵活，富有同情心，对中国怀有很深的感情，热心公益活动。他把两个儿子送到香港圣约瑟夫学院和广东岭南大学就读。他还会演奏二胡和月琴，经常在聚会上表演器乐演奏。第一次世界大战开战不久，为了救助在大战中失去亲人的孤儿、寡妇，萨摩亚成立了"比利时救灾基金会"，阿松就是成员之一。1932年，阿松病逝，家人按照萨摩亚习俗为其举行了葬礼。据《萨摩亚先驱报》描写道：长长的送葬队伍中，有当地商界代表和他的亲朋好友。阿松聪慧、热心、精干，是萨摩亚社会中当之无愧的华人代表。

五　阿昌

阿昌（Ah Cheong，1863—1920），原名方讳昌，因萨摩亚人习惯将姓名中间的字隐去，故在萨摩亚时被称为方昌。方昌1863年出生于广东，早年在英国舰船上担任厨师，后定居萨摩亚，与一位当地女子泰斯勒·马努（Teisa Manu）结婚，育有2男5女，妻子在1918年大流感中不幸辞世，儿子方华源从小在中国读书。阿昌于1920年病逝，被安葬在华人公墓。碑文用中英文撰写：中文"方公讳昌号富兴，母文启沙氏之墓碑"，英文"In ever loving memory of Fong Cheong（1863.11.16—1920.6.29）"（永远怀念方昌）①

六　阿福

阿福（Ah Fook，生卒年月不详），是第一批获得萨摩亚公民身份的9名中国人之一。阿福在萨摩亚开了三家杂货店和一家咖啡馆，他也是

---

① 据阿昌与其妻子墓碑所载，其妻子被称为启沙氏，显然这是运用了中国传统的称谓方式。

第五章 从海员到商人（1870—1902）

萨摩亚第一批赛马主人之一。阿福的后人不仅继承了他的企业精神，还把阿福的事业发展壮大。阿福的儿子在萨摩亚开了一家杂货店，一家出租车服务公司，一家颇受欢迎的夜总会和一家台球室。阿福的孙子们在萨摩亚建立了塔乌托（Tautua）汇款公司、麦克斯迪尔（Maxsteel）钢管公司、麦克卡尔（Maxkar）机械维修公司、阿福（Ah Fook）饮料公司、多莉（Dolly's）服装零售商店、比佩尔（Beeper）电器公司等。除上述企业外。阿福的曾孙在萨摩亚开设了冰激凌店和咖啡馆，还从事房屋出租、地面维护等业务，并把业务拓展到新西兰。

第六章 从"付费奴隶"到合法公民
（1903—1949）

自1900年3月1日德国正式统治萨摩亚之后，一些欧洲种植园主、律师、商人、工程师等纷纷到达萨摩亚，大种植园经济逐步发展起来，急需大量劳动力。但萨摩亚人生来坐拥大自然的恩赐，并不"擅长"农业劳动。而且在萨摩亚人的传统中，家族事务高于个人事务。家族成员要服从家族酋长安排，在家族中从事劳动生产。如果一个年轻人擅自到德国人的种植园中劳动被认为是对家族甚至是对社会的损失。于是，招募外来务工人员成为德国种植园主的当务之急，一贯能够吃苦耐劳的中国人成为他们的首选，有关禁止中国人入境的政策也被修改。1903—1934年，先后共有15批6984位契约华工到达萨摩亚。他们大多来自福建和广东，从汕头或者香港出海，① 在船上颠簸数日才到达目的地。而"遥遥路途上遭受烈日蒸灼，加之风高浪急，船体粗陋，饮食败缺，中途丧命者不在少数"②。在那个中国饱受欺凌、老百姓贫病交加的年代，大量契约华工原本抱着逃离贫苦、战乱、饥荒的愿望踏上了开往太平洋岛国的船只，但殊不知，他们到达的是另一个非人的世界。

非常遗憾，在6984名契约华工中，留下的资料少之又少。我们只能从一些零散信息和人物访谈中能了解他们的只言片语，便感觉弥足珍贵。

---

① Nancy Y. W. Tom, *The Chinese in Samoa: 1875 - 2015, The Dragon Came from Far*, P. 3.
② ［美］沈已尧：《海外排华百年史》，石毅译，中国社会科学出版社1985年版，第8—9页。

一　陈泮

陈泮（1910—1993），原名陈卓泮，1934年随最后一批契约华工到达萨摩亚。因萨摩亚人习惯将名字中间的字隐去，故在萨摩亚被称为陈泮。陈泮上有两个哥哥，在家中行三，其二哥的孙子就是现在在萨摩亚华人中颇有威望、被华人同胞尊称的"宝元大哥"，故每当陈宝元回忆起陈泮，均称其为三叔公。

1948年获得人身自由后，陈泮在萨摩亚注册了"陈泮公司"，经营面包店和超市，但该公司并未像陈茂、阿李（Ah Liki）那样家喻户晓。由于陈泮的孩子们从政的从政，出国的出国，加之孩子们都不会中文，不了解中国文化，陈泮感觉在萨摩亚没有精神依托。进入晚年的陈泮每每想到自己的身后之事便有一股悲凉之感。于是他动员陈宝元到萨摩亚创业，为的就是在他百年之后，能够在祭奠之日为他添香扫墓。

陈泮在萨摩亚育有5男2女，儿子陈荣康曾任萨摩亚卫生部长。至2003年时，陈泮子女中只有陈荣康和另一儿子两个家庭在萨摩亚定居，其他孩子均在美国生活。陈泮大女儿曾在美国空军无线电通信部门工作，小女儿曾在美国移民局工作，其丈夫曾是美国驻韩部队的高级军官。① 现在陈宝元与陈泮的几位子女及其后人联系较多，笔者在采访陈宝元时，顺便问起了三叔公后人情况，他告诉笔者已经有3位子女离世。

其实，20世纪七八十年代入萨的华侨华人多系投奔亲戚，他们与早期华工均有一些血亲关系。前面介绍的梁槐把大儿子梁槐明送回中国读书后，就在国内结识了一位地地道道的中国姑娘骆杏元，并与其结婚生子。骆杏元妹妹的孩子就是我们将在第七章介绍的余荣相。

---

① 参见翟兴付《萨摩亚华侨华人今昔》，第132页。

二 阿健

阿健，原名陈健，1888 年出生于广东，1913 年跟随第 7 批契约华工到达萨摩亚，与萨摩亚妻子育有 5 男 3 女，并且获得了雷乌马阿（Leumaga）酋长头衔。陈健是他那个时代唯一一位获得酋长头衔的契约华工。1949 年，陈健病逝，葬于华人公墓。①

2018 年 2 月 13 日，中国驻萨摩亚独立国大使馆举行春节招待会，阿健的儿子受邀出席。经使馆介绍，笔者与他约好第二天下午对他进行一次简短访谈。第二天他如约而至，还带了一本《龙来千里》复印本。阿健去世时，他仅有 12 岁。因此，对于自己的父亲，他了解得很少。凭借着少许记忆，他告诉笔者，阿健曾在德国种植园做工。的确，1913 年入萨华工是德国统治萨摩亚时在中国招募的最后一批劳工。此后新西兰中断了华工输入，直到 1920 年。当被问及阿健何时与他的母亲结婚时，他却是无法说出，因其母亲早在 1942 年就去世了。采访中获悉，他是阿健子女中唯一健在的孩子，退休前曾在萨摩亚法院、议会担任翻译。很难想象，这位 81 岁高龄的老人，凭借着童年时期的一点记忆，一直在寻找着有关父亲的一切。当我向他展示华人公墓中的墓碑照片，试图让他辨认出阿健的墓碑时，他遗憾地说，因为没有墓碑，他也说不上来父亲埋葬的具体地点了。眼前的他，不会汉语，说着一口流利的英语，仅到中国游历过一周时间。他有 5 个子女，自身拥有两个酋长头衔，② 定期参加酋长会议，坦然地接受当地人的尊敬，安享他的晚年生活。而且他从未对子女提起自己的父亲是一位中国人，但他临走时告诉我，在他的心里，他始终认定自己是中国人。

---

① 阿健的小儿子介绍其父葬于华人公墓，但从现存华人公墓墓碑信息上获悉，没有陈健其人。
② 萨摩亚人中一人拥有两个以上酋长头衔的情况十分常见。例如，前总理图伊拉埃帕就有 5 个酋长头衔。

三　李蒙

李蒙（苦力号6315），广东台山仁松镇人，1934年由香港乘坐塞斯坦号船抵达萨摩亚，家中共有兄弟姊妹8人，以种稻为生。但南方农村人多地少，贫穷和饥饿侵蚀着这个苦难的家庭。有一天，他的母亲碰上了一支香港招工代理团队。这个团队正在广东台山县各村走动，游说那些处于贫困中的人们。他们手持画报，还编造了一个美丽的故事：萨摩亚岛上生活十分惬意，先行到达的中国人营养充足，生活快乐，还有棕色皮肤的波利尼西亚美女，怀里抱着杏眼宝宝，在摇曳的椰子树下纳凉。他的母亲听信了代理商的花言巧语。就这样，李蒙半信半疑地拿到了中英文双语报名表，而且必须在一天之内做出答复。李蒙仔细阅读了招工信息，感觉工作并不是很困难，而且最主要的是可以赚到钱。他征求了父母的意见后，决定给自己一次机会。就这样，李蒙带着如此单纯的想法，签下了合同。

李蒙与其他280名劳工经过19天的海上颠簸，抵达了阿皮亚港口。短暂的例行检查之后，李蒙被分配到一家大型新西兰种植园。当时的《萨摩亚时报》还刊登了李蒙接受采访时的讲话，他说："我们很高兴来到萨摩亚，因为我们听说这里的情况很好。"[①] 显然，年纪尚轻的他是被诱骗至萨摩亚的。想当初只是要到别的国家走走，赚点儿钱贴补家用的他，没有想到，一经踏上萨摩亚的土地，就再也没有离开过。

实际上，李蒙的合同1937年就到期了，由于国内抗日战争爆发，没有回国船只，李蒙只好留了下来，并从事了长达15年的种植园劳动，直到1948年获得人身自由。之后，李蒙开了餐馆，过上了正常人的生活。像许多留在萨摩亚的老华工一样，李蒙的萨摩亚家庭并不富有，但他非常满足，并不后悔当初的选择。李蒙在萨摩亚生活了近60年，直至去世。

---

① Nancy Y. W. Tom, *The Chinese in Samoa: 1875-2015, The Dragon Came from afar*, p. 26.

第七章　从平民百姓到商界精英
（1950—1979）

1945年第二次世界大战结束后，太平洋水域恢复了通航，但从1934年最后一批华工到达萨摩亚算起，彼时滞留在萨摩亚的华工离开祖国最短也有10多年时间。他们大多已经结婚生子，习惯了萨摩亚生活。经过调查发现，多数华工不愿意抛妻弃子回到家乡。而且，新西兰政府先后出台了承认华工萨摩亚身份、承认华工子女身份的相关文件。获得了人身自由的华人开始自主经营，从蹒跚起步到粗具规模，他们在生意场上逐渐风生水起。这一时期萨摩亚华人数量逐渐萎缩，华人及其后裔多数以经商为主，第二代、第三代华裔中移民美国、澳大利亚、新西兰者不在少数。

一　梁槐[①]

在萨摩亚首都阿皮亚有一家文具商店，因其是萨摩亚唯一一家经营图书的商店，故吸引了不少中国人光顾。商店里一位负责收银的萨摩亚女孩每每看到中国人到来，总会自我介绍说：我爷爷的爷爷是中国人。直到笔者即将离开萨摩亚之际，才理清楚她的爷爷的爷爷就是一代华工

[①] 关于梁槐的生平介绍，主要参考了前萨摩亚检察长托塔加洛·阿乌木阿·明·梁槐于2015年2月在萨摩亚国立大学"从大洋洲视角看中国与太平洋"学术会议上的发言，该文收入南西·汤姆《龙来千里》第二版（2015年）中。

第七章 从平民百姓到商界精英（1950—1979）

梁槐。

梁槐（又名阿槐或阿伟，Leung Wai，1886.10.12—1956.6.4）。1886年，梁槐出生于广东省台山四九镇大唐村。1909年，刚刚结婚一周的梁槐跟随第5批华工到达萨摩亚。在萨摩亚期间，梁槐娶了第二位妻子，一位名叫里奥菲·奥·阿摩阿·露阿法莉丽·塞吉（Lealofi-o-Amoa Luafaleali Falenaoti Segil）的萨瓦伊岛酋长的女儿，他与这位女性育有4男5女。

梁槐合同到期后，躲过了遣返船只，在萨摩亚留了下来，并且较早获得了自由，以经商为生。他开了萨摩亚第一家大型洗衣店，承包清洗阿皮亚医院以及附近几家赌场、酒店的床单、工作服。1925年洗衣店关闭后，他又开始经营屠宰场、餐馆、出租车、种植园等，是一代华工中最为成功的中国人。梁槐为人大方，思路活跃，他给中国雇工按利分红，并且资助多位同胞创业。1956年梁槐去世时，已是萨摩亚首富，他的去世在萨摩亚华人同胞中引起较大反响，其葬礼完全按照当地习俗办理。

梁槐的大儿子梁槐明对中国感情最深。梁槐明出生于1918年2月9日，8岁时被送往中国接受教育，与梁槐在国内的妻子生活在一起，这位中国妻子视梁槐明如己出，将其抚养成人，结婚生子。1938年，梁槐明与骆杏元结婚，婚后在中国生活了11年，育有1男4女，但由于战乱不断，两人在逃难途中，因营养不良，缺医少药，4个女子先后夭折，只有小儿子存活了下来。据说当时家人也不能确定这个最小的孩子能否活下来，就给他取名"蜜蜂"，英文名字梁槐比（Bee Leung Wai），寓意尽管自体弱小，但可通过辛勤的劳动过上甜蜜的生活。1949年，太平洋海域恢复通航后，夫妻二人带着3岁的小儿子梁槐比回到萨摩亚。之后，他们在萨摩亚又育有2男1女。梁槐比成长为一位举重教练，他曾经于1971—1983年连续四次获得南太平洋运动会举重冠军。梁槐比娶了一位萨籍妻子塔图加·奎尼瓦·阿玛（Taituuga Kuinivia Aumua），他们其中一个儿子就是前萨摩亚检察长托塔加洛·阿乌木阿·

明·梁槐,这位检察长与妻子菲蒂·富伊马诺·维托(Fiti Fuimaono L. Vito)育有四个儿子。因此,现在的梁氏后人均以梁槐为家族姓氏,而且按照萨摩亚习俗,托塔加洛名字中间使用的是祖父梁槐明的"明"字。

梁槐明对中国非常有感情,他回到萨摩亚后,在原华人俱乐部的基础上,召集成立了华人公会,并为之付出极大心血。尽管现在的华人公会已很少活动,但在许多萨摩亚华裔心中,这个组织一直存在,并且以此为心理安慰。现在梁槐的后人还在担任华人公会会长。

二 陈茂

陈茂,(1908.3.13—1997.1.15),原名陈日茂,在萨摩亚被称为陈茂或阿茂。广东台山人,有4个兄弟1个妹妹,陈茂在家中行二。1934年,时年26岁的陈茂作为最后一批契约华工到达萨摩亚。契约华工合同期为三年,期满后一般不允许延期,绝大多数华工被强制遣返回国。但当时恰逢第二次世界大战爆发,1937年仅有12月一艘载有168位契约华工的遣返船,与1934年入境281人的数据相比,这批华工中有110人左右滞留在萨摩亚。自此,契约华工的回国之路变得遥遥无期,直到1948年才有遣返船只。1941年,回国无望的陈茂再婚,妻子洛特(Lote Wong See)系第二代华裔,[①]二人婚后育有5男5女。1948年,最后一艘遣返船也是1938年以来唯一一艘船只,仅载着104位华工回国,陈茂留在了萨摩亚,获得了萨摩亚身份。

获得自由后,陈茂很快经营起了餐馆、面包房和小商店,并且于1950年注册了陈茂公司,从零售走向批发。1976年,陈茂公司正式经营进出口业务,从国内市场走向国际市场。1980年前后,陈茂家族跃升为萨摩亚首富。为了表彰陈茂卓越的商业成就和对萨摩亚经济社会发

---

① 洛特的父亲为一代华工黄四,母亲为萨摩亚人。其姓 Wang See 即为黄四的音译。

展做出的巨大贡献,1993 年,萨摩亚政府授予他荣誉勋章,陈茂也成为继梁槐之后第二位萨摩亚华人富商。1997 年陈茂去世时,萨摩亚政府给予其隆重的国葬礼遇,时任国家元首马列托亚·塔努马菲利二世(Malietoa Tanumafili II)、总理托菲劳·埃蒂·阿莱萨纳(Tofilau Eti Alesana)参加了葬礼,托菲劳总理亲自将萨摩亚国旗盖在他的遗体上。中国全国人大华侨委员会通过中国驻西萨摩亚大使馆向陈茂家人发去唁电,表示哀悼和慰问。

陈茂一生勤俭持家、乐于助人。早年他受梁槐帮助经营起一家小店,待生意略有起色后,他又经常帮助同胞在萨摩亚立足。他热心公益事业,出任华人公会主席。从 1934 年到萨至 1997 年去世的 63 年间,陈茂仅回过三次国,但他从未停止对故土的思念。他有听戏的习惯,每个星期天就是他听戏的时间,也是他寄托思念的方式。1974 年,他想方设法把留在国内的两个孩子接至萨摩亚,后又转至美国定居。1975 年中萨建交之初,陈茂率领旅萨华人代表团回国访问,受到周恩来总理的亲切接见。2016 年,陈茂妻子 90 岁生日之际,中国驻萨摩亚大使王雪峰出席了庆典活动。王大使高度称赞陈茂家族几十年来为萨摩亚经济社会发展和中萨友谊做出的突出贡献。

进入 21 世纪后,一批有经济实力的华侨华人进入萨摩亚,他们有经济基础,有国内市场,在萨摩亚迅速崛起。陈茂公司在萨摩亚的国内营销受到一定冲击,市场份额开始缩水,逐渐以国际进出口业务为主。但陈茂公司目前依然在萨摩亚重要地段建有大型商场。

华人朋友在萨摩亚经营,往往喜欢使用英语或者萨摩亚语命名自己的公司或者商店,陈茂却不同。在萨摩亚最繁华的地段有一座二层小楼,"陈茂公司"四个汉字十分醒目。陈茂先生于 1997 年辞世,但他的后人一直将陈茂创建的品牌保留至今。显然,这座小楼根本不能满足公司的业务需求,也不足以说明陈茂家族的经济实力,但在萨摩亚华侨华人和陈茂家族心中,它已经成为华侨华人在萨奋斗的文化符号,承载了历代华人的奋斗足迹。

三 阿李

对于所有在萨摩亚的华侨华人而言，阿李家族始终是一个谜。这是萨摩亚为数不多的几家商业巨头之一。经营者为第二代华裔及其后人。其父阿李（笔者译）系早期契约华工。公司经营范围涵盖房屋建筑、建材加工、汽车运输、度假酒店、五金电料、食品百货、餐饮服务、膨化食品加工厂、啤酒生产厂、矿泉水加工厂、农场、畜牧场、运输公司等。旗下著名品牌有：蓝鸟（Bluebird，建材）、塔乌拉（Taula，萨摩亚两大啤酒品牌之一）、Farmer Joe（食品百货、连锁超市）等。1978年阿李后裔从10万塔拉起家，现有资本6000万塔拉。几十年来，阿李家族发展成一个主要面向萨摩亚本土市场的庞大供应链网络。随着该家族企业的不断扩大，其国际市场份额逐渐增加，现在拥有30个国家的贸易合作伙伴。与梁槐、陈茂一样，阿李已经成为家族姓氏，其第二代华裔已彻底融入萨摩亚社会。阿李家族对萨摩亚经济社会的作用举足轻重。

下 篇

当代萨摩亚华侨华人典型案例

从1948年最后一批契约华工被遣返回国后到1978年改革开放前30年间,萨摩亚华侨华人出现断层,老华人不断辞世,新华人尚未到来,华人数量逐年减少。至20世纪80年代,仅剩25人。改革开放后,中国一度出现了出国热、淘金热,尤其是福建、广东等有外出传统的省份,几乎每个家庭都有出国学习、务工人员,到萨摩亚打工、经商的华侨华人开始增多。但40多年来,萨摩亚华侨华人一直呈动态变化,无法统计具体人数。与之前华侨华人不同的是,当代华侨华人中多数在太平洋岛国转战了几个国家后最终选择在萨摩亚定居,他们在萨摩亚有安全感、成就感和幸福感,这与100多年来华侨华人的不懈奋斗密切相关。

本篇系笔者于2016—2018年在萨摩亚工作期间对当代华侨华人的访谈实录。为了便于回国后整理撰写,笔者对每位受访者进行了全程录像。遗憾的是,在回到国内的三年时间里,因工作繁重,对于采访录像的整理一直拖到2021年。当笔者打开录像,回忆与他们面对面访谈的场景时,已然失去了当初那份在田野中的感动和细腻。笔者尽力通过视频捕捉他们的情感,回忆与他们之间的点滴过往,激发起自己的写作欲望。当然,作为一位历史学工作者,无论是从人类学还是历史学视角,笔者都清醒地意识到，在写作过程中不应带有任何个人感情色彩。只是，笔者始终无法做到跳出田野，以第三者的身份理性地将他们描绘出来。

为了让读者能够真实地感受到笔者的采访过程，在每位同胞"登场"之前，笔者特意将与他们的联系经过细致地描述出来。相信透过这种描述，读者可以从另一侧面感受到萨摩亚华侨华人的工作、生活状态。

第八章　此心安处是吾乡
（1980—1989）

本章针对改革开放初期至1990年之前到萨摩亚打拼的中国人。几经辗转打听得知，这一时期最早到达萨摩亚的中国人大概始于20世纪80年代初，如陈宝元、余荣相、陈思洁三位老人。后来陈思洁又将其两个哥哥引介到萨摩亚，现在兄弟三人均从事百货批发零售业。他们是萨摩亚华侨华人一脉相承的桥梁，是当代萨摩亚华侨华人中的前辈。

需要说明的是，陈思洁与其二哥陈思缵分别于1983年、1989年到萨摩亚，其大哥陈思京于2012年到萨摩亚。但考虑到整篇内容的可读性和连贯性，依然把大哥陈思京放于本章第三部分"陈氏三兄弟"中。

一　陈宝元

2016年上半年，笔者刚到萨摩亚不久，便经常从华人朋友处听到一个名字：陈宝元，大家的通称是宝元大哥。每当进入阿皮亚市区购物时，在市区要塞路口坐落着一家十分醒目的中式餐厅——"宝元餐厅"，让人一眼便知它的主人一定是陈宝元。与其他华人商店不同的是，餐厅名字使用了大红色繁体字，富有浓浓的中国味道。从华人朋友的口气中也能够分辨出，在当代萨摩亚华侨华人群体中，陈宝元的威望很高，是大家心目中的大哥。笔者几次有意请华人朋友引荐采访一下这位传奇大哥，但总是机缘未到。每次邀约，他不是在美国，就是在澳大利亚或者中国，对于陈宝元的采访一直拖至2018年11月12日，笔者即将结束工作离开萨摩亚之际。

一个精致的小院，一栋萨摩亚与中国传统建筑风格兼具的别墅，高高的台阶，尖尖的屋顶，灰色的外墙，台阶两旁摆放着两具刚劲、威猛的石狮——这就是陈宝元在萨摩亚的家。

陈宝元，1957年8月11日出生，广东台山人。1977年高中毕业后，经三叔公陈泮介绍，于1980年6月6日到达萨摩亚。其实，陈宝元早在1976年就开始办理入境萨摩亚手续，1977年8月1日抵达香港，计划在香港转机。在此需要做出说明的是，迄今中国没有直达太平洋各岛国的航班，一般需经香港转机到斐济，再前往萨摩亚、瓦努阿图、汤加等国。现在也可以在韩国、日本、新加坡等国转机到斐济，或者直接经新西兰转机到各岛国。但由于新西兰需要申请过境签证，多数国人还是选择经香港转机到斐济，再由斐济转机到其他岛国。现在每周有两到三班香港飞往斐济的航班。40年前陈宝元启程的时候，航线、航班均非常少，在香港转机需要停留数日。停留期间，陈宝元看到香港就业机会多，待遇也不错，于是就决定留在香港打工。就这样，他在香港工作了将近三年。其间，他与三叔公陈泮多次信件沟通，希望改变行程，取消赴萨计划，但陈泮执意让他前往，理由只有一个：三叔公百年以后，每年清明节的时候，他的坟前能够有人给添一撮土。当时陈泮的一句话让陈宝元终生难忘："如果你不来的话，中国这条线就断了。"

陈泮的孩子们没有回过中国，陈泮指的这条线不是血脉，而是文化。从陈泮的话里我们仿佛感受到了那些已近垂暮之年的老华人内心深处的不安与失落。经历了几十年风雨沧桑的他们，晚年还要承受孤独与恐惧。而他们的萨摩亚妻儿很难体会到这种文化心理。由于语言障碍和文化差异，他们也无法确切地表达自己的想法。陈宝元义无反顾地启程了，他要满足三叔公最后的愿望。

确切地说，陈宝元不是改革开放后第一位到达萨摩亚的中国人。据他回忆，当时还有两位中国人先于他到来，一位名叫马华，是从瑙鲁转到萨摩亚定居的老华人，现年已经80多岁了，另一位名叫朱光，已经过世。但上述两位老人笔者很少听人提起，而陈宝元的名字却经常被华人朋友提到，而且每每提到他都会自觉地称其为"宝元大哥"。

（一）

略微偏胖的身材，干净的皮肤，慢吞吞的谈吐，白色T恤加蓝色短裤——2018年11月12日，陈宝元笑吟吟地坐在我的面前，有问必答。也许是广东人本身说普通话有些困难的缘故，他讲起话来慢条斯理，这与我对他的直觉印象相左。

初到萨摩亚，陈宝元被安排在陈泮的公司里就职。由于20世纪80年代初，萨摩亚经济十分落后，工资待遇低，陈宝元只能领到每周30塔拉的薪资，这与在香港打工时每个月1700港币的工资相差甚远。[①] 但是与1980年中国国内的工资收入相比，陈宝元在萨摩亚的收入还是相当不错。被隔绝在太平洋中的一个小岛上，生活清苦、工资不高，见过大世面的陈宝元怎么可能罢休。思前想后，他向陈泮提出要离开萨摩亚。也许没有在香港三年的工作经历，陈宝元不会有如此大的心理落差。另外，萨摩亚与国内巨大的文化差异也是让陈宝元离开的原因之一。没有料到，陈泮的另一番话让这个七尺男儿再一次下定决心留了下来。

"你不能走。你看，华人公墓那里埋葬着许多中国人，没有人管啊。每年清明节我都要去扫墓。你来了，至少等我去世后，每年清明节的时候，你可以到华人公墓给我扫扫墓。"清明节是中国人的传统节日，对于一位年过半百的人来讲，不能够叶落归根已是无奈之举，如果葬在万里之外，逢年过节再无人祭奠则更是无法安息。如果说当初他们走出国门的时候，只是为了养家糊口，但当他们真正在异国他乡的土地上打拼时，他们又把自己的身份自觉地与祖国联系起来。而且，无论他们离开

---

① 按照一塔拉2.5元人民币计算，陈宝元在萨摩亚每个月的工资大约为300元人民币。

祖国多么久远，都会沿用中国的文化传统。清明节、端午节、中秋节、春节，每一个中国传统节日都是华侨华人的精神寄托。当然，陈泮去世后并未如他所愿葬于华人公墓，而是由其子女葬于自家门前。但陈泮的遗愿终得以实现，每年清明节到来之际，陈宝元都会叫上陈泮在萨摩亚的子女们为他祭扫。尽管陈泮的子女们对于清明节似懂非懂，但对于父亲的遗嘱却已铭记在心。

萨摩亚的丧葬风俗独具特色。萨摩亚实行土葬，萨摩亚人一般都将逝者埋葬在自家院子里。行走在萨摩亚的大街小巷，有房子的地方就有墓地。有的年代久远的墓葬仅用石头或黑砖砌成，没有墓碑，日复一日，墓葬材料已经褪色，墓园里杂草丛生，透露出经年累月的荒凉和沧桑。但多数在自家门口的墓葬十分考究。有的墓穴修砌得很是精致，装饰得也格外细心。家人每天都可以清扫墓园、采摘鲜花祭奠先人。有的墓园会直接设在法雷①里或者后期补修上一个房顶，显得更加庄重。萨摩亚人对于墓葬的占地面积、高矮、墓碑的材质、颜色及内容都十分用心。如果同时并排有几个墓葬，中间高大精美的坟墓埋葬的一定是父亲或者祖父、外祖父，其余墓葬可能是母亲和其他亲属。每当夜幕降临，每户人家最明亮的地方就是亲人的墓地了。尽管萨摩亚是能源极度缺乏的国家，电费昂贵，岛民们日常生活中非常注意节约用电，但每天晚上亲人的墓地却是灯火通明，他们会坐在那里乘凉、聊天。而每天清晨打扫墓地、摆放鲜花也是必不可少的工作。萨摩亚人就是通过这种方式与亲人对话，仿佛亲人并没有远去。如此一来，如果依照萨摩亚的风俗，三叔公不必为之担忧。只是他更加希望依照中国的文化传统来纪念他。

陈宝元与他的萨摩亚妻子共育有7个孩子，现在孩子们均已在澳大利亚定居，他本人时时往来于澳大利亚、美国和中国之间。我采访他时，他刚巧从美国回到萨摩亚。在萨摩亚生活了40余年，陈宝元已经

---

① 法雷，萨摩亚别具特色的建筑，由立柱和房顶构成，没有墙体，便于乘凉。

习惯了大家庭的生活方式。陈泮家族已经有第三代、第四代华裔后代了，陈宝元一直与他们保持密切来往，这主要有三点因素：一是他本身投奔三叔公而来，与陈家人感情较深；二是萨摩亚的传统就是大家庭生活制，大家庭里的聚会机会很多。每遇有大型聚会，侨居海外的亲属都会回国小住。再者，尽管萨摩亚是一个居于太平洋中心的小岛国，原始落后，但它又是一个高度国际化的国家。每个家庭都有海外关系，其中以澳大利亚、新西兰居多。另外，由于萨摩亚与美属萨摩亚之间的特殊关系，萨摩亚人赴美留学、定居者也不在少数。

（二）

初到萨摩亚，陈宝元几次跟三叔公提出回到香港打工的想法，陈泮都没有同意，于是陈宝元决定自主经营。征得三叔公同意后，他便开起了一家小店，还请三叔公夫妇帮忙照看。1982 年，他又应聘到一家名叫翡翠苑的高档中式餐厅做了两年厨师。其间，他认识了一位萨摩亚姑娘，两人互生情愫，恋爱结婚。

从 1978 年在香港打工到 1982 年自己开店，陈宝元两年换一次工作，可见当初那个 20 多岁的中国小伙子希望远走太平洋干出一番事业的决心。1984 年，陈宝元的第二家商店开业。1986 年 2 月 2 日，陈宝元租用了陈茂公司一间门面，开起了他的第一家餐厅——宝元餐厅。从那时起，"宝元餐厅"的店名一直在使用，已经有 35 年了，目前由他的侄子负责。这个招牌同时用中英文命名，英文名称直译为 Treasure Garden（宝园），英译后的名字更具有想象空间。

宝元餐厅经营有序，这让陈宝元的收入稳中有升。但天有不测风云，1998 年邻居的一场大火让陈宝元一切从零开始。宝元餐厅旁边的一家外国商店起火，殃及餐厅，餐厅内所有设施被烧光。因陈宝元租用的是陈茂公司的房子，有限的一点保险赔偿金全部赔给了陈茂公司。当陈宝元要求邻居商店老板赔偿损失时，老板答复他，这家外国商店的土地租赁费和建房款全部为贷款，保险赔偿金已经全部用来偿还贷款了。

如此，只有宝元餐厅的损失没有得到赔偿。出师不利的陈宝元不得不带着一身伤痛转租他处。时隔30年后，当他坐在笔者对面聊起那场火灾时，只是轻描淡写地用一句中国俗语"火烧十年旺"一带而过，大概时间已经抚平了他的伤痛。在萨摩亚生活了大半生后，陈宝元已经颇有萨摩亚人性格中平静的一面了。尤其是与人交流时，他会把声音压得极低，低到只有彼此能够听得到。

"他说没有钱，我说那就算了。又过了两年，我在另一处地方开了一家餐厅，叫宝元酒楼。楼上住宿，楼下就餐。"火灾之后的陈宝元没有多少积蓄，他贷款购买了一块地皮，建造了一栋二层楼，2000年2月，他的宝元酒楼开业了。同年，陈宝元又租用了一块位于萨摩亚市中心的地皮，建起了一座大约700平方米的简易商场，经营百货。他还听取了孩子们的建议，特留出一块空地支起了台球桌，做起了健身生意。2005年，陈宝元开始经营建筑材料、汽车内饰。2010年前后还从事过电脑零售。加上之前的百货、超市，他的经营俨然可以成立一个大公司了。

萨摩亚是2014年刚刚从联合国贫困国家名单中毕业的小岛国。依据当时萨摩亚国家统计局和联合国开发计划署太平洋中心的一项关于萨摩亚的贫困报告可知，2013—2014年时，萨摩亚尚有18%的贫困人口。[①] 而依笔者在萨摩亚三年的工作经历来看，萨摩亚是一个以大家庭为生活单位的国家，每个大家庭成员从十几人到几十人不等，但有稳定收入的只有一两人，换句话说，这一两人的收入要支撑整个家庭的开支，而且多数家庭需要海外亲属援助。即便到2018年年底，萨摩亚成年人才可以有一部非常低端的智能手机，但电脑并未进入家庭。可想而知，2015年时，陈宝元要经营一家电脑商店需要极大的魄力。如今，萨摩亚政府办公系统已经实现电子化，但国际援助占据了相当比例，萨摩亚

---

① National Statistics Office and UNDP Pacific Centre, *Samoa Hardship and Poverty Report, Analysis of the 2013/14 Household Income and Expenditure Survey*, Apia: Government of Samoa, 2016, p. 18.

普通家庭的智能化时代尚未到来。因此，陈宝元的电脑店开业没有多久就关闭了，代之而起的是现在人们看到的宝元酒楼。

就这样，陈宝元与他的宝元酒楼迎接了一批又一批华侨华人，不但为大家送上了美味佳肴，也缓解了同胞们的思乡之情。随着年事越来越高，陈宝元希望几个孩子中会有一人接手酒楼，但从小习惯了澳大利亚生活的他们，没有一人愿意回到萨摩亚。2016年年底，陈宝元把酒楼整体出让给了翁维捷经理。他名下的百货、餐厅和建材均交由侄子经营。卸去了生意场上的忙碌，陈宝元开始四处走走，但他待的最多的地方还是萨摩亚。如果说早年他是孩子们的依靠，现在他则成了孩子们的牵挂。

陈宝元是改革开放之初中国年轻人的缩影。他们有聪慧的头脑，可以洞察到商机，并以最快的速度付诸行动；他们拿得起、放得下，能够承受当地人无法承受的辛苦；他们把小我与大我联系起来，注重中国形象，并且与当地社会建立了亲密友好的关系。

当被问及他的萨摩亚妻子时，陈宝元的脸上顿时浮现出纯真的笑容。他告诉我们，他与太太之间的矛盾很少，彼此之间不存在不可调和的文化差异。其中原因大概有这样几个方面：一是双方自由恋爱，彼此欣赏，感情基础好；二是妻子一方的家庭成员主要在海外生活，只有岳父和内弟在萨摩亚，人际关系简化了不少；三是女方家庭是萨摩亚家庭中少有的小家庭，成员少，负担轻，矛盾自然也少得多。而且，经过30多年的努力，陈宝元已经显示了与萨摩亚男性截然不同的能力与魄力、责任与担当，在萨摩亚大家族中树立了威望。由于妻子不会汉语，陈宝元只好用简单的萨摩亚语与她交流。但双方有了充分的信任，语言沟通已然不是障碍。可以说，在婚姻问题上，陈宝元是幸运的，他遇到了一位通情达理的妻子，还有相对单一的家庭关系。

萨摩亚大家庭的过度分享文化令许多外来人士无法理解。例如，大家庭中收入被统一分配，如果在一个大家庭中仅有一两个人有固定收入的话，其他的人相当于不劳而获，尽管无固定收入的家庭成员会承担一些家族内的其他劳动，但确实是一种寄生习惯。笔者有意采访了几位与萨摩亚女性结婚的中国小伙子，有两位表示还可以接受，没有过多的负担，另有两位则十分苦恼。由于近年来中国商人在萨摩亚经营较好，属于高收入群体，而且爱面子，出手大方，给当地人留下了富有的印象，凡是家族内部事务，尤其是建房、老人过寿、年轻人结婚等大事，中国女婿都要捐款，而且捐款数额最多。长此以往，给华人造成了极大的经济负担和精神压力，有的华人被迫与女方离婚。其实，有部分萨摩亚人已经意识到了过度分享的弊端，他们在不同场合均表示过，这种过度分享导致了家族内部分配不均，助长了懒惰行为等，甚至笔者曾经遇到这样一种现象，在国外定居的当地人回到萨摩亚短暂休假时，为了逃避家族经济负担，他们宁可选择住在宾馆，与最亲近的家人小聚后便匆忙离开，颇为引人深思。

与早年到达萨摩亚的华人不同的是，陈宝元的经营和生活都非常主动。他善于求变，开了多家商店，他喜欢满世界走走，同妻子回国多次。非常有意思的是，他的妻子很喜欢中国商品，每次回国都要购买许多。采访中，笔者注意到，陈宝元的室内装修充满了浓烈的中国风格：红木桌椅、财神爷挂像、中国玉石、红木摆件等。20岁离开家乡，23岁到萨摩亚创业，26岁认识了现在的妻子，孩子们已经彻底澳大利亚和萨摩亚化了，但他自己依然保留了足够的中国风。这种深入骨髓的文化认同，无法改变。

萨摩亚的基层管理体制是酋长制。获得酋长头衔一般有三个途径：一是继承。由祖辈、父辈承袭下来，这种头衔一般在大家族中采用。二是推选。由乡村议事会组织全村人参加推选，被选中者为村级酋长。三是直接授予。这种酋长头衔为荣誉头衔，一般是大酋长特别喜欢某位年轻人，尤其是拥有了萨摩亚国籍的年轻人或者是经营有方、与人为善的外籍人士。当然，被授予酋长头衔也就意味着多了一份责任，需要为村民们奉献更多钱和物。陈宝元也曾被邀请授予酋长头衔。

"哦，我没有接受。如果被授予了酋长头衔，可能接下来的事务就没完没了,有的时候真的吃不消,我的孩子们也都没有接受酋长头衔。"陈宝元的想法很现实。曾经有一位萨摩亚国立大学的当地教师跟笔者讲到,萨摩亚的酋长不属于富人群体,因为家族里、村子里大事小事都需要酋长出面,有时候,酋长自己也入不敷出。可见,萨摩亚的大家族生活制、酋长管理制等已经造成了慵懒、浪费等负面现象。加之萨摩亚多年来接受国际援助,也令当地人产生了过度依赖现象。这与中国人自古以来秉持的勤俭节约、自力更生相左。

受所在国法律影响,在国外定居的华人朋友都有一个困扰,就是国籍问题,陈宝元也是如此。因生意需要,1987年,陈宝元加入萨摩亚国籍,1997年又取得了新西兰国籍。① 加入萨摩亚国籍后,他可以经营食品类超市,大大扩大了经营范围。

"这么说吧,无论我的护照上是什么身份,在我的心里,我都是中国人。即便我已经在萨摩亚结婚生子,也改变不了我的中国心。我对中国的感情很深。我们老家村子里修路、建造一些标志性建筑物都由我来援助。"这些年,陈宝元与家乡的联系越来越密切,他捐出十几万元为村子里修了公路,安装了自来水。每年的中秋节、春节,他都会给村子里汇款,购买慰问品。村子里遇有重要事情也都会与他商量。就在刚刚过去的中秋节(2018年中秋节——笔者注),他给村里的每位孤寡老人发放了两盒月饼、200元现金。他不仅对家乡感情深厚,也已经成为家乡人的一种依靠。当初一个人远离家乡的时候,他是带着全村人的希望,现在,他兑现了。

据统计,现在定居在海外的华人总数有2000万人左右,他们关心祖国发展,关注中华民族命运,在每一次祖国蒙难之际,他们都毫不犹豫地慷慨解囊。1998年夏天长江流域遭遇洪水,陈宝元动员萨摩亚华侨华人捐赠了几万塔拉,约合十几万元人民币。2008年汶川地震,仅

---

① 笔者曾于2017年4月前往汤加调研一周,采访过一位中国小伙子,为了方便生意,他加入了汤加籍。当被问起是否后悔时,他双眼凝视远方,有些迷茫地说:"没有办法了。我想重新申请中国国籍,但是太难了。"眼里随之泛起泪花。

宝元公司就捐款一万塔拉，陈宝元远在澳大利亚的儿子也捐款一万塔拉。中国驻萨摩亚大使馆派专人给他送来两封感谢信。

"所以啊，我人在这里，心在祖国啊。"陈宝元依然慢吞吞地说道，声音不高，但我看到他的双眼中泛起了泪花。这些年，出国留学、做生意的中国人越来越多，他们有着同样的情怀，祖国有难，海外游子的捐赠总是第一时间送达。陈宝元的子女们虽然不会汉语，不懂中国文化，没有中国国籍，但在他们心中，他们是中国人的后代。

萨摩亚是一个父权制国家，父亲在家庭中起主导作用。但并非所有的父亲都有责任心，在家庭中有威信，而有一个中国父亲一定是孩子们的骄傲和依靠。在他的身上，我们看到，文化认同与血缘认同同等重要，他的孩子们对中国那种割舍不断的感情，就来源于血浓于水的感情，这让陈宝元颇为欣慰。

（三）

从27岁踏上萨摩亚的土地，陈宝元已经在萨摩亚生活了40余年。谈到养老问题，他表示还是愿意留在萨摩亚。他已经习惯了萨摩亚人的温和、平静，习惯了萨摩亚的生活节奏。走在阿皮亚的街道上，认识他的人很多，经常会碰到孩子们跟他打招呼，就连七八岁的孩子也会亲切地称呼他："宝、宝"。由于出来的时间比较早，年龄小，早年认识的同学、同乡都已进入晚年，况且多年来沟通不多，生活环境不同，很难再有共同语言了。尤其是子女们均已在澳大利亚定居，留在萨摩亚，与子女们走动起来也方便一些。

萨摩亚是一个经济落后的微型国家，但在陈宝元眼里，她风景优美，国民性格温顺，人与人之间鲜有争吵。这些年来，他也到过不少国家，但都没有感受到萨摩亚社会这种祥和的气氛。笔者曾试图探讨过这一问题，萨摩亚社会之所以如此宁静、祥和，大概源自如下几方面原因：一是良好的地理环境和热带雨林气候给岛民提供了足以解决温饱的食物；二是传统的酋长管理体制养成了服从权威、不思反抗的性格；三是全民信仰基督教,使岛民们形成了精神崇拜和心理依靠;四是过分炎热的气候和过度肥胖的体质降低了生活节奏,很难让人进入快节奏的争吵和纠纷之中;五是国际援助让岛民更加安于现状,降低了自我奋斗的意志。①

"如果人生可以重来,你还会选择萨摩亚吗?"

"我还会选择这里。"陈宝元不假思索地说道。从当初那个执意要离开的青年人到现在对这块土地深深眷恋的老年人,陈宝元把自己的青春奉献给了萨摩亚,也实现了自己的人生价值。当然,依照陈宝元的坚韧和聪慧,他在任何一个地方都会闯出一番天地,萨摩亚并非成就他人生事业的最好平台,但他无愧于过往,满足于当下。与国内相比,萨摩亚没有丰富的饮食和复杂的人际关系,他非常享受这种简单的生活。他乐于奉献,甚至是有求必应。他为周围村子修建排球场地,向附近学校捐赠助学物资。2009年萨摩亚爆发海啸时,他的公司捐赠了4000千克大米,一汽车衣服和鞋子。他为人正直,处事公正,感情细腻,有责任担当。也许随着年龄的日渐增高,他与祖国的关系仅剩一根电话线,但他依然会兑现他的承诺,奉献他的余热。受他的影响,他的孩子们也热心于公益活动,这不仅承继了陈氏家风,富有爱心和责任感,也有着中国人乐善好施的优良品质。

谈起萨摩亚华人公会的现状,我们都颇为遗憾。华人公会建制规范,有一定规模,为在萨华侨华人做出过许多有意义的事情,但现在已经名存实亡。

"我现在老了,有心无力了。"说着说着,他略微有些落寞起来。"翁维捷经理有颗很强的中国心,我跟他提议过,重新组织一个华人联谊会。之前有一家华人公会,但老辈华人去世后,现在连公会办公地方都出租了。"他颇带失望地说道。

"最后总结一句话吧。"

---

① 石莹丽:《萨摩亚的政治与现实》,第53—57页。

"萨摩亚是我的第二故乡吧。"他说出了所有海外同胞都想说的话。

在陈宝元客厅里摆放着一个书橱，橱内摆满了各种书籍，纸张大都泛黄，破损严重，看来已经被翻阅了许多遍了。采访间隙，笔者浏览了一下他的藏书，种类繁杂，但多数以历史类和人物传记为主，《中华上下五千年》《三字经》《论语》《唐诗三百首》《史记》《水浒传》《三国演义》《宋史演义》《民国通俗演义》《康雍乾三帝评议》《七侠五义》《中国古代英雄故事》《杨家将》《民国枭雄》《侠义英雄传》《清朝史话》《和珅秘传》《中国历代名将》《中国外交》等，也有革命题材的如《义勇军演义》《忆沂蒙》《黄埔军校三百名将传》《叶剑英在1976》等，还有世界名著《钢铁是怎样炼成的》《昆虫记》《福尔摩斯探案集》《鲁迅选集》《子夜》等，另外还有武侠小说《天龙八部》等。可以说，陈宝元的藏书见证了一代人的记忆。他热爱中国传统文化，向往英雄，而他在萨摩亚打拼38年的历史、他对于家乡和萨摩亚的捐助足可证明，他的梦想已然实现。

二 余荣相

从陈宝元处得知，他到萨摩亚不久，有一位同乡也到达了萨摩亚，年龄与他相仿，现在年轻一代的华侨华人习惯称呼他余叔。他经营着一家名为九品宫的餐厅，地点位于阿皮亚市中心一条相对偏僻的街道里面。因20世纪80年代到萨摩亚的华人非常少，我便格外珍惜余叔这条线索，并委托陈宝元的侄子帮忙引荐。谁知，对于余叔的采访却是一波三折。

陈宝元的侄子与余叔联系了几次，但对方要么不接电话，要么在忙其他事情，对于采访一事丝毫不感兴趣。无奈之下，笔者找到翁维捷经理，请他帮忙核实余叔的身份。翁经理告诉笔者，的确有一个广东人，大家都称呼他余叔，但他的口音非常难懂，一定要有一位会讲普通话的广东人帮忙翻译才可以。得到了确切消息后，笔者决定直接前往九品宫餐厅拜见余叔。

第八章 此心安处是吾乡（1980—1989）

（一）

在阿皮亚东部一条相对较窄的马路旁，矗立着一块大大的中英文招牌：九品宫餐馆，英文名则为 Mandarin（普通话）。从词义上看，九品宫与 Mandarin 没有直接联系。而且，华人朋友介绍说余荣相只会广东话，但他却给自己的餐馆起名 Mandarin，其中定有寓意。其实，Mandarin 除了普通话之意外，还有另外一个意思：柑橘，这是余叔家乡最负盛名的水果，产量位居全国前列。余叔应该是希望通过这一词语向外界表达他的华人身份和思乡之情，就像华人公墓里那些墓碑上镌刻着"龙来千里"一样，只有漂泊在外的游子才会对祖国和家乡有如此深刻的眷恋之情。顺着指示牌的方向，走过一条迂回杂乱的泥泞小道，便来到了九品宫餐馆。一座稍显破旧的圆顶平房与这个名字着实有些不符。因萨摩亚人不喜高声说话，我便在门口轻轻喊了几声，但根本没有人答应。无奈，笔者便径直走进了餐厅。或许时间尚早，餐厅内空无一人，顺着一条细长的走廊走到尽头，才看到了两位年轻人[①]正在厨房里热火朝天地忙着炒菜。尽管已经在萨摩亚工作了三年，其间多次参加大使馆和华人朋友的聚会，但眼前这两位年轻人，笔者还是第一次见到，不觉在内心里感叹道：在这个小岛上，究竟还有多少同胞忙碌的身影？两位年轻人均操着广东口音的普通话，待我说明来意后，他们告诉我余叔是他们的舅舅，原名余荣相，正在家中忙着建房子，无法接待我们，但可以约在三天后的周一下午七点左右见面。带着半信半疑的心情，笔者悻悻地离开了。周一晚上七点左右，笔者在乔立山老师的陪同下，再一次造访九品宫，依然只有两位年轻人忙碌的身影，只好把电话号码留给他们，希望待他们的舅舅有时间时一定安排一次采访机会。

---

① 朱建峰，余叔的外甥，1978年6月出生，2003年抵萨，帮其舅舅经营目前的餐馆。2008年回国娶妻。妻子黄小芬，1984年10月出生，2009年与丈夫抵萨，现在育有两个孩子。2014年3月全家加入萨摩亚国籍。两个孩子现在萨摩亚史蒂文森小学（Stevenson Primary School）就读，两个孩子的母语是萨摩亚语，也会讲一点英语，但基本不会汉语。朱氏夫妇平时也习惯使用萨摩亚语与孩子们交流。

走出九品宫餐厅,笔者心中略微有一丝疑惑,这位余荣相老人是真的忙得脱不开身还是故意推辞呢?两天后的一个下午,终于等来了电话,告知傍晚余叔可以与我们见面,笔者心中顿时清朗,也对自己之前的猜测感到有些内疚。

2018年11月19日下午六点左右,我与乔立山老师第三次踏进了九品宫餐厅。我们等了大约20分钟后,一个疲惫的身影出现了。中等个头,略微有些驼背,黝黑发亮的脸上布满了深浅不一的皱纹,一进胡同便大声询问:谁要找我?我急忙站起身向他伸出手,他抬起手来看了看自己那双粗糙的手后又放下了,不好意思地说:最近一段时间在家里盖房子呢,还没来得及洗手。等他坐下来后,我开始仔细地打量起他来,蓝色T恤、黑色长裤,外加一双厚厚的翻毛皮鞋。在萨摩亚这么热的天居然穿了一双能够在中国东北过冬的皮鞋?这双鞋一下把笔者拉回到20世纪80年代,那时候许多工厂发的劳保用鞋就是这种翻毛皮鞋。显然,余叔还是保留着来萨摩亚之前的一些生活习惯。初次见到我们,余叔表现出了一些疑虑。得知我们是中国援助教师,他脸上的冷淡和疑惑逐渐褪去,开始侃侃而谈。而透过其浓重的广东口音让人感到,他并不像一位离开家乡40余年的老华人。要不是他外甥两口子在场翻译,笔者真的无法完成此次访谈。

(二)

余荣相,1953年10月出生,广东台山人,1973年毕业于台山三八中学,经梁槐的孙子介绍于1981年到萨摩亚,在梁槐后人经营的百货商店打工。1987年8月,余荣相开始自主经营,并与一当地女子结婚。夫妻二人育有一子一女,全家均持有新西兰护照。女儿定居在新西兰,有自己的生意,儿子跟随他在萨摩亚打理餐馆。余荣相在萨摩亚置有6块地皮,市场总价值1000万塔拉(1塔拉约合2.5—2.7元人民币),6块地皮均位于阿皮亚中心位置。其中一块地皮位于萨摩亚最大的农贸市场对面,与陈宝元合建了门面房,现由陈宝元的侄子经营百货超市。另一处建有一座二层住宅楼，一楼自己居住，二楼出租给在萨摩亚打工的中国同胞。他风尘仆仆地从工地赶来就是正在家中建造第三栋房屋。

自1981年到达萨摩亚至今，余荣相已经在萨摩亚生活了40余年。问起是否想家，他把头转向一边，露出一丝落寞，随后摇着头淡淡地说："早已经习惯了，不想了，老家也没有什么人了。"

余荣相的姐姐目前在香港定居，哥哥、弟弟和妹妹均在美国定居。自古谈起思乡之情，人们总是不免借用贺知章的那句"乡音无改鬓毛衰"。坐在对面的余荣相，确实已经两鬓斑白，一口浓重的广东话仿佛从未离开过老家，但他并没有回家的冲动。当笔者问起他在萨摩亚几十年的生活经历时，他坦言道：开始的时候确实有一些困难，但现在好多了。因为中国好一些了。看到笔者似懂非懂，他的外甥马上解释道："他说的是现在中国政府有实力，中国人的腰板也硬起来了。"

"以前的时候，当地人对我们的态度，好像我们与他们不一样，现在好多了，当地人对中国政府的态度也友好多了。"古人云，母以子贵，子以母显。也许长年漂泊海外的游子才能真切体会到其中深意。尽管早已娶了萨摩亚妻子，加入了萨摩亚国籍，但在当地人眼里，他还是中国人。自从第一代中国人到达萨摩亚，至今已有150年左右的历史了。其间，中国人在萨摩亚经历过屈辱和非难。1978年之后，中国政府的国际地位和经济实力不断增强，华人的社会地位也逐渐提高。尤其是新一代华人的迅速崛起，大大增添了在当地人中的威信。余荣相恰恰经历了这一转折。他亲身体会到了华人在萨摩亚公共形象、社会地位的转变，中国政府国际地位和影响力的提升也增加了他在创业之路上的软实力。据他介绍，1981年他刚到萨摩亚时，当时的老华人大约有100人，新华人有几十人，加起来不足200人。[①] 当时萨摩亚的华人商店并不多见，最有影响力的华人企业当属陈茂公司。40余年来，华侨华人在萨摩亚开店数量迅速增加，竞争力也令人瞠目。他们这一代老华人俨然已经退

---

① 这里的老华人指1903—1934年以契约华工身份抵萨的华人，新华人指1975年中萨建交后的入萨华人。

出江湖了。而且从余荣相通身不足百元的穿戴上很难看出他是一位身价千万的同胞。

谈起自己的萨摩亚妻子，他平静地说，前几天刚刚在新西兰过世，儿子也刚刚从新西兰处理完丧事回来。

"哦，什么病啊？"

"癌症，在新西兰治疗了几个月，最后还是去世了。"

"你没有去送她最后一程吗？"

"没有，女儿、儿子都在，我要在家里建房子啊。"

轻松自如地回答，余荣相苍老的脸上看不出悲伤，倒是透出了些许无奈。萨摩亚全民信仰基督教，生离死别、婚丧嫁娶均按基督教礼仪。对于亲人的离世，他们会很难过，但也容易释怀，因为在他们看来，那是上帝在召唤。想必，余荣相对于自己妻子的离去表现得如此平静，也多少受了基督教的影响。

对于萨摩亚女性，余荣相赞赏有加。萨摩亚女性漂亮、温柔，不过多干预丈夫在外面的事业。他与这位萨摩亚妻子的婚姻生活确实符合了中国传统文化中的男耕女织。他们共同生活了41年，没有发生过大的矛盾。除了对萨摩亚妻子的欣赏外，在他眼里，萨摩亚还是一方人间天堂。

"说不上来为什么喜欢这里，总之这里的山好、水好、人好，哪儿哪儿都好。"

没有想到，看起来内敛敦厚的余荣相不经意间说出了心里话。一句说不上来为什么，让人颇有"此身安处是吾乡"之感。说这些话的时候，余荣相的嗓门不自觉地提高了许多。而且，他半开玩笑地说，他喝过20多个国家的啤酒，萨摩亚的啤酒最好喝。①

余荣相现在同时持有萨摩亚和新西兰两国护照。他回中国次数有限，而且仅限于短期的旅游观光，但他的心从未与祖国分离。谈起自己

---

① 在萨摩亚共有两个啤酒品牌，vailima 和 taula。两者均为德国工艺制造。vailima 较为温和，不上头。taula 较为浓烈，易醉。Taula 品牌为契约华工阿李（Ah Lliki）后人创办的家族企业。

的身份,他非常确定地说:

"我既是中国人,也是萨摩亚人。不过说到底,我是中国人,我喜欢住在萨摩亚。没有中国,哪里有我们啊?"余荣相一脸严肃、特意提高了嗓门一字一句地说出来。显然,尽管余荣相的政治身份变了,但他的文化认同和民族认同没有改变。同其他华侨华人一样,他同时爱着两个家乡,在两国遭遇自然灾难时都会慷慨解囊。2008年汶川地震和2009年萨摩亚海啸,余荣相都捐了款。而这些年来,他与家乡往来也逐年增多,家乡的一切都牵动着他的心。2018年,余荣相高中阶段就读的台山三八中学建校45周年,他捐款5000塔拉,相当于13000元人民币左右。

余荣相提到发生于2009年9月30日的海啸,在萨摩亚引发8级地震及史上最大规模海啸,造成143人遇难,6人失踪,许多人无家可归。当时中国政府为萨摩亚提供了10万美元现金援助、3万美元红十字会援助以及200万元人民币的物资援助。当时萨摩亚华侨华人纷纷捐款捐物,有的同胞当天就驱车前往遭遇海啸最严重的乌波卢岛东南海岸,用私家车运载伤亡人员到国家医院。

"回去参加同学聚会了吗?"

"没有,怎么能回去,你看这个样子。"他一边说着,一边摇头,一只手还不停地揪着那件蓝色T恤。我明白他的意思,在这些海外游子心里,所谓的衣锦还乡,除了有经济实力外,还要有体面的外表。可经年累月的风吹日晒,余荣相比同龄人要苍老许多,那些年经历的风霜仿佛都刻在了他那张黑里透红的脸上。对于余荣相而言,故乡已经成为一种记忆和符号,一份牵挂与责任。真要回去的话,则会有"近乡情更怯"之感吧。想必故乡仍是梦中的那个故乡,而萨摩亚则是他的宜居之地。

采访中,朱建峰、黄小芬的两个孩子好奇地站在一旁,不时地凑上前来试图与笔者交流,但可惜的是,两个孩子英语口语很弱,又听不懂普通话,与两个纯正的中国血统的孩子交流倒成了一件最为困难的事情。其实，这种情况在海外第二代华人中比比皆是。为解决后代的汉语学习问题，太平洋岛国中一些有实力的华侨华人集体兴办了华语学校。例如在斐济，1937 年由华侨集资 3000 英镑创办了逸仙小学，这是 1985 年前斐济唯一一所进行部分华文教育的学校。但这样的学校仅在个别国家存在，根本无法满足华人后代的入学需求。笔者曾于 2017 年 4 月前往汤加、2018 年 11 月前往美属萨摩亚考察，当地均没有华语学校，许多华人也强烈表达了拥有一所华语学校的愿望。

简单聊了两个多小时，待我们起身告辞时，朱建峰夫妇拎出来几盒饭菜，原来他们刚刚在屋里忙着为我们准备晚饭。

"没有什么好吃的，你们带回去尝尝。"透过余荣相略带严肃的脸，我们还是感受到了他那颗温暖的心。出售盒饭是九品宫现在的主要经济来源。盒饭以米饭、鸡腿、红肠、炒鸡蛋和卷心菜为主，很受当地人欢迎。萨摩亚的快餐销量相当大，在婚丧嫁娶、家庭聚会、政府会议、教堂仪式等场合均需定制大量盒饭，余荣相每天都会接到订单。采访中，我们还收获了另一个好消息，余荣相向我们提供了当年同他一起到萨打工的陈思洁老人的下落。

三 陈氏三兄弟

据陈宝元和余荣相回忆，20 世纪 80 年代到达萨摩亚的华人仅有几十人，其中能够留下来的同胞少之又少。经余荣相回忆除陈宝元和余荣相外，还有一位名叫陈思洁的老人，目前依然在陈茂公司打工，但具体在哪个部门、从事什么工作，无人知晓。于是，笔者决定直接前往陈茂公司人事部门询问。

在阿皮亚市中心，有一座乳白色的二层建筑，上书"陈茂公司"四个醒目的汉字。在萨摩亚工作期间，笔者曾经多次经过这家公司，这栋小楼也已成为阿皮亚的地标性建筑，所有在萨同胞都知道他的主人曾经是萨摩亚首富。令人疑惑的是，进到楼里，整个一楼空无一人。只好寻着一点儿说话声上到二楼,几位萨摩亚女士正在办公。当笔者说明来意后,她们表示从未听说过有这样一位老人,而且这座小楼仅是陈茂公司总部,主要经营进出口业务,建议笔者到陈茂购物中心打听一下,那里工人比较多。

怀着试试看的想法,笔者前往陈茂购物中心。询问了几个部门后,终于找到一位负责采购的华裔女孩。对于笔者的到来,她颇为热情,告诉笔者自己的一位亲戚与笔者要打听的人很像,他确实在陈茂公司的一家大型货场工作,并且详细介绍了货场地点,这着实令笔者振奋。

2018年11月20日中午12点50分,太阳如火般炽热,沿着购物中心背面一条窄窄的小路走了大约200米,询问了几位华人是否见到一位60岁左右的老人在陈茂货场上班,大家表示对老人没有什么印象,但附近的确有一个货场。下午一点左右,笔者终于在一大堆集装箱的过道里找到了陈思洁老人。消瘦的身躯,沧桑的脸庞,一身破旧的工装,略带戒备的眼神,让笔者为之一惊。笔者曾走访过许多华人朋友的商场、工地,也应邀赴过他们略感奢华的宴会,但当我找到工作环境如此艰辛、穿戴如此俭朴的同胞时,心中却在隐隐作痛。

(一)

陈思洁,1954年10月出生,家中行三,与陈茂系堂兄弟关系,1983年经陈茂介绍到萨摩亚打工,是弟兄三人中最早到萨摩亚的一位,后介绍其二哥、大哥及其家人到萨摩亚经商。到萨摩亚之前,陈思洁已在老家结婚。在萨摩亚安顿下来后,陈思洁便把妻子接到萨摩亚,3女1子均在萨摩亚出生,全家已入萨摩亚国籍。现在3个孩子已经工作,小儿子还在读书。39年来,陈思洁一直在陈茂公司打工,其他家人有的经营超市和餐馆等。

广东、福建两省自古就有出国闯天下的传统,这两个省份也被誉为侨乡。在笔者采访的同胞中,有不少人介绍说,20世纪七八十年代改革开放初期,许多家庭倾全家之力支持1人出国,待此人在国外稳定后，再把其他家人接出国。加之已经在海外有一定经营规模的同胞主动回家乡招募雇员的因素，久而久之，整个家族、村庄中的年轻人多数会走出国门。而在异国他乡，这种家族式经营模式已司空见惯。陈思洁到萨摩亚时正是陈茂公司跃升为萨摩亚首富、经营进出口贸易蒸蒸日上之际，急需大量员工，回乡招募员工自是陈茂公司首选。

对于笔者的到来，陈思洁十分诧异，还略带一些警惕。

"以前有人采访过你吗？"

"没有啊，你是第一个。"一句话让我顿时解开了他对我的疑惑和戒备，也让我的心中升起了一丝愧疚。整个采访过程中，陈思洁始终没有停下手中的工作。他一边看着货单，一边麻利地打开冷库，迅速地搬出一箱箱冷冻食品，放在叉车上，再倒在另一辆货车上。由于现场不断有货车进进出出，陈思洁又操着一口地道的广东话，我们之间的交流并不顺畅。

当我连问了两遍"喜欢这里吗？"之后，他还是没有正面回答我。通过接下来我对陈家大哥、二哥的访谈，我感到陈思洁的家乡话听起来并不太难懂，我们之间的交流不畅应该不是语言障碍。但他与我的交流远不及其两个哥哥随和，或者说他对我的态度近乎冷淡。当我见到他的大哥、二哥时，感觉与他们的心理距离很近，但当我与思洁老人聊天时，始终有种距离之感。而后当我不停地回想起他初见我的眼神和略有不耐烦的神情时，我也在试图寻找答案。也许他出来得太早，背负着全家人的希望，在萨摩亚承受的重托最多，工作也一直很辛苦，或许潜意识里，他对于自己走过的路并不欣赏，也不愿意提及太多。的确，在烈日炎炎之下搬运那些冷链食品，日复一日、单调枯燥的重复操作，怎么可能会让他轻松平和地与我交谈。在接下来的采访中，我的推断似乎得到了答案。

"回过中国吗？"

"没有哦……"他拖着粤语特有的腔调感叹道。

"没有吗？你35年都没有回过中国吗？父母去世的时候回去过吗？"

我追问道。

"没有哦!"同样的回答,同样的语调,同样的无奈。采访了几十位华人同胞,仅有三位同胞出来后多年未能回过一趟家,海岛餐厅的莫健锋10年没有回国,经营百货的倪时钦5年没有回国,时间最长的一位就是陈思洁了,35年啊,也许他已经忘记了回家的路。

采访中,陈思洁告诉笔者,他的父亲1998年去世后,他与二哥把母亲接至萨摩亚,与母亲共同生活了16年,直到2016年母亲去世。母亲埋葬在萨摩亚,父亲埋葬在国内。他表示实在没有办法让父母合葬,便让母亲长眠在异国的土地上。其实,近几年先后有两位中国公派人员、一位务工人员在萨摩亚去世,均是在萨摩亚火化后,由亲属、同事把骨灰带回中国。也许在陈氏三兄弟的心中,母亲长眠于萨摩亚倒是他们心理上的慰藉。记得季羡林先生曾在《赋得永久的悔》一文中追忆对于母亲的思念和懊悔之情,表示这永久的悔就是"不该离开故乡,离开母亲"。在季羡林的记忆中,连母亲的面影都是迷离模糊的,而且无论如何也回忆不起母亲的笑容来。这是怎样的一种撕心裂肺的痛啊?我想,至少在陈氏兄弟那里,他们或许没有这种痛楚。

尽管陈思洁兄弟三人把母亲安葬在了萨摩亚,大哥、二哥全家也已在萨摩亚定居,但在他的心中始终有一个结,就是想回中国一趟,但又感觉所有至亲均已在萨摩亚定居,回去的意义并不大。而且随着父母的相继过世,"家"这个概念已经没有具体内容了。

"想家吗?"

"不想了。"他还是拖着长长的腔调说道。谈起对于萨摩亚的评价,他不由自主地与中国对比起来:萨摩亚很小,中国很大,中国很发达。他一边回答着笔者的问题,一边忙着搬运冷冻食品。看着他忙碌的身影,我实在不忍心再过多地打扰他。

与陈思洁道别几分钟后,我突然意识到还没有给他拍一张照片,于是返回货场,但货场其他工作人员告诉我,他刚刚回家吃午饭了。原来笔者的访谈竟占用了他的午餐时间。一时,笔者竟不知如何是好。前往他的家中打扰有些不忍，另找时间又怕扑空。犹豫了一会儿后，笔者还是要了他的地址。

陈思洁的家就在货场附近，一座新建不久的二层小楼，每层大约有10个房间，一楼自住，二楼出租给了中国工人。单就这块地皮和这栋小楼来看，陈思洁的家庭收入着实不错。大概货场的工作原本可以不做，只是他已经习惯了这种生活节奏，不愿赋闲在家。

回家的路上，我特意又去找寻了一下他的家人经营的那家餐馆。餐馆坐落于货场附近的一个拐角处，一座简陋的二层小楼，一个小小的招牌，一个不太讲究的店名 nella's（尼拉），这的确是他的风格。与其他华人同胞的店名不同的是，这是一个地地道道的萨摩亚名字。从陈思洁处，我意外收获了其大哥、二哥的店铺地址，于是我决定改天前往其大哥、二哥处继续访谈。

（二）

陈思京，1945年4月出生，陈氏三兄弟中的大哥，因为二弟陈思缵、三弟陈思洁到萨摩亚时间较早，故陈思京夫妇留在家中照顾老人，但其大儿子陈明卫早在1994年就跟随陈思缵到萨摩亚务工。陈明卫一直在陈茂公司工作，直到2018年10月，才经营了一家百货商店。陈思京于2012年到萨摩亚，目前已到了含饴弄孙的年龄，除了帮儿子带带孩子外，也会抽时间帮孩子们打理生意，思京老人目前持有中国护照。

阿皮亚仅有为数不多的几条街道，但百货商店十分夺目，而且多数由中国人经营。陈思京儿子的这家店纵深有20多米，主要经常日用品，品种十分丰富。中国有句古话：父母在，不远游。但在思京老人心里，子女在哪里，哪里就是家。问起是否想家时，老人表示：孩子们都在萨摩亚，自己也就别无选择了。但现在来去自由，回国方便，去年刚刚回了一趟老家。

（三）

陈思缵，1947年11月出生，陈氏三兄弟中的二哥，1989年到萨摩亚，也是经陈思洁介绍举家在萨摩亚定居，1997年加入萨摩亚国籍。刚到萨摩亚时，思缵在陈茂公司上班，后自己出资40万塔拉购置了800多平方米地皮，建起了门面房。门面房后面便是一栋二层住宅楼，楼梯设在院子里。一楼用来存放货物，二楼居住。陈思缵的商店于2008年8月8日开业，他给自己的商场取名Sunshine，阳光、快乐之意。这家百货商店共有300多平方米，主要经营布匹及日常用品。思京、思缵两家百货商店分别位于马路两侧，相向而建，家族式经营。

在萨摩亚国立大学孔子学院中方院长梁国杰博士的陪同下，我们找到了陈思缵，并在他的二楼客厅进行了简短访谈。

客厅不大，纯实木中式沙发，墙上张贴着中国山水画和一张财神爷画像，透出这家人对于中国传统文化的热爱。弟兄三人中，陈思缵回国次数最多，但也仅有3次。思缵育有三个孩子，大女儿在美属萨摩亚定居，大儿子在中国负责进货，小儿子陈明汉在萨摩亚经营百货商店。陈明汉聪慧、明事理，与萨摩亚前总理图伊拉埃帕交好。问起对于萨摩亚的感受，老人笑着说："喜欢这里。这里环境好、天气好、水好、食品好……"

"想中国的家吗？"

"想，想回家看看。"

"那老了以后是回中国养老呢还是留在萨摩亚呢？"

"当然想回中国了，但这里是养老的好地方。"陈思缵笑着说。随遇而安、岁月静好、子孙满堂、承欢膝下，如此，足矣！

第九章　不负韶华行且知
（1990—1999）

20世纪90年代，随着中国改革开放的深入，出国人员不断增多。与20世纪80年代到萨摩亚的华侨华人相比，这一阶段的华侨华人在萨摩亚有一定人脉关系，适应能力也明显增强，但创业之初依然十分艰难。

实际上，本章第一篇王志国于1989年12月到达萨摩亚，1900年6月前往美属萨摩亚创业，2005年回到萨摩亚。严格说来，应该把王志国列入2000年后到萨摩亚的华侨华人之中。但鉴于美属萨摩亚与萨摩亚在历史文化、民风民俗上有共同之处，同时也出于篇幅均衡考虑，故把王志国纳入本章。

一　王志国

尽管萨摩亚由10个岛屿组成，但有人定居的岛屿只有3个，即首都所在岛屿乌波卢岛、面积第一大岛萨瓦伊岛以及仅有1000人左右的马努努岛。因乌波卢岛聚集了萨摩亚78%的人口，故中国援助教师主要在该岛开展工作。笔者第一年被分配在乌波卢岛西南海岸一所农村中学，距离首都30千米。按照中国教育部与萨摩亚教育体育文化部协议要求，学校为我安排了一个房间，平时吃住均在学校，偶尔利用周末时间回阿皮亚采购一趟生活用品，也是来去匆匆。能够与华人朋友接触的最好机会就是萨摩亚的节假日。因为全体师生放假,我必须离开学校。幸好我遇到了萨摩亚国立大学汉语教师蔡高红老师①,2016 年的所有假期和若干个周末,我都借住在她的住处。

2017 年 1 月,笔者带领第二批援助教师抵达萨摩亚后第三天,在首都西部一家中餐馆与萨摩亚教育体育文化部官员安娜(Ana)一家共进晚餐,欢度中国新春佳节。席间,该店老板听说就餐的是中国老师后,十分客气地为大家奉上了刚从新西兰到货的金枪鱼,并且用流利的萨摩亚语与安娜交流,这引起了老师们的极大兴趣。其实,这是笔者第二次与他见面了。之前在中国驻萨摩亚大使馆举行的春节招待会上我与他见过面,但没有正式交流。他个头不高,眼睛不大,皮肤黝黑,体态微胖,一副典型的中国人形象。只是他的年龄要偏长一些,其个性不善张扬,加之我与他正式场合见面机会不多,采访之事就一直耽搁下来。但是我知道,他是在第四个阶段前往萨摩亚华侨华人中较早到达的一位,为人极好,许多同胞到萨摩亚打拼初期都受到过他的关照。2017 年 11 月 27 日,在笔者第二期援助任务即将结束时,在阿皮亚东部一家建材批发部二楼经理办公室,笔者对他进行了一次正式访谈。

(一)

王志国,一位土生土长的上海人,1962 年 11 月 19 日出生,1987 年开始在上海经营餐厅,至 1989 年 12 月动身前往萨摩亚时,已经积攒了十几万元。如果按照 1989 年北京房价 1600 元/平方米、上海 2300/平方米折算,这笔钱足可以在上海购买一套 100 平方米的住宅楼。

捞到人生第一桶金之后,王志国树立了更为远大的目标。刚巧他的一位朋友在萨摩亚经营餐厅,于是受朋友之邀,他动身前往萨摩亚,希

---

① 蔡高红,国家汉办派往萨摩亚国立大学的汉语教师。2015 年 9 月至 2017 年 12 月在萨摩亚任教。2016 年,笔者在服务学校居住。周末有时需要前往首都采购生活用品,都要在蔡老师处留宿。萨摩亚采用新西兰学制,每间隔 10 周放假两周,学校清校,笔者依然需要借住在蔡老师处。蔡老师为人谦和、温柔善良、热情好客、爱好广泛,在萨摩亚国立大学两年多的授课过程中,广受师生喜爱。在此,也特别感谢蔡高红老师对于笔者的照顾。

望在波涛汹涌的太平洋中获得更大商机。

"我从上海出发，经香港到新西兰，再转机斐济最后到达萨摩亚。每到一地的感觉都不一样。"当时飞往境外的机票异常昂贵，一张单程机票就花去了王志国二万二千元人民币。王志国是一位外表敦厚，内心细腻的上海人，他的观察能力和感悟能力非常强，以至于30年后，他还能够向我清晰地描述当时机场工作人员的表情，并能揣摩出他们内心的想法。

"香港很发达，但是香港人内心高傲。从香港到新西兰的航班上有200多位乘客，仅有5位中国人。那个时候我就感觉祖国需要强大。"王志国一踏出国门就感受到了一股不屑与傲慢，而初到萨摩亚的他创业并不顺畅，无形中加剧了他内心的不快。

大致看来，20世纪80年代前后到萨摩亚打拼且较为成功的华侨华人在经营上大都经历过这样几个阶段：从打工开始逐步实现小本经营，进一步兼营零售与批发，最终投资建厂。但并不是所有的经营者均会成长为身价不菲的老板。多年以后，大多数人可能仅停留在小本经营阶段。2000年以后进入萨摩亚的华侨华人因有一定资金实力，起步相对容易一些。萨摩亚对于外籍经营者有严格规定：例如，没有当地身份，不能经营食品零售，购地建房需要有注册公司等。王志国没有任何海外创业经验，到萨摩亚几个月后，他不但在事业上没有任何起色，反而花光了所有积蓄。半年之后，经一位中国台湾商人介绍，他踏上了前往美属萨摩亚的飞机。

（二）

在美国政府100多年的统治之下，美属萨摩亚尽管力所能及地保留了传统文化，但在政治观念、生活习惯上也产生了较大变化。因美属萨摩亚福利待遇较萨摩亚优越，且直接使用美元，许多华侨华人初到萨摩亚后都会前往美属萨摩亚闯荡一番。

"怎么没有回家？可以回到上海继续开餐厅啊？"

第九章　不负韶华行且知（1990—1999）

"面子上过不去啊？那个时候，哪个人出国不是想着出人头地、有朝一日衣锦还乡啊？"

王志国说出了所有海外华侨华人的一句心里话——出人头地、衣锦还乡。但王志国的美属萨摩亚之行并非命运转机，而是坠入苦海。尽管早在100多年前就已有华人在太平洋岛国定居，但国内对于各岛国的情况依然知之甚少，许多同胞并未深入考察便盲目辞职离家。王志国也是从一位商人那里听说美属萨摩亚生意好做一些，便申请了前往美属萨摩亚的签证。但待他抵达后才知道，先前介绍他的商人在美属萨摩亚经营着一家餐厅，此行就是让他到自己的餐厅工作。其实，在遥远的太平洋岛国，能够遇到一位同胞相助，是件令人高兴和欣慰的事情，但王志国却有一种被欺骗的感觉。在接下来的一周中，他与这位老板发生了激烈矛盾，台湾商人对其恶语相加甚至人身攻击。一个星期后，他转至另一家餐厅工作，逐渐积攒了一笔启动资金。

1995年，王志国签证到期，他要么马上获得一个法定身份，要么在36小时内离开美属萨摩亚。对于王志国来讲，他心中的梦想还没有来得及实施就被迫离开的确心有不甘。迫不得已，他与一位当地女性匆忙结婚。婚后的两年时间里，他转到一家韩国人经营的餐厅里继续打工。但无论如何，打工的生活让他始终找不到归属感，于是他下决心自主经营。从1997年开始，王志国经营起了自己的餐厅。而对于婚后生活，他仅用了四个字来形容："苦海无边。"由于双方缺乏感情基础，又存在巨大的文化差异，王志国与这位当地女性根本无法沟通，更别说走进彼此心里。

"她漂亮吗？"

"漂亮不漂亮无所谓。因为我们之间缺乏沟通，没有心灵交流，文化差距太大了。当地人的生活与咱们中华民族的文化沾不上一点边。当初的艰苦程度你无法想象，要生存下去就要有工作，要有工作就要有身份。当初在美属萨摩亚的中国人中基本都是台湾人，大陆同胞是忍辱偷生啊！"回想起那段经历，王志国声泪俱下、心有余悸。王志国不仅面临身份问题，还要面对同胞之间的竞争，甚至排挤。

"那个时候刚出来，没有资金，没有人脉，当地人对于中国也不熟悉。当时我在心里默默下定决心，你们逼我离开，我坚决不走。五年之后，我的生意一定要超过台湾人。"其实，王志国性格中的耿直和刚正也是他吃眼前亏的原因之一。也正是凭着这份执着，他真正站了起来。他接连经营了餐厅、超市、酒吧以及汽车修理厂，是当时大陆同胞中唯一一位同时经营四项产业的华人。就这样，王志国在美属萨摩亚建立了属于自己的商业王国。

当王志国的生意越做越红火，他本人逐渐获得认可的时候，他并没有摆脱婚姻带来的痛苦以及远离家乡的孤独与寂寞。他过起了白天赚钱晚上输钱的生活。太平洋岛国一向以优美的自然风光被誉为人间天堂。不过，真正置身其中的时候，眼中并无天堂，面朝大海也并非春暖花开，那种飘荡在异国他乡的孤独感时常让人透不过气来。而且，太平洋岛国普遍贫穷落后，医疗、科技发展水平远远低于其他国家，娱乐活动更是十分有限。即使现在，各岛国缺乏卫星电视，网络欠发达，网速慢，费用高，岛民们的娱乐活动多为喝酒、聊天，华人同胞很难融入其中。为了缓解思乡之苦，每当夜幕降临时，他就与几个朋友凑在一起打牌。劳累、无聊、寂寞，他仿佛陷入了一个怪圈。

2002年，王志国再一次被人举报了，他清楚这是因为他生意过好遭到了同行嫉妒。当时在美属萨摩亚的大陆同胞仅有3位，在实力上很难与韩国人、日本人抗衡。王志国能否堂堂正正地走出监狱，直接关系到华侨华人在美属萨摩亚的威望和尊严。很快，他被法院提起诉讼。但被拘禁了4天后，美属萨摩亚警局自动放弃了对他的起诉，他被无罪释放。这一次，他赢的不仅是官司，还有中国人的颜面。

1990年时，中国仅有斐济、萨摩亚、巴布亚新几内亚、瓦努阿图、密克罗尼西亚5个建交国家。相反，中国台湾在该地人员较多，活动范围也相当广泛，美属萨摩亚聚集了大量台湾人。他们有人脉，有创业基础，这些都挤压着大陆同胞的生存环境和心理依靠。

与其说在美属萨摩亚创业期间遭受的这种歧视和排挤已经让王志国不堪一击的话,他与萨摩亚妻子的婚后生活则更是把他逼上了绝路。他不得不放弃那段婚姻,净身出户。为此,他与妻子发生激烈争执,被对方砍成重伤,头上缝了27针,险些丧命。2004年,双方办理了离婚手续,王志国在美属萨摩亚14年的创业经历也随之结束了。接下来,他需要重新规划一下自己的人生了。

(三)

离婚后王志国回了一趟国。在朋友的引介下,他到新疆考察了6个月,希望能够在国内有一份稳定的生活,但最终他还是放弃了。2005年3月,他重返萨摩亚,继续开起了中餐厅。经历过人生的大起大落之后,他开始重新审视自己走过的路。毕竟从1989年离开家乡,15年过去了,他所剩无几。

"人生需要奋斗,需要诚实做人、踏实做事。要走好人生的后半段路",王志国一字一句地说道。那时的他每天下班后都要去海边走走,他不停地询问自己,接下来他应该怎么办?萨摩亚的海非常迷人,碧水蓝天,一望无际。每天都会有人在大海边徘徊,向大海讨要着什么。其实,当你心情愉悦的时候,你眼中的大海也在冲你微笑,当你心情低落的时候,大海仿佛也在呻吟。痛定思痛,王志国下定决心东山再起。幸运的是,他遇到了现在的太太——一位可以与他同甘共苦的湖北女性。

王志国的这位太太温婉贤淑,沉稳干练,曾在美属萨摩亚经营一家小店,过着不与他人论短长的清静生活。当时王志国也在美属萨摩亚经商,出于一个男性对女性天然的同情心,王志国经常帮她销售一点货物。由于当时王志国整日靠打牌消磨时光,这位女性对他的第一印象并不好。但人生有时候就是一种机缘巧合,2005年王志国重返萨摩亚后,这位女性也转到萨摩亚经营。在施祖杰的有意撮合与劝说下,两人于2007年在萨摩亚注册结婚。

至此,从1989年底离开上海,王志国转战太平洋岛国22年,他吃过常人没有吃过的苦，受过常人没有受过的罪，在45岁那年，终于娶了一位心仪的太太。婚后，两人在阿皮亚东边开了一家中型百货超市。现在的他，平静质朴，讲着一口流利的萨摩亚语。采访最后，当笔者问到养老问题时，他表示已经适应了萨摩亚慢节奏的生活，没有回国养老的打算，但也不会放弃中国国籍。他的第一段婚姻很难让他忘掉那些不愉快的过去，他对于祖国怀有的那份赤子之心也已然化作内心深处的一份依靠。就在笔者采访他之前，他得了中风，所幸在家人的陪伴下，及时回到中国治疗，没有留下后遗症。

"经历过那么多坎坷后，我现在只想要平静地生活。在当地人面前，你可以贫穷，但不可以富有。贫穷了他可以帮你，富有了可能就有麻烦了。"王志国的话听起来有些极端。善良与妒忌均为人之天性。当然，不止一位华人同胞说过，萨摩亚人最惧怕欧美人，最不怕中国人。这与财富、体格无关，与做事风格有关。因为他们一旦冒犯了欧美人，欧美人一定会将他们告上法庭。但当他们触犯了中国人的生意，中国人则会大事化小、小事化了，能过得去就过得去。这主要有两方面原因，一是语言障碍，中国人英语水平普遍较低，日常交流尚可应付，上法庭打官司则要困难得多；二是与中国传统文化中的中庸之道和中国人息事宁人的性格有关。

"世事一场大梦，人生几度秋凉。"与王志国交谈了两个多小时，纵观他人生起伏的三十年，对他不免有些心疼。看着眼前这位已经55岁的中年人，黝黑的皮肤和额头上清晰的沟壑，比同龄人要苍老许多。他把青春和向往留在了萨摩亚，也即将会把老年留在萨摩亚。如果说当初带着一股闯劲儿是为了衣锦还乡的话，随着年龄的增加，家乡的亲朋越来越少，他倒没有回家的冲动了。

2018年11月，距本次采访一年之后，笔者离开萨摩亚之前，特意前往王志国的商店购买了一点日用品，但没有让他知道。商店坐落于阿皮亚海滨路东首，中等面积，百货、食品一应俱全。一位中国女性一直在收银台忙来忙去，见到中国人很友好，但是话不多。我猜想那大概就是他的夫人。

"好在他现在有一份稳定的生意,有一位比他小 10 岁的夫人与他相濡以沫。"我在心里默默祝福他,余生再无波澜,终被岁月温柔以待。

二 蔡健敏

初到萨摩亚,很容易被两家龙头超市吸引,Farmer Joe 和 Frankie。在地理位置、占地面积、经营规模、货物种类等方面,两家超市势均力敌。凡是有 Farmer Joe 的地方就会有一家 Frankie,两家形成对峙局势。

在萨摩亚生活了一段时间后,我们获知,Farmer Joe 的经营者为第二代华裔及其子女,他们的父辈系一代契约华工阿李(Ah Liki)。而 Frankie 的经营者则是一位地地道道的中国人,20 世纪 90 年代到萨摩亚,白手起家,用 20 多年的时间打造了萨摩亚一个知名品牌,用自己英文名字 Frankie 来为超市命名,他就是蔡健敏。

(一)

蔡健敏,深居简出,为人低调,与华侨华人来往不多,但却广受当地百姓喜爱和尊重。有位萨摩亚教师跟笔者讲过这样一件事:曾经有一段时间萨摩亚大米短缺,大米价格虚高,蔡健敏马上从中国调入一批大米,平抑了物价。

对于这样一位有胸怀、有担当的中国同胞,我却是只闻其名,难见其人。由于我平时接触的福建人比较多,广东人较少,蔡健敏又极少在华人圈中露面,所以在萨摩亚工作的前两年时间中从未与他碰过面。直到笔者萌生了为华侨华人撰写奋斗史的想法后,才有意寻找对他的采访机会。

2018 年 2 月 12 日,腊月二十七,在大使馆一年一度的春节招待会上,我见到了这位传奇人物。他戴着近视眼镜,身着萨摩亚风格的上衣,个头高挑,体态微胖,走路略微有些探腰。但温文尔雅,脸上始终挂着真诚的微笑。于是我请中国驻萨摩亚大使馆王雪峰大使引荐,跟他进行了简短交流,并约好了访谈时间、地点。

2018年2月14日下午两点半,我与曲升老师如约到达了位于市中心的Frankie批发公司二楼。进到楼内,一个简易的前台里面站着一位萨摩亚女孩。了解了我们的来意后,女孩朝身后的房间里指了指,告诉我们,他正在开会,需要等待。透过一面玻璃墙看到,蔡健敏正与几位白人客户谈判。于是,趁这个机会,我仔细打量起他的批发部来。批发部占地面积非常大,相当于国内的一个厂房,货物一直堆放到房顶。让我有些惊讶的是,正在忙于装货、卸货的工作人员丝毫没有我们平时所见到的萨摩亚人那样慢条斯理,他们神情严肃且十分忙碌。由于我的工作环境主要在当地中学,空余时间收集研究资料,进行田野访谈。因而,我接触的当地人生活节奏大多非常缓慢。我曾经在几篇文章里谈到过萨摩亚人生活节奏缓慢的原因:高温炎热的气候、肥胖的体质、足以填饱肚子的热带食物、大量的国际援助等因素让这个岛国的民众可以安于现状,享受着慢节奏的生活。其间,有华人朋友曾与我谈论过这个问题,他们认为,良好的做事风格、奖励机制可以调动起萨摩亚年轻人的工作热情,改变他们的慵懒习惯。在蔡健敏的批发部里,也确实如此。

大约过了二十分钟,看到他们的会议丝毫没有结束的意思,我便试着给他发了一条信息。很快,他就出现在我们面前,不停地道歉说,不知道工作人员把我们挡在了外面,其实一直在等着我们。于是,他热情地把我们领进会议室,刚才的几位开会人员尚未离开。原来是南太平洋银行的工作人员正在与他商量贷款之事。

"给你贷款也要上门啊?我们没有打扰你的生意吧?"我半开玩笑半试探地问道。

"我一直在等你们,对不起,我没有跟接待处说,让你们久等了。"他操着地道的南方口声,说话声音不高,但温和儒雅、面带微笑,让我略感愧疚的内心一下平复了不少。

(二)

蔡健敏，广东潮汕人，1970年8月出生于广州，1992年毕业于深圳大学中文系。临近毕业之际，高林公司到深圳大学招聘员工，他便应聘到该公司，接受了基础培训，自学了市场营销知识，只待毕业后进入这家知名企业一展身手。没有料到，蔡健敏刚一毕业，在萨摩亚创业的姨夫就向他发出了邀请。来不及认真考虑、对于萨摩亚一无所知的他登上飞往萨摩亚的航班。

"Liu's Chinese Product Shopping Center"（刘氏中国商品购物中心），这是蔡健敏的姨夫当时经营的位于海边的商店名称。现在回忆起来，他还是感到十分好笑。商店是从一家当地人的房屋里辟出来的半间屋子，只有一个门，无窗闷热、阴暗潮湿。一逢雨天，外面下大雨，屋里下小雨，姨夫不得不在屋内接上三四个水桶。就是这样一家破烂不堪的小店，姨夫却取了一个响当当的极具国际化的店名。由于商店面积有限，姨夫通常把部分货物摆放在室外，雨水一来就需要马上搬进室内。尤其是每当台风到来，汹涌的海浪向岸边滚滚袭来，随即大雨滂沱，许多货物来不及搬就被雨水浇透。搬运面粉和砂糖的时候，面粉、砂糖、雨水、汗水和在一起，黏在身上；搬运大米、酱油等商品时，肩膀被硌出血印，和着汗水刺痛无比。就这样，每天搬进搬出，一个1992年毕业的大学生干起了劳累单调的体力活。

萨摩亚首都，坐落于乌波卢岛北海岸，南临瓦埃阿山（Vaea），北临太平洋。海滨路，是阿皮亚最北面的一条公路，紧邻大海，风景格外美丽，但地势相对低洼。每逢大雨，这一路段常有积水。台风来临时更会给岸边商铺造成灾难性损失。坐落在海滨路的喜来登酒店就在6年之内两度被淹，最近一次是2018年2月台风伊万袭击萨摩亚，该酒店被迫停业半年进行整修。在这样一条街道上经营小店，人流量的确大一些，但是也要比其他地方承受的灾难多一些。经营风险大，劳累程度自然也会加大。20岁出头的蔡健敏，凭借着在国内自学的市场营销知识和生意直觉，准确地判断出萨摩亚经济落后，市场有限，仅经营一家小店铺难有出头之日。但为了不让姨夫感到失望，他还是留了下来。三个月后，他实在难以承受枯燥乏味的打工生活，加之饮食习惯与国内迥异，他做梦都想回家。可当他申请新西兰过境签证时，硬是被新西兰拒绝了。他只好收拾心情，重新规划自己的人生，集中精力打理生意。

机会从来不是等来的，而是被有准备的人创造出来的。生意渐入正轨后，蔡健敏开启了他的流动批发业务。他是萨摩亚岛上最早进行环岛送货、从事流动批发的商人，这让他的销售额骤增，知名度也暴涨。但生意场上从来没有一帆风顺的。汽车抛锚、雨刷不动、车窗破碎、货物被淋是常有的事。甚至有一次送货途中，蔡健敏突然看到地上滚着一个汽车轱辘而大笑不已，笑过之后才发现那是自己的车轱辘。

姨夫力邀蔡健敏赴萨，绝不是看中了他的体力，而是因为他有大学文凭，还自学了市场营销知识，可以在生意上助他一臂之力。中国人在太平洋岛国从事日用品经营大都从国内市场进货。由于萨摩亚市场体量小，日用品种类繁多，从国内市场进货渠道又非常严格，所有商品必须通过进出口贸易公司办理手续，这让许多小型门店无法独自包揽一个批发货柜，只能与其他经营者拼散柜。但散柜发货速度慢、运输成本高，无法保证货物及时运到。蔡健敏就主动与商家、贸易公司、船务公司沟通，精心预算所需货物种类、数量，最终他的第一个独立货柜被运抵萨摩亚。如此，这位当年入职台湾高林公司，被培训人员批评说话声音太小的小伙子收获了人生的第一桶金，也让他对自己的商业头脑、沟通能力充满信心。接下来，他的手笔更大了。

采访过程中，笔者听到许多在太平洋岛国生活多年的华人同胞说起过签证问题。比如，在萨摩亚打拼三十多年的王志国老板、在汤加经营多年的小张经理等。20世纪八九十年代，中国改革开放不久，一批具有冒险精神的福建、广东人出国打拼，他们遇到的一个棘手问题就是持有中国护照所遭受的歧视和不公。为此，许多华人不得不加入所在国国籍。1997年，蔡健敏加入了萨摩亚国籍，他的经营范围也顺势从百货扩展到食品，实现了人生的第一次飞跃。

蔡健敏生意起步初期，萨摩亚有一家享誉太平洋岛国的连锁超市品牌莫里斯（Morris），该品牌与陈茂公司齐名，但因经营不善负债累累，面临关闭，蔡健敏便抓住机会购买了这家公司的股份，并且承诺偿还该公司所有债务。闻讯而来的讨债者挤满了公司，尤其是澳新银行也追债上门，蔡健敏提出来给他一个星期的缓冲时间，但追债者根本不答应。见状，蔡健敏索性把整个超市接管下来，偿还了该公司所有债务，并且借用萨摩亚语音将超市改名为莫来西（Molesi）。收购了莫里斯公司意味着他在生意场上开始与陈茂公司齐头并进。他逐步规范进货渠道，严格销售纪律，使公司逐渐走向正轨。直到今天，这家商店仍在运营，收益一直不错。

人的一生中会有很多次机会，许多人却从未触碰到它。对于蔡健敏来说，他只要抓住一两次机会就足够让他光鲜起来。接下来，他购买了麦肯西批发公司（Mackenzie）。该公司同样因为经营不善，资不抵债，加上遭遇火灾，被当众拍卖，蔡健敏当即拍下了这家公司。蔡健敏的两次果断出手，让他从姨夫的帮工一跃成为姨夫的生力军，成为萨摩亚生意场上的著名人物。随即他以自己的英文名字弗兰克（Frankie）注册了公司，开启了更为广阔的发展空间。

除了经营大型超市外，蔡健敏还经营餐饮、建材、汽车销售等。笔者采访之际，他的农场种植正在规划之中。现在，蔡健敏旗下的品牌有 Molesi 商场、Frankie 超市、Hungry Frank 餐厅、Homemake 建筑公司等。

（三）

萨摩亚资源匮乏，生产能力有限，食品、日常用品等需大量进口，有相当一部分商品来源于中国。一批货从下单到抵达萨摩亚需要两三个月时间，其间，如果突然遭遇自然灾害，许多商品便会断货。不可否认，蔡健敏如果抓住这样的机会就会有较大的利润。但要在国外立足，就要有长远眼光，而且萨摩亚政府也在时刻关注着华侨华人，他们十分重视民意所向。只有从长计议，诚信经营，才可既赢得市场又赢得民心。尽管蔡健敏早已加入萨摩亚国籍，但在当地民众心里，他仍然是一位中国人，他的生意自然也会贴上中国标签。因此，他十分注意自己的言行，吃小亏，顾大家——这是他的经营理念，也是他受到萨摩亚政府、民众普遍赞赏和信任的原因。

曾经有一段时间，萨摩亚鸡蛋价格上涨，而为萨摩亚市场供应鸡蛋的仅限于阿李（Ah Liki）公司的养殖场。于是，萨摩亚农业渔业部主动联系蔡健敏，希望他能够建设养鸡场，以平衡鸡蛋价格。其实，蔡健敏早就认真考虑过进军农场的事情，只是从食品零售批发转向养殖业，跨度太大。但为了让萨摩亚人民能买到新鲜又便宜的鸡蛋，他排除了种种困难建起了养鸡场，对平抑当地物价实实在在做了一件好事。

国内人士对于萨摩亚的了解，除了其优美的自然风光外，大概还听说过萨摩亚是少有的避税天堂，但蔡健敏却丝毫不为之所动。

"税收是支撑起一个国家、一个社会的经济支柱。企业要长久经营，必须遵守当地的法律法规，必须依法纳税。所以，我们公司一直守法经营，所有该交的税都正常上交，从来没有拖欠和漏交过政府税款。"这是蔡健敏的经营之道，也是他的做人之本。

企业要发展，必须要增加投资。蔡健敏诚信纳税的行为取得了萨摩亚各大银行的信任。只要企业发展需要资金，与他合作的三大银行（南太平洋银行、澳新银行萨摩亚分行、萨摩亚国家银行）都会积极解囊相助，实现共赢。蔡健敏的诚信不仅仅获得银行的支持，也得到了所有供应商的认可。这些优良品德来源于他多年来的经商信仰："遵纪守法、童叟无欺、诚信待客、一诺千金。"

据不完全统计，萨摩亚现有华人1000余人，华裔3万余人。萨摩亚所有的大型商贸公司都与中国人有关，第一代华人、第二代、第三代华裔经营是萨摩亚的主要经济支柱。但是中国人聚集得多了，问题也就多了起来，由于大量中国商人的涌入，中国商品的纳税、质量等问题经常成为萨摩亚政客之间的说辞,以至于萨摩亚执政党和反对党互相攻击时,总是拿中国人说事,用中国人作借口。例如,买卖护照、在当地买田置地等都可成为他们攻击对方的措辞。而两党争辩时,受指责一方总是以蔡健敏为例予以驳斥。

"我们在当地做生意,许多当地人误认为我们挤占了他们的生意,如果再进行不正当竞争的话,会遭到当地人的冲击。当然了,我的遵纪守法也反馈给了当地民众,受到当地人的认可。"蔡健敏的胸怀和远见足以让他既赢得了萨摩亚市场,又赢得了萨摩亚民心。

现在蔡健敏雇用了700多位当地员工,中国员工仅有两位。谈到对于当地人的管理之道,他奉行法制与人治并举的策略,既要建立一个科学的管理体系,又要让员工有归属感和责任心。

蔡健敏是一个有浓厚中国情结的人,他每年都要借回国参加贸易交易会的机会,走亲访友;他也会每年赞助萨摩亚橄榄球协会、拳击协会举办全国橄榄球比赛、拳击比赛,并且多次向萨摩亚敬老院提供资助。他是一位十分自律的中国人,他不仅严格遵守当地法律法规,还严格管理自己的身体,常年练习乒乓球和羽毛球。他曾经参加过萨摩亚全国乒乓球大赛,获得冠军,并且代表萨摩亚参加了南太平洋运动会。

一个雇用当地700多名员工、在萨摩亚拥有12家大型食品百货超市,集超市、农场、餐饮、建筑、汽车销售为一体的集团公司,一个在萨摩亚缴纳进口关税最多的私营企业,一个在所有雇员中仅有两位华人亲属的本地化企业……今天,蔡健敏的商业王国依然在续写着传奇。

始于拼搏,终于人品,蔡健敏用24年的时间,在萨摩亚书写了他的传奇人生,也向萨摩亚民众展现了中国人的品格与情怀。蔡健敏,已然成为中国人在萨摩亚奋斗的一张名片,一份信誉。

三 周小宽

2017年9月,中国与萨摩亚农业技术合作第4期专家团队的刘知文队长邀请部分华侨华人到农业示范基地参观。① 其间,一个小个子的中国男性颇引人注意,朴素的衣着、黝黑的脸庞告诉我,他在这里生活得并不容易,而那一口似懂非懂的南方普通话也让我顿时明了又一位广东同胞是如何在这里落地生根了。一同出席活动的华人朋友介绍说,他曾经是萨摩亚全国运动会举重冠军,当时图伊拉埃帕总理为他签署了一份特别文件,批准他加入萨摩亚国籍,代表萨摩亚参加南太平洋运动会。如今,他在萨摩亚已经生活了 20 多年。广东人,举重冠军,20 余年,这三个信息顿时引起了我极大兴趣。

2018 年 10 月 28 日,我与曲升老师一同拜访了这位举重冠军,对他进行了一次正式访谈。

(一)

周小宽,1973 年 1 月出生于广东省广州市,1997 年抵达萨摩亚,1998 年获得萨摩亚全国运动会三项举重冠军,1999 年获得南太平洋运动会 54 公斤级举重亚军。同年,他与一位萨摩亚女孩相识,2000 年两人结婚,现在育有 7 个孩子。

得益于广东举重之乡的优势,周小宽早年接受过举重训练。到萨摩亚之前,他曾是广州天河体工队队员,在国家队集训过 3 个月。周小宽曾于 1990 年获得广东省第 8 届运动会 54 公斤级举重冠军,1991 年获得全国城市运动会同级别冠军。获得了两次荣誉之后,周小宽没有继续留在运动队,他选择了退役,希望过一种较为平静的生活。

1997 年,刚刚到达萨摩亚的蔡健敏向周小宽发出了邀请。周小宽与蔡健敏同乡,两人还有亲戚关系。于是,他与蔡健敏的弟弟蔡健伦(Ahlan)一同到达萨摩亚。人生有时候就是这么巧合,周小宽主动放弃

---

① 中国与萨摩亚农业技术合作示范基地,位于阿皮亚西部。自 2010 年 6 月开始,中国政府开始向萨摩亚选派农业技术专家,由湖南省农业委员会对外经济技术合作中心负责实施。2017 年 6 月,第 4 期中萨农业技术合作项目正式开始,依然由湖南省农业委员会对外经济技术合作中心承担。2020 年 6 月,第 4 期农业技术合作结束,受新冠肺炎疫情影响,8 位技术专家滞留在萨摩亚,继续开展第 5 期农业技术合作项目。

了举重事业，转身到达萨摩亚后，却偶然遇到了萨摩亚举重健将梁槐比。受梁槐比之邀，他重操旧业，在萨摩亚一举成名。①

当南太平洋运动会报名之际，萨摩亚举行全国运动会选拔运动员，"我就帮他举了一下，结果他高兴地说：'你拿了三项冠军！'哈哈，你说这也算冠军吗？"直到如今，对于当年的成绩，周小宽还是抱着半开玩笑的态度。因为，那个成绩根本代表不了他的实力。萨摩亚人普遍身体高，体型偏胖，很难找到有天赋的54公斤级运动员。而他那句"我就帮忙举了一下"也足可看出他的实力远胜于此。难怪当我开门见山提到他的辉煌历史时，他只是淡淡地说："那些都过去了，就不要提了吧。我只是生活在这里的一位普通的中国人。"

南太平洋运动会，1963年8月29日在斐济首都苏瓦举办首届，当时共有12个国家（地区）的770名运动员和教练员参加，萨摩亚是唯一的主权国家。之后分别于1966（新喀里多尼亚努美阿）、1969（巴布亚新几内亚莫尔兹比港）、1971（塔西提岛帕皮提）、1975（关岛）、1979（斐济苏瓦）、1983（萨摩亚阿皮亚）、1987（新喀里多尼亚努美阿）、1991（巴布亚新几内亚莫尔兹比港）、1995（塔西提岛帕皮提）、1999（关岛）、2003（斐济苏瓦）、2007（萨摩亚阿皮亚）成功举办。自2011年起，改名为太平洋运动会，迄今已举办了2011（新喀里多尼亚努美阿）、2015（巴布亚新几内亚莫尔兹比港）、2019（萨摩亚阿皮亚）届太平洋运动会。萨摩亚承担了1983年第7届南太平洋运动会、2007年第13届太平洋地区运动会、2015年第5届英联邦青年运动会以及2019年第16届太平洋运动会。

就这样，尚没有取得萨摩亚身份的周小宽获得时任总理图伊拉埃帕特批，可以临时持中国护照代表萨摩亚参加南太平洋运动会，待比赛结

---

① 梁槐比，萨摩亚早期华工梁槐的孙子，举重教练，他曾经于1971—1983年连续四次获得南太平洋运动会举重冠军。结识周小宽后，梁槐比经常约周小宽前往举重队做教练。为了备战1999年南太平洋运动会，1998年萨摩亚举行全国运动会，周小宽一举夺冠。见本书第七章"梁槐"部分。

束后再办理萨摩亚护照。1999年，周小宽参加了在瑙鲁举办的第11届南太平洋运动会，以120公斤抓举成绩获得54公斤级举重比赛亚军，与冠军相差两公斤。对于这个成绩，现在说起来周小宽依然非常不满意。这比他在国内最好训练成绩142.5公斤、比赛最好成绩是137.5公斤足足少了近20公斤。试想，如果他有系统地训练一段时间，冠军一定非他莫属。

周小宽收获了3枚全国冠军，1枚南太平洋运动会亚军后，也捕获了一位萨摩亚女孩的芳心。两人在萨摩亚民政部门登记后，按照当地习俗在教堂举办了婚礼。其实在萨摩亚，民政部门登记和牧师见证均有约束效力，许多年轻人仅选择教堂仪式完婚。但对于周小宽来说，民政部门登记可能更具法律效力。2000年，他们的大女儿出生了，如当时许多萨摩亚人一样，妻子怀孕之际，他把妻子送到美属萨摩亚的亲戚家待产，女儿一出生就获得了美国国民身份。

到达萨摩亚的3年时间里，周小宽完成了人生最重要的两件大事，而且手握随时可以办理萨摩亚护照的总理亲笔信函，但他并没有急于给自己一颗定心丸。直到2003年第三个孩子出生后，他才去办理了萨摩亚护照。

（二）

周小宽并非一位野心十足的年轻人。相比较富有挑战性的工作，他更愿意有规律的生活。诚实、厚道，这是许多华人朋友对他的印象。周小宽也不是一个幸运之人，他娶了一位萨摩亚妻子，婚后家庭重担基本落在了他一人身上。由于岳母家在萨摩亚另一大主岛萨瓦伊岛，妻子有一半时间在萨瓦伊岛生活，周小宽则要在乌波卢岛打拼。采访中，他的妻子正与孩子们在二楼休息，周小宽领我们上二楼，见一见他的妻子。她浓眉大眼，身材高大、丰腴，是一位典型的萨摩亚女性。屋内地面上铺着草席，与孩子们随意地躺在地上，这是典型的萨摩亚生活方式。直觉告诉我，周小宽需要养活一大家子人，妻子和七个孩子，还有一位小外孙。而且，周小宽似乎还没有完全适应这种萨摩亚式的生活，只是他要对这个家庭负责，需要迁就他们，适应他们。

在萨摩亚10个岛屿中，萨瓦伊岛面积最大，但人口仅有三万多人。相比首都所在的乌卢波岛，萨瓦伊岛生活方式更加传统，民风更加纯朴，但人情来往也更加烦琐，这也是令许多中国人颇为头疼的事情。大家族经常聚会，好面子，礼金重，用餐浪费现象十分普遍。尽管中国男性纯朴善良、吃苦耐劳，勤俭节约的品质吸引了萨摩亚女性，但并没有影响到萨摩亚女性。相反，许多时候，她们及她们的家人要求中国丈夫在大家族的婚丧嫁娶、老人祝寿、日常捐献中奉献更多的钱财。在笔者接触的华人朋友中，就有几位同胞因不堪大家庭所带来的经济压力而被迫离婚。对于这种萨摩亚家庭关系，周小宽力所能及地做到了最好。

"我太太打工赚的钱愿意奉献给家族就奉献，我不管。我本人有义务孝敬她的父母，我尽心尽力做一个女婿应该做到的一切。弟兄姊妹也可以资助一些，但如果完全按照萨摩亚的风土人情行事，表兄弟们的事都要管，甚至整个村子都是她的亲戚，以我的收入根本无法满足啊。"萨摩亚每个家庭从十几口人到几十口人不等，一位大家庭中的成功人士往往要照顾到家里的每一个人，当地人也已经习惯了接受家庭成员的接济。而当一个大家庭中有在海外定居的亲属或者有中国亲戚时，他们的索要会变得经常，而且数额也越来越大。周小宽的岳母和妻子都是基督教徒，她们通常会把收入的一半奉献给教会，岳母甚至主动割让了十几英亩土地奉献给了教会[①]，这些周小宽都习以为常。周小宽从未干预过妻子的家族事务，他有自己的处理原则，奉献应该奉献的，抓住应该抓住的，这也是他的婚姻能够长久维持的主要原因。

2011年，已经在萨摩亚生活了14年的周小宽，购买了半英亩地皮，建起了自己的第一栋房子。小院不大，一座简易的二层小楼，楼梯设在外面，室内尚未装修，屋顶装有太阳能热水器。一楼设有会客厅、

---

① 萨摩亚土地分为三种类型，国有土地，约占全部土资源的8%，教会土地约占14%，村民私有土地大约占78%。

厨房、杂物间，二楼为卧室。这块地皮的主人原本是周小宽的房东。因急需用钱，房东将地契抵押给周小宽，向他借了5万塔拉，后因还不起钱便割了一块地皮给他，周小宽又支付了20万塔拉的地皮费。就这样，这个小院前前后后盖了七八年，一直没有修整出他心中想要的样子。

谈到孩子的教育问题，周小宽告诉我们，受宗教影响及约束，萨摩亚人十分关爱孩子。如果一个孩子在家庭中遭受虐待，救助中心就会起诉其父母。但这与中国援助教师的感受迥然不同。在老师们看来，萨摩亚孩子在家庭和学校中处于从属地位，要绝对服从家长和老师的管理。这种教育方式既掺杂了传统酋长制管理作风，又与大家庭生活方式、低收入、子女多等因素有关。但如果对于孩子的体罚上升至刑事案件，则要另当别论了。萨摩亚人喜欢饮酒，酒后滋事时有发生，有时孩子也不能幸免。周小宽的教育方式既放养又严厉。他的大女儿现在美国读书，能够基本自立。2013年，他把一个儿子送回中国读书。比起母亲的温柔和善，孩子们更加惧怕周小宽，也不常与他交流，但孩子们是他一生的牵挂。他不止一次地提到，因为有了孩子，所以没有办法回国了。等到最小的孩子成人后，他就回到国内，去过他想要的生活。

（三）

从1997年离开家乡至今，周小宽回过两次家。20多年来，周小宽始终没有自主经营，也没有把亲属介绍到萨摩亚。相反，他倒把一个儿子送回中国——他一直有颗回国的心，只是尚未下定决心。

"如果有一本中国护照就好了。"谈话中，周小宽突然冒出了这样一句话，瞬间，我们三个人都沉默起来。他目视着远方，眼神中充满期待。

"想家吗？有没有想过回中国定居呢？"

"想啊，但是这里也放不开啊，我的几个孩子在国外读书，假期都要回来。"想必，他所说的走与我们的理解有所偏差，他的走意味着离开，意味着回家。言下之意，他不但要负担学费，更主要的是孩子们回到家里来可以享受到一家人的欢乐。交谈中,他多次表达出等孩子们都大了,就回国,重新申请中国护照的设想。其实,现在华侨华人回国创业、定居十分方便,中国政府可以为他们一次性办理10年永久居住签证。但在周小宽心里,他一直属于中国,他需要一个中国公民身份。

"2005年之前,萨摩亚人对中国人特别友好,尤其是有中国血统的华裔萨摩亚人对中国人十分亲近。那时随便走进一户人家找点儿吃的,他们都会毫不犹豫地无偿帮助你。现在萨摩亚人一看见中国人就狮子大开口。"谈到20多年来萨摩亚人对华侨华人态度的变化,周小宽感受特别多。周小宽清楚地记得,刚到萨摩亚不久,有一次他开车送货,时间已近傍晚,货还没有送完,饥肠辘辘却找不到一家商店。好不容易看到一家小卖部,周小宽便向主人询问有没有米饭,主人马上端出来一盆芋头,当周小宽要给主人50塔拉饭费的时候,主人坚持说,这不是商品,不能收钱。2014年之前,萨摩亚属联合国所列贫困国家之一,温饱问题尚需解决。芋头、面包果是萨摩亚人的主食,一般家庭吃不起米饭,想必那盆芋头就是那户萨摩亚家庭全家人的晚饭。

"你与太太感情如何?"

"结婚这么多年了,有了这么多孩子,要维系这个家庭。"他的话很实在。在我采访的几位与萨摩亚女性结婚的同胞中,大家感受大不相同。有的同胞夫妻感情很是不错,也有的同胞不堪回首。中国男性与萨摩亚女孩的婚恋,谈不上风花雪月、红豆相思,更谈不上比翼齐飞、鸾凤和鸣。娶妻生子,是责任担当,周小宽的婚后生活亦是如此。

"如果人生重新来一次,你还会走这条路吗?你的青春、你的30年都是在这里度过的。"

"怎么说呢,当时不想走是因为有孩子了。"他望着远处,脸上露出一丝略带羞涩的笑容。2001年时,周小宽的确动了回国念头,但把两个孩子带回去有些麻烦,留在萨摩亚又不放心,所以就一直拖到现在。采访中,周小宽反复说着自己的家,中国的家。其实相较于20世纪上半叶到萨摩亚的华侨华人,周小宽这一代人的回国之路并不遥远。

只是，每每谈起回家，还是有些顾虑。他们何尝不想衣锦还乡，但现实生活又是那么清苦，让他们始终下不了回国定居的决心。

"我记得小时候，家门都不用关。四邻八舍在一起几十年了，如果遇到小偷，有人喊一声，大家都会马上跑出来。在这里，萨摩亚人可以有自己的枪，而且他们喜欢养狗，许多华人被狗咬伤过，这些都让我感觉到没有安全感。"原来，他对于家乡的记忆还是停留在小时候。尽管他已经在萨摩亚娶妻生子，可在心理上依然没有安全感和归属感。但谈到与当地人化解矛盾的方式，周小宽又开心地笑了。因为他的萨摩亚语讲得颇为流畅，许多矛盾一旦说开了大家就会冰释前嫌、握手言和。另外，还有一个原因就是毕竟他的妻子是萨摩亚人。当然，从与周小宽的交谈中我们也可以看出，他是一个宽厚本分之人，这也会引起大家的喜爱。

20多年来，周小宽只换过一次工作。1997—2003年，他在蔡健敏公司上班，2003年至今，他在蔡健敏的弟弟蔡健伦公司任职。蔡健伦在萨摩亚经营有两家超市，一家铝合金加工厂。由于长年在国内定居，蔡健伦便把生意委托给几位华人管理，周小宽就是其中一位。说起自己的两任老板，他均充满感激之情。

2006年，日本电视台曾经上映过一部纪录片《含泪活着》，片头语这样说道："在连续3年每年有3万人自杀的日本，有这样一位中国人顽强地含泪活着。"该纪录片讲的是一对温州夫妇在日本打拼的故事。标题未免有些煽情，但中国人在国外打拼的确要付出超乎寻常的努力，周小宽就是这样一位中国人。

交谈中，周小宽从未与笔者倾诉他的不易，他有着萨摩亚人的心态，知足常乐，平静淡然。

第十章　应似飞鸿踏雪泥
（2000—2009）

　　进入新千年后，中国人出国留学、创业人数骤增，出国地域逐渐呈分散之势。除了福建、广东两省以外，其他省份人数增多。与之前到萨摩亚打拼的华侨华人不同的是，新千年之后到萨摩亚的华侨华人多在国内接受了中专、大学教育，已经有了一份不错的工作。受国内出国热影响，他们选择出国创业，不过萨摩亚往往不是他们在太平洋岛国打拼的第一站。他们先是前往在国内知名度较高的美属萨摩亚、汤加、斐济等地，但一经到达萨摩亚，便被萨摩亚的自然风光和人文环境所吸引，开始在萨摩亚续写他们的商业传奇。他们开创了萨摩亚百货、餐饮、建筑领域的多项第一，雇用了大量当地员工，极大地缓解了萨摩亚的就业压力。2020年新冠肺炎疫情肆虐以来，他们的生意均受到不同程度的影响，但他们为当地人保留了工作岗位，与萨摩亚人民同舟共济、共渡难关。本章选取的几位华侨华人均在萨摩亚创业达10年以上，是萨摩亚各领域的佼佼者。他们有格局，有情怀，热爱萨摩亚，是中萨关系中当之无愧的民间大使。

　　本章第五部分黄至杰于2009年前往美属萨摩亚创业，2011年到萨摩亚考察。鉴于美属萨摩亚与萨摩亚之间的特殊关系，同时也出于篇幅均衡考虑，故把黄至杰纳入本章。

一 翁维捷

2015年5月，学校领导宣布，为服务国家"一带一路"倡议，增进中国与太平洋岛国文化交流，聊城大学要选派五位教师赴萨摩亚从事教育援助，这是我第一次听说萨摩亚这个国家。回到家里，我迫不及待地打开世界地图，仔细搜寻萨摩亚三个字，最后终于在南太平洋中间找到一个点。对于一直从事历史教学的我来说，走出国门从事教育援助既是一个全新的挑战，也是一个了解太平洋岛国历史文化的重要机会，我决定报名前往。

2016年1月15日，北京—香港—楠迪—阿皮亚，经过三起三落共计15个小时的长途飞行之后，我怀着忐忑不安的心情踏上了这片陌生的土地。葱郁神秘的热带丛林、零星点缀的低矮房屋、体态丰腴、耳鬓簪花的成年女性与身强体壮、布满文身的年轻小伙，还有洋溢着灿烂笑容、赤着双脚打打闹闹的孩子们……迥异的地理环境和充满异域特色的民族风情更增添了我的疑虑与不安。

2016年1月28日晚，中国驻萨摩亚大使馆举行春节招待会。招待会即将结束之际，一个陌生的身影出现在我们面前。

"各位老师好。欢迎各位老师到我那里做客。"翁维捷，老师们到萨摩亚后接触的第一位华人同胞，就这样走进了我的视线。

（一）

翁维捷，1972年7月出生于福建省福清市港头镇后园村一个教师之家。父亲翁祥云是一位公办教师，母亲黄品英曾是一位民办教师。在其成长过程中，母亲常常教导他，读书要不耻下问，做人要知恩图报，这让他养成了尊重文化、乐善好施的品行。1987年，翁维捷考入福建省侨兴轻工业学校，专修工业企业会计专业，1990年以优异成绩毕业后就职于工商银行福清分行。

思路灵活，能力出众，刚工作几年，翁维捷就创造了一项纪录——个人拉存款4000多万元，这一笔巨款的加盟使他所在的储蓄所存款余额超亿元，位列当年全省工商银行系统第一名。不久，翁维捷被提拔为储蓄所主任。他把团队合作理念运用到管理之中，使储蓄所的工作风气焕然一新。而由他委托一位书法家朋友撰写的横幅"我们一直在努力"至今还悬挂在储蓄所的墙上。

稳定的工作，不凡的业绩，对于一位二十岁出头的年轻人来说，可谓前途一片光明。然而，一颗年轻的心，难以抵挡外面世界的诱惑，安稳的未来没能压抑住翁维捷骨子里的冒险精神。2001年，他与妻子以创业移民身份抵达新西兰，开始了他的海外创业历程。

"我们福清人出国闯天下的传统和文化源远流长。我之所以毅然放弃稳定的工作、离开生养我的家乡，大概与这一文化传统有关。身为福清人，闯荡和冒险精神始终在我内心激荡，使我不能安于现状。"

笑谈中，翁维捷总是把背井离乡、出国打拼的艰辛拼搏归因于文化。他经常会谈到最近在看一本什么书，有何感触，他也时常会语出惊人，随口说出一些富有诗意和哲理的话。如他在夸赞一对员工母子时说：我坚信一个母亲会影响几代人；他在鼓励一位刚参加工作不久、因语言不通而有些灰心的员工说：失败不可怕，但要保持一颗善良的心；他在描述一片萨摩亚独特的水域时说：海水袭来又退去，黑沙滩上那些深深浅浅的脚印荡然无存；他在带领几位素不相识的游客归来后感慨：我们会相见在老地方，如果你发现心中还有依恋……

翁维捷经常说起自己没有上过大学，对大学老师十分羡慕。其实，在他那个读书的年代，初中毕业后选择就读中专，是家境一般但学业优秀的学子们的优先选择。因为中专毕业后可以端上"铁饭碗"，工作和收入均有保障。而当他端稳了手里的"铁饭碗"后，却毅然打破了它。这不仅源自福清人闯天下的传统，更源自他内心的鸿鹄之志。

（二）

翁维捷到达南太平洋水域的第一站并非萨摩亚，而是如许多华侨华人一样，他首先选择前往新西兰创业。也许有着福清人天生的经商智慧，他在新西兰创办了 Coinsave 百货超市，并逐渐将其打造成为一家拥有 64 位加盟商的大型连锁品牌。其实，在英语中并没有这个单词，但稍懂英语的人一看便知其意——为你节省每一分钱。翁维捷的经营天赋和品牌意识在创业之初就充分显露了出来。他负责为各加盟商推荐选址、指导进货，这样加上他自主经营的 8 个商店，共计 72 个店铺。但由于用人不善，货物丢失严重，翁维捷不得不出售了部分店铺的经营权，只身转赴汤加重寻商机。

迄今为止，中国人最早于哪一年到达南太平洋的哪一个国家，并没有具体考证。但在南太平洋 14 个独立国家中，汤加是中国人投资经营人数较多的一个国家。据统计，在这个只有 10 万人左右的国家中，目前共有华侨华人大约 4000 人，其中福清人占有相当数量。中国同胞在汤加有自己的社团组织，主要经营百货、超市、餐饮等。翁维捷在汤加以经营百货为主。2017 年 4 月，笔者曾利用两周的短暂假期赴汤加考察，见到了许多华人同胞，也受到华人同胞阿忠的照顾。

目前汤加的经营环境大不如萨摩亚，主要有以下几方面原因：一是华人商店云集，形成过度竞争；二是当地人对华人经营形成整体性抵触，抢劫事件时有发生；三是汤加官方对于华人同胞的经营没有政策性导向。因此，许多同胞正在寻找汤加以外的其他南太平洋岛屿国家的经营机会。总体看来，最近几年，从汤加转至萨摩亚的中国经营者已有十余人，他们大多与翁维捷是老朋友，到萨摩亚后亦受到了他的热情接待和投资介绍。在汤加积累了一定资本之后，翁维捷也把目光转向萨摩亚。

"2009 年 2 月，我来到萨摩亚。我把新西兰创立的品牌搬到了这里，就是我的第一家店 Coinsave（为你省钱），主要经营日用百货。正是由于我的产品的介入，萨摩亚百货商品的价格降了下来。我的第一个员工叫郭娟娟，我公司最操心的员工是刘碧涛，我的第一个萨摩亚员工是 Siolo（西萝）。"每谈起他的创业史，翁维捷总是滔滔不绝。

"维捷最初到汤加考察的时候，我已经在那边经营着一家店铺了。有一天，店里突然进来一位中国人，穿着整洁的上衣，笔挺的西裤，我很是诧异。因为看惯了汤加人随意的穿着，所以对他印象非常深刻。后来，我从汤加来到萨摩亚。令我意想不到的是，不到半年，他也来到此地。现在我还清晰地记得我去机场接他的情景。远远望去，他瘦弱的肩上背了两个大大的编织袋子，里面装着电饭煲、炒锅、燃气灶等生活用具，风尘仆仆却充满干劲儿。"多年以后，一位老友回忆起翁维捷当初到萨摩亚时的画面还是如在眼前。

经过10余年打拼，翁维捷目前已成为萨摩亚百货经营的龙头企业。他不仅拥有四家大型店面，而且为100多个小型个体店面提供上门批发服务。在他的公司里，共雇用了30余位中国员工和140余位当地员工，是一位平易近人和广受赞誉的经理。

（三）

"没有管理人员，我们自己培养。"这是翁维捷时常挂在嘴边的一句话。在这个远离祖国一万多千米的小岛上，如果不是知根知底，很少有人会来到这里打工。能够跟随他漂泊来此的多是刚刚中学毕业的乡邻，他们年龄小，没有任何销售管理经验。翁维捷既是一位长辈，又是一位经理，对于年轻人的培养，他有自己一套做法。新员工到萨摩亚后，会安排他们在每一个岗位上历练一番。这样既可以发现他们最擅长的岗位，又可以锻炼他们应对各种事件的能力。他经常开会嘱咐部门经理和老员工，对待新员工要有足够的耐心，要善于发现他们身上的闪光点，要合理塑造他们。而每一位投奔他来的员工，总会受到他的赏识，他会毫不吝啬地在各种场合鼓励他们。通过几个月的试用期，翁维捷会准确地判断出每一位员工的擅长之处并给他安排合适的岗位。

交谈中，翁维捷表示，最近从家乡招募的三位员工让他颇有些为难。原本招收的收银员和仓库管理员，因为数学不过关，只能临时把他们安排在餐厅工作。

"我不能把他们送回国,因为这会对小孩子的心理造成伤害。"他总是这样对待每一位员工,其实他所说的小孩子最小的已经年满16岁了。

翁维捷是一位性情中人,也是一位不折不扣的理想主义者。他特别强调生活中的仪式感。每当员工聚餐,他总会临时点将,让员工们大胆说出对工作岗位的认识,对未来生活的向往。每隔一段时间,他会组织员工们外出郊游,尽情地释放自己。他还会每年为部分员工提供前往新西兰学习观光的机会。用他自己的话说,他要让员工们发现更广阔的世界,意识到自己与同龄人的差距,在心中树立起更为远大的目标。

对于自己的萨摩亚员工,翁维捷同样视他们如兄弟姐妹。

福伊娜(Fouina),一位1992年出生的单身母亲,在翁维捷公司里任职5年了。因与一位中国建筑工人产生恋情生下了一个儿子,后得知该男子在国内有家室而与其分手,如今独自带着孩子生活。她也因此受到翁维捷的特别关照和店员们的悉心照顾。问起她是否因为孩子问题而怨恨中国人时,她摇摇头说,不会,因为她遇到了一位好老板。①

西娃(Siva),一位经常遭遇家暴的萨摩亚女性,丈夫酗酒成性,无钱买酒时便对她拳脚相交。翁维捷特别嘱咐店长,无论何时何地,只要西娃提前支取工资,一定要马上给她,让她回家免受一些折磨。

菲利(Fili),一位22岁的单亲妈妈,和两任男朋友生下了两个孩子,目前独自带着孩子与母亲一起生活。翁维捷特别腾出一套70多平方米的房子,免费让她和孩子们居住……

翁维捷对待员工的豁达、宽容不仅体现在日常生活中,更体现在他处理重大突发事故的态度上。

2017年3月,翁维捷一家商店被人纵火,损失严重。两个当地青年深夜两点左右撬门行窃,临走时发现了监控装置,出于害怕留下犯罪证据,便起了纵火之心。当时公司有5位员工在二楼值班休息,待他们

---

① 具体内容见"远山文艺"公众号推送文章《孩子的父亲是中国人》。

醒来时楼梯口已被大火封住,他们只好打开窗户跳了下来。翁维捷当众从未谈及损失,而是不断赞赏员工们的机智。而当他忙着与警察交流和观看录像回放时,他的脸上分明透出了严肃、冷峻、难过与不甘。待警察反复观看了录像后确定,作案人系两位不满十八岁的孩子时,他又表现出了一些不忍,两手一摊说:

"那有什么办法呢?小孩子嘛,又不能去坐牢,家里肯定也没有钱赔,算了。"

为了打消值班员工的愧疚感,他当晚与大家共进晚餐,鼓励大家从头再来。

"你知道吗老师?"时隔一年半以后,他的员工小红又与我讲起了这件事。"我们老板到了现场后,第一句话就是:我们的人怎么样?当得知大家都平安无恙后,老板便抡起膀子,和大家收拾了一天火灾现场。晚上坐下来就餐时,大家都耷拉着脑袋沮丧不已,我们老板又用一种轻松的语气说:'怎么了?可以吃饭了吧?我饿了'。"小红哽咽了……其实她当时并未到达萨摩亚,只是听同事们偶然说起,但她依然被老板的大度所感动。

"我想把失火的那家店改造成一家韩国料理店,当我把室内设计图发给国内一位研究《周易》的同学时,同学告诉我厨房位置不对,因为那里容易着火。那个位置就是当时失火的位置。"没想到,他不但将纵火称为失火,而且将一起刑事案件轻描淡写地归于位置原因。要知道,如此重大的火灾和200万元的个人损失在萨摩亚十分令人震惊,时任总理图伊拉埃帕当即给他写了一封致歉信,并且表示一定要严惩凶手。

(四)

在与翁维捷接触的三年时间里,他给人最深的印象就是面带微笑,乐观自信,他是一位充满阳光的人。其实,商场如战场,尤其是在远离祖国一万多千米、风俗文化与国内迥异的萨摩亚,困难、压力甚至危险会随时袭来，他只是将这些默默消化、从未示人而已。他给大家的印象就是一位充满活力、笑容满面、急人所急、乐于助人的经理、同乡和朋友。在笔者采访的福清人中，就有好几位在事业起步阶段受到了翁维捷的热情照顾和真诚帮助。

林学瑜，一位"80后"小伙子，2017年刚刚从汤加转至萨摩亚。翁维捷不仅协助他租了120亩地进行规模化蔬菜种植，还为他提供住处和周转资金。在翁维捷的不断鼓励和帮助下，林学瑜的蔬菜种植已粗具规模。他建起了19个大棚，上市蔬菜品种有西红柿、青椒、黄瓜、长豆角、荷兰豆等。不仅如此，翁维捷还协助他开起了干洗店，生意亦是十分红火。

王长才，一位1978年出生的福清小伙子，有着丰富的投资经历。2017年11月到萨摩亚，翁维捷将自己经营的一家市中心店面让给他。2018年5月，长才的"秋天的梦"美容美发店正式开业，目前客源丰富，运营良好。

王命秀，翁维捷的初中同学，中学毕业后独自赴日本打拼8年，后在广东经营建材，2016年到萨摩亚考察，2017年在萨投资软饮料厂，目前市场销售量逐渐增加。①

翁维捷的乐于助人不仅体现在其对同乡故友的帮扶照顾，对于那些初次到萨的素昧平生之人，他也总是施以援手。

2018年2月的一天，笔者到市中心购物，顺便到他办公室小坐一会儿，把刚刚从国内带来的黑茶送给他。进得办公室，一个陌生人正与他交谈，茶几上放着一沓钱。原来此人与翁维捷并不认识，经朋友介绍到萨摩亚从事餐饮生意，其实也只是加工一点速冻水饺和包子送到超市出售。投了几万元钱，生意一直不景气，不甘心失败的他随即向翁维捷借钱周转，但生意依然不好。这次就是打算还款后离开此地。看着他一脸灰心，翁维捷一边安慰他，一边帮他分析原因，向他讲述萨摩亚人的

---

① 关于林学瑜、王长才、王命秀的具体内容，详见本书第十一章。

生活习惯，鼓励他东山再起。

2018年4月，翁维捷邀请中国教师共进晚餐。大家到达餐厅时，一位操着济南口音的中年男子已经就座了。李青春，一位颇有成就的私企老总，通过网络得知翁维捷是一位乐善好施的成功人士，便决定赴萨摩亚考察。同样，他也受到了翁维捷的热情接待。得知笔者要撰写一本有关萨摩亚华侨华人的著作时，他嘱咐笔者一定要把他写进去。因为翁维捷，他喜欢上了萨摩亚，他表示一定会再次来到萨摩亚。

2018年5月，新西兰行者传媒公司的叶先生和魏女士夫妇携女儿到萨摩亚考察，因与出租车司机沟通出现问题，十分气恼。当天晚上，他们在餐厅就餐时遇到了翁维捷。翁维捷有一个习惯，只要见到华人同胞，总会攀谈几句，夫妇二人便将心中不满和盘托出，表示回到新西兰后要报道出来。为了挽回叶先生全家对于萨摩亚的印象，翁维捷力邀他们一家三口和中国教师同游乌波卢岛。

"如果你认为萨摩亚不好，那是你没有碰上懂这块土地的人。跟我来，让我带你走进萨摩亚，去发现她的美。"他总是这样说。

第二天一早，翁维捷到海鲜市场购买了大量椰子蟹、龙虾、鱿鱼、鹦鹉鱼等，留待晚餐食用，然后便带领大家开始了乌波卢岛一日游。一路上，他引领大家看望了102岁的萨摩亚最长寿的老人，品尝了原汁原味的当地美食，近距离观看了高山瀑布，傍晚时分又去揭开了黑沙滩神秘的面纱。在翁维捷的热情介绍和萨摩亚动人的景致面前，叶先生全家逐渐喜欢上了这个国家。

（五）

鉴于翁维捷对于萨摩亚的杰出贡献和无私回报，2012年1月21日，他被授予法雷瓦奥村（Falevao）代言酋长，酋长头衔为图伊图伊奥亚加（Tuituioaiga），萨摩亚国家法院和司法部为他颁发了酋长证书。是年1月28日，《萨摩亚观察家报》头版、二版以《中国人获得了一个永久性礼物》和《责任的重量》为题予以专题报道。自那时起，在萨摩亚所有媒体报道以及总理讲话中提到他时，均按照萨摩亚人的习俗将图伊图伊奥亚加头衔放在其名字前面，中间为其名字维捷 Weijie 的缩写，最后则为他的姓氏，即 Tuituioaiga W. Weng。

萨摩亚的酋长头衔一般带有世袭制，他们往往被赋予神话和传奇色彩，被视为上帝的后代。萨摩亚历史上有四大家族，也就是四个最有威望的酋长头衔，其称号分别为图普阿·塔马斯（TupuaTamasese）、马列托阿（Mālietoa）、图伊马列力法努（Tu'imaleali'ifano）和马塔阿法（Mataafa）。1962 年萨摩亚独立时，图普阿·塔马斯家族的米阿沃利（Meaʻole，1905—1963）和马列托阿家族的塔努马菲利二世（Tanumafili II，1913—2007）被选为国家终身元首。萨摩亚每个家族的酋长都有一个头衔，单从头衔就可以分辨出该酋长及其家族在历史上和社会上的地位。萨摩亚现任总理图伊拉埃帕（Tuilaepa）家族也属于四大家族之一，从其前缀 Tui 上便可知晓。而翁维捷的头衔也有前缀 Tui，这足以说明此头衔的家族地位和社会地位。这是法雷瓦奥村那位 102 岁的老人特意将自己的头衔传授给他，而翁维捷对于这位长者的关爱也赢得了其整个家族的尊重。每年老人生日之际，他都会为这个家庭定制生日庆典上用量最大的蛋糕和冰激凌，2016 年老人百岁生日时，他还特地送去一台轮椅。老人的一个孙女曾是翁维捷的早期员工，如今定居托克劳，但她每次回国的第一站一定是翁维捷办公室。现在老人的小孙女是公司秘书，负责全公司的文书资料。①

2018 年 9 月底，聊城大学与萨摩亚国立大学合作举办第三届太平洋岛国高层论坛。会后，代表团专家提出走访一户当地人家，我没有与翁维捷商量，便带领大家径直去探望了这位百岁老人。事后当我与他谈起此事时，他马上说道：老人家的身体不太好了，最近在输液，谢谢你们啊。话里话外，那是他至亲至爱的家人。图伊图伊奥亚加，一个酋长头衔，一条中萨友谊的纽带，将这家人与翁维捷紧紧联结在一起。

---

① 详见"远山文艺"公众号推送文章《我的妻子是中国人》。

酋长，对于萨摩亚人来说，意味着权力与威严，但对于华人同胞来讲，则意味着奉献和责任。众所周知，萨摩亚盛行分享文化，每逢大家庭和村子里有婚丧嫁娶等重要事宜时，需倾全家乃至全村之力，而往往这个时候，也是翁维捷奉献爱心的时候。令人感佩的是，他从未心生厌倦。而他的社会责任感，也从不局限于某一户人家或者某一个村子。他是萨摩亚敬老院的常客，每次前往都会捐款捐物。2018年9月，一位中国汉语教师在萨摩亚遭遇抢劫身亡，翁维捷主动承担起了善后工作。他在华侨华人中组织捐款，为所有处理善后工作的领导、教师、家属提供免费餐饮，还苦口婆心地为家属进行心理疏导。

（六）

"萨摩亚是一个美丽的地方，来到萨摩亚你一定要发现她的美。希望你们多多宣传萨摩亚，让大家都知道萨摩亚。"

"我想以我母亲的名义设立一个基金会。我在国内制作了二十套石桌石凳，每一个石凳背面都刻有我母亲的名字。我把它们全部安装在海滨路路边和旅游文化村里了。不过绝大多数被偷了，现在只剩下文化村里的4套了。我不生气，怪我没有加固好。"

"我要在你们回国之前把韩国料理店开起来，在那里为你们送行。"

每次见到他，他都会有新的目标，他也在努力践行着自己内心的承诺。

翁维捷在萨摩亚创业已有10多年时间，其经营规模不断扩大，投资领域也日渐拓宽。目前除了经营四家大型百货零售超市外，还配有两辆送货车，定期沿萨瓦伊岛和乌波卢岛为100多家小型店面送货上门。2016年，他刚刚建成了一座拥有12套客房的酒店，一个敢和麦当劳叫板的快餐店DMC。2017年，又获批上马了一座烟厂。2018年，新装修的一座有9套客房的公寓已经出租，韩国料理店也正式开业。2021年10月，他的第7家DMC连锁店开业。

"我在海边购置了六英亩土地，我想再填海十二英亩，种满各种鲜花，等我老了免费向大家开放。"谈起他购置的一块海边空地，他的设想让人充满期待。尽管填海12英亩的计划由于未获萨摩亚政府批复而搁浅，而1.5英亩的填海批示加上原有的6英亩土地足以让他实现建造一座海上栈桥的梦想。一座中式四合院，古朴的檐廊和围墙，一院子的花香，空气中弥漫着海风的气息。一座伸向大海深处的栈道，还有一把蒲扇，一个摇椅……他向我们描绘着他心中的晚年景象，此景此情，仿佛中国江南小镇的某一处庭院。他希望借这一处院落向萨摩亚民众传播中国传统文化，接待来萨的亲朋故友，同时也让萨摩亚的华侨华人减轻一些思乡之苦。

在所有的期待和梦想之中，办一所学校应该是他最大的愿望了。

"我有一个梦想，我想办一所学校。萨摩亚教育很落后，我要用一己之力一点点改变她，我在这里赚到了钱，我要把它捐出去，回馈给萨摩亚人民。我知道对我来说，这个梦想遥不可及，但我要把这个梦想说出来，让它时刻提醒我，我有使命在肩。到时候，我希望你们能够回来当老师。"

他说得那么真诚，让我们无法拒绝又满怀期待。通过对汤加、瓦努阿图、萨摩亚和美属萨摩亚的走访考察，笔者深切地体会到华人同胞希望有一所中文学校的愿望。鉴于太平洋岛国的教育质量的确与国内相差甚远，许多长期在外打拼的华人同胞，不得不将孩子留在家乡托付给父母或者亲友。另外，中国政府每年为岛国学生提供一定数额的政府奖学金，用以资助那些到中国留学的大学生，但因汉语基础太差，这些学生在中国的学业也颇受影响。在萨摩亚兴办一所华人学校，应该是所有在萨华侨华人的心愿。

"你知道吗？在首都西边有一座华人公墓，许多墓碑上刻着'龙来千里'、'龙在他乡'的字样。我百年之后也要葬在萨摩亚。在萨摩亚有一种埋葬方法是站着下葬，我就要嘱咐我的儿子把我站着葬在这里，面向西北方向，祖国所在的方向。"翁维捷不止一次地跟我提起他的身后安排，令我十分诧异。

"我是铁打的营盘,你们是流水的兵……我要永远守在这里,若干年后,待你们回来,我还在这里。"许多时候,他的话富有诗意又寓有哲理,还带有淡淡的忧伤。

"我喜欢这个国家,我想为这个国家做更多的事情。"也许在常人看来,回馈这个国家的方式有很多,但在他看来,他要彻底融入这个国家,方可显出他的赤诚与热情。有时候,他就是这么一个纯粹而又执拗的人。

"去过黑沙滩吗?那是我最喜欢的地方。我一个人去过不下二十次,每一次感受都不一样。当一浪一浪的海水涌上岸边又退去的时候,海滩上那些深深浅浅的脚印荡然无存,什么都没有留下。"

黑沙滩,当地人称为 Aganoa Black Beach,位于乌波卢岛西南海岸。这是一片宁静的海域,在一片茂密的原始热带植被中开辟出一条单向车道,离主路有几千米车程,只有四驱车方可驶入。这片海滩被环抱在一片半圆形的水域之中,一波又一波的海浪冲向海滩,洗刷着岸边的岩石,许多珊瑚礁被冲刷得通体泛白,唯独黑沙滩,依然静候在那里。翁维捷特别偏爱这一方水域,或许源于她那密林深处的幽静,抑或源于那充满神秘的黑色。在我看来,每一片海域都会被海水冲刷得了无痕迹,他却从中读出了某种哲理性的东西。每一次,他都会带着不一样的心情将自己投身于那片半圆形的温柔海湾。每一次,他又会被黑沙滩那宁静沉稳的禀性所感染,带着一颗博大宽仁的心离开。

在翁维捷的办公室里,挂着一副对联:抚琴弹月色,洗剑动清泉。这是他最喜欢的一副对联。古琴一把,与柔美的月色相望,清泉边上,孤独的剑客在彷徨。对于一位长期漂泊海外的游子来说,其中意境应该最贴合他的内心世界。

在萨摩亚工作期间,翁维捷是我接触最多的一位华人老板,是一位充满阳光、向往诗意、心胸大度、善良宽厚的老板,在他身上凸显出的那些不可思议令人诧异:他略带孩子气的笑容与他几千万的资产不相符;他稍显文弱的身材与他宽广的胸襟不相符;他家族式的经营之道与他现代化的思维不相符……他就是这样一个人，一个充满家国情怀的人，一个愿意感染他人的人，一个愿意为萨摩亚代言的人，一个有着博大胸怀的人。

2022年1月，翁维捷把萨摩亚所有产业交由儿子管理，他又转至斐济开拓新的百货市场。2022年7月，其第一家斐济百货商场开业。

二 施祖杰

与萨摩亚华侨华人接触久了，大家总会提到萨摩亚"三杰"，起初笔者以为是萨摩亚名胜或者物产，直到有一天见到翁维捷经理后方才知道，"三杰"原来指的是中国同胞中的三位杰出企业家，他们的名字中都带有一个杰（捷）字。就这样，施祖杰走进了我们的视线。①

与施祖杰第一次会面源自一个偶然的机会。2016年5月，翁维捷邀请老师们聚餐，施祖杰也在现场。高挑的个头，英俊的脸庞，透出一股不可一世的高冷；操着福建人特有的有些拗口的普通话，夹杂着北京人常有的儿化音，又有一股不拘一格的浪荡劲儿；整晚上把持着那支麦克风，一首一首飙着高音，傲气中带着些许自负，这是我对他的最初印象。对于我这样一位外冷内也冷的女性，自然也不会去主动接近他。直到2017年7月，第二批教师团队中的秦建波老师协助中国驻萨摩亚大使馆拍摄中萨农业技术合作宣传片，我才与施祖杰第一次正式接触。我们交谈了一个多小时，参观了他的诺丽酵素加工厂。2018年10月，中央电视台新闻频道摄制组分两组赴太平洋8个建交岛国拍摄《命运与共》纪录片。②当摄制组到达萨摩亚时，施祖杰作为中萨友好协会副会长，我作为中国援助萨摩亚教师工作队队长，共同参与接待任务，我与

---

① "三杰"中的黄至杰见本章第五部分。
② 这八个国家指的是2018年10月前已与中国建立外交关系的国家。分别是萨摩亚、巴布亚新几内亚、斐济、瓦努阿图、密克罗尼西亚、汤加、库克群岛、纽埃，2019年9月，所罗门群岛与中国建立外交关系，基里巴斯与中国恢复外交关系。

他才有了进一步接触,不过也仅限于程式化的工作而已,并未进行过正式访谈。直到 2018 年 11 月的一天,我突然意识到我要离开那个国家了,也许今后只能在自媒体中见到大家的一丝动态,我的心中倍感不舍。尤其是在萨工作三年,受到了同胞的诸多关爱,也目睹了他们的奋斗经历,决定回国后为他们撰写一本奋斗史。于是我加快了对萨摩亚华侨华人的采访速度。而对于这样一位在萨摩亚华人同胞中名震一时的传奇式人物,书中如若没有他的痕迹,只能说明我的工作不够到位,别无他由。

电话打过去,约好了时间地点,我驱车如约到达他位于阿皮亚西部瓦泰勒村(Vaitele)的仓储办公室。一座二层厂房,与周围民居形成鲜明对比。待我坐下之后,我们彼此心照不宣地相视而笑。我顿时感到,我们之间存有太多的不应该。在这遥远的大洋深处,不应该在彼此心里有一道不远不近的距离。在萨摩亚工作三年,1000 多个日日夜夜,不应该在离开萨摩亚之际才开始这样一次正式交谈。萨摩亚华侨华人约有 1000 人,他是为数不多的大型批发商之一,他经营的公司是萨摩亚税收的主要支柱企业,不应该等了这么久才让他走进我的采访视线。

(一)

施祖杰,1979 年 10 月出生,福建福清人。1995 年福清海瑶中学毕业后考入元洪师范学校。1998 年毕业后进入当地一所小学任教。2002 年赴汤加创业,2007 年到萨摩亚打拼。上有 3 位姐姐,他是家中唯一的男孩。目前父母在国内生活,大姐在英国定居,二姐、三姐分别在汤加、新西兰定居。

施祖杰的父亲是当地一位颇有名气的石匠,这让施祖杰的家境较为殷实。1981 年改革开放初期,他的父亲就成立了一家拆迁公司,很快发展成为当地少有的万元户。可以说从祖杰记事起,就过着衣食无忧的日子。直到 1986 年,父亲从四川购进一批四川特曲,触及了当时特定的计划经济政策而被追查,家道中落,一贫如洗,并欠下了月息 1 厘的高息贷款两万五千元,让那个六口之家跌入谷底。凭借着早年石匠的手艺,施祖杰的父亲跟随一位福建著名爆破专家陈绍潘开始走南闯北,让家庭重燃希望。① 也许上帝在给你关上一扇门的时候,真的为你打开了一扇窗。只是,需要你自己把握好飞出窗外的时间和方向。毋庸置疑,施祖杰的父亲就成功地把握了机遇与方向。福清人向来不惧怕失败,他们可以身价百万,也可以一贫如洗,他们可以有一万次的从头再来,但他们从不言败,始终有股拼劲儿和闯劲儿,施祖杰的父亲就是这样一位福清人。

正当祖杰父亲凭借着天资聪慧和不懈努力,让一家人再一次过上丰衣足食的生活时,厄运从天而降,这一次差点儿要了祖杰的命。14 岁那年,他在村子里意外被撞,肝脏粉碎性破裂。经过 8 个多小时的手术,才保住了性命。让人不可思议的是,当时只有 14 岁的他,被撞后凭直觉拒绝了乡镇卫生院的救治,拒绝了好心人的热水,指挥家人直接把他送至福清市医院急诊科。如今,他对于自己的那份沉着冷静的欣赏程度已经远远超过了当初的伤痛,谈论起来一副蛮骄傲的样子。

"天将降大任于斯人也,必先苦其心志,劳其筋骨","冷静、沉着,他必将成长为一位有出息的青年"。想必,这是当时整个家族对于他的评价和期望。

家中唯一的男孩,父亲生意场上的得力助手,福清海瑶中学的高才生,施祖杰仿佛一出生就被家里人寄予了厚望。初中毕业后,他以 511 分考入元洪师范学校。(总分 540 分,当时元洪师范学校录取分数线高于福清一中)。20 世纪八九十年代,中等师范学校是广受欢迎的中专学校,因其包食宿、包分配而被老百姓认定为一入校就捧上了铁饭碗。许多家境不算富裕的学生会主动放弃高中教育,就读师范学校。因此,有时候,考入师范学校比考入重点高中还要有难度。施祖杰的选择并非出

---

① 陈绍潘,高级工程师,1975 年毕业于南方冶金学院矿业系采矿专业。从事金属矿山开采与爆破高新技术开发、设计、施工管理工作三十余年。贵州爆破网,http://www.gzbpw.com/news/45.html,访问时间: 2021 年 2 月 17 日。

于家境问题。经历过肝脏粉碎性破裂后,他的身体免疫力急剧下降,几乎每个月都会大病一场,考虑到高中阶段的高强度学习,老师建议他选择了中专学校。

元洪师范学校的很多毕业生被保送到师范大学深造,而后回校任教,当地一批书法、美术界的名人也均毕业于这所学校。为了适应小学教育,师范学生除了三字一画要达标外(钢笔字、毛笔字、粉笔字、简笔画),普通话要达到二级乙等以上,语、数、外、教育学、心理学等必修课程必须合格,手风琴、钢琴、脚踏风琴、舞蹈等也要选修一两门。可以说,一个合格的师范学校毕业生可以胜任小学阶段的任何一门课程。正是由于师范教育是全科教育,几年下来,师范毕业生明显地要比同龄人成熟许多。师范阶段储备的技能、素养会让他们受用一生。施祖杰也是如此,他处理业务的果敢、言谈举止中的稳健很难令人相信他是一位1979年出生的年轻人。

1998年师范学校毕业后,施祖杰回到一所乡镇小学任教,担任数学和体育老师。彼时他的父亲经过近10年努力,已经拥有一支庞大的施工队伍,家里也盖起了当地第一栋别墅。但天有不测风云,1999年,祖杰父亲与几位朋友赴云南合伙经营轧钢厂不到一年时间,为响应国家节能减排号召,轧钢厂关闭,损失几千万元。加之其大姐养殖黄花鱼亏损,家庭经济状况再度跌入谷底。作为家里唯一的男孩子,已经成人而又天性要强的他,决定辞职下海,重振家业,为父母撑起一片天。

(二)

福建境内峰岭耸峙,丘陵连绵,山地、丘陵占全省总面积的80%以上,素有"八山一水一分田"之称。地少人多制约了福建经济发展,也造就了福建人出国闯天下的传统。2002年7月,施祖杰启程远赴汤加,投奔二姐一家。当时姐夫给他开出月薪5000元的高薪,是他作为小学教师工资的6倍。

"我当时算着,在汤加工作一年相当于在国内工作6年,在汤加工作5年就相当于国内工作30年，都差不多可以退休了，蛮划算的。"他一边笑着一边说道。可以想象得出，这个工资待遇对于一位20岁出头、刚参加工作不久的年轻人的确极具诱惑力。于是，他辞去工作，只身远赴汤加，带着他的梦想，还有他的初恋。

汤加，南太平洋岛国中最后一个君主制国家，全称汤加王国（The kingdom of Tonga），由173个岛屿组成。从最北端的岛屿到最南端的岛屿有800千米左右，其首都所在的主岛也是全国最大的岛屿努库阿洛法（Nuku'alofa）位于南纬21°，西经175°。从某种意义上讲，这个国家位于南回归线附近和国际日期变更线附近，是每年太阳北移的临界点和全世界第一个迎接新的一天的国家。尽管汤加只有10万人左右，但华侨华人却有4000人左右，远远多于萨摩亚华侨华人数量。施祖杰的二姐在汤加第二大岛瓦瓦乌岛（Vava'u）经商。此岛有小夏威夷之称，风景优美，但生活、交通极为不便。飞往汤加首都的航线主要有斐济、澳大利亚、新西兰等国部分城市，航班以中等客机居多。但从首都前往瓦瓦乌岛则为小型飞机，颠簸严重，第一次乘坐这样的小型客机的确需要一番勇气。施祖杰倒了几次航班最后坐上了一架小型客机，这让他的心理落差降至冰点。他清楚地记得，姐夫开着面包车接他回家。一路上看到马路两边泥土飞扬，猪屎满街，还有光着屁股四处乱跑的孩子们……而他给姐姐帮忙的公司其实就是一家小商店，像极了当时中国农村的合作社，祖杰顿时有一种虎落平阳之感。从一个在中国经济较为发达的省份、一个富裕的家庭到一个贫困的太平洋小岛上，他无论如何也接受不了。不只是巨大的心理落差，还有无奈、绝望以及当初那份立志闯出一番天地的勇气、有朝一日可以衣锦还乡的理想的幻灭。

看出了祖杰的失落，第二天，姐姐专门到一家中餐馆点了他爱吃的几道家乡菜，没想到这又给施祖杰失落的心理雪上加霜。几个纸箱子堆起来就是餐桌，一箱鱼罐头就是餐椅，他怎么也回不过神来。

"吃饭不是要餐桌的嘛。"施祖杰在心里嘀咕着，眼泪啪嗒啪嗒地掉在碗里，和着米饭吃进肚子里。他给母亲打了电话，母亲当即让他回家。但刚一出国就回去了,脸面上过不去,他咬咬牙留了下来。衣锦还乡只是每一位出国打拼的同胞向往的第一步,有朝一日能够光宗耀祖、造福一方才是他们更高的目标和追求。

20年前,互联网刚刚起步,社交工具尚不普及,电话费又十分昂贵。施祖杰没有地方倾诉他的失望、苦闷、孤独、无奈,只能夜深人静时,趴在床上给女朋友写信——祖杰的女朋友即现在他的夫人,一位典型的福清女子,端庄、贤惠,有些瘦削,但非常聪慧,内心也足够坚忍。

"当时往国内打电话非常贵,20潘加能通话6分零37秒。"[1] 时隔这么多年,施祖杰对于这个数字记得还是那么清晰。20潘加是姐姐每个月给他的电话费,但那已经不仅仅是一个数字了,而是他在那段艰苦岁月中的一份寄托,一声遥远的问候。6分37秒是他要在最短的时间内尽可能多地表达自己的思念之情。时下,现代科技已经远远超出了人们的想象,各种语音、视频工具应有尽有,话费也越来越便宜。沐浴在现代科技中,高山、大海已经无法阻挡人与人之间的联系。而在20年前,这一切都是无法实现的梦想。

施祖杰与女友是中专期间在一个舞会上认识的,出国前,两人已经交往了4年。

"临走前我对她说,三年后我会回来。到那时如果你有了意中人,我不怪你,如果你还没有出嫁,我一定娶你。"就这样,施祖杰每天晚上给女朋友写一封信。因邮寄费十分昂贵,寄一封信需要贴0.8潘加邮票,他就累计一周,攒够7封信邮寄一次。待这些信件随着邮轮越过太平洋抵达女朋友手中的时候,已经是一个月之后的事情了。就这样,施祖杰一连写了18个月540余封信,迎来了他在异国他乡的第一个春天。

记得木心老人有一首诗作《从前慢》感动了无数人:

---

[1] 潘加,汤加王国货币,现在1潘加约合人民币3.1元,2002年时,一潘加约合人民币5元。

记得早先少年时，
大家诚诚恳恳，
说一句，是一句。
清早上火车站，
长街黑暗无行人，
卖豆浆的小店冒着热气。
从前的日色变得慢，
车，马，邮件都慢，
一生只够爱一个人。
从前的锁也好看，
钥匙精美有样子，
你锁了，人家就懂了。

施祖杰仿佛就是那位寄信的少年，有一位远在家乡的女孩，牢牢地锁住了他的内心，只为等待他的消息，他的归来。施祖杰的爱人师范学校毕业后入职一所小学任英语教师。因为当时两人均没有达到法定结婚年龄，也没有谈论过婚期。而等到了法定年龄，施祖杰又远走太平洋岛国。就这样，两人谈了一场长达 8 年的恋爱。这场恋爱跨越了太平洋，也跨进了一个新世纪，从 1997 年到 2005 年。

在笔者的要求下，施祖杰拿出来几封信摆在我的面前。他用来写信的纸不是信纸，而是从作业本上撕下来的横格纸。纸张已经泛黄，但字迹清晰可见。有些信纸上还有眼泪的印迹，一滴一滴，十分清晰。

"现在店里没有生意，闲着无聊，所以给你写一封家书。写到'家书'两字时，忽然想起一句古诗'烽火连三月，家书抵万金'，心中不免有点惆怅，不知不觉我们已经分别了四百多个日夜，四百多个魂牵梦绕的夜晚……"

"你真的无法体会到我的心境，我真的不知道怎么去快乐。因为没有一件能让我心里感到愉悦的事情。而且一想到你在家里遇到困难那么无助,都令我无法入眠。我现在每天睡眠时间大概只有3小时……"

"也许你抱怨我剥夺了你应该拥有的 happy time,我除了引以为憾之外,只能期待将来能与你更多的补偿……"

简单摘录了几小段,施祖杰的孤寂、失望、无助、思念,跃然纸上。那还是一个少年的文笔,单纯而青涩。在那个贫穷、落后的小岛上,能让他感到一丝安慰的也许就是每天晚上提起笔来的时候,他说那是他的寄托,是他坚持下去的精神支柱。时光不过才过去了10多年,但仿佛过去了一个世纪,没有经历过那段岁月的人,是无法想象在没有任何联系方式的情况下,两个年轻人单靠着书信熬过了几百个日夜。

在店里,施祖杰主要帮姐姐搬运货物。因货船每次停靠时间有限,货物必须在规定时间内搬完。所以每次船一到岸,祖杰就像打仗一样,以最快的速度抢运货物。因为汤加人特别爱吃糖,姐姐定的砂糖进货量很大。每次搬运砂糖的时候,他都是扛起一包300斤重的糖一路小跑。这样的日子基本上每周都要重复一次。而且船到港的时间常常是三更半夜,所以每周至少有一个晚上整夜无法休息。高强度的体力劳动让祖杰落下了腰椎间盘突出的伤病。如今,十多年过去了,一遇到阴雨天,施祖杰的腰部还会隐隐作痛。

施祖杰是一个有想法的人,也是一个在行动力上超出同龄人的年轻人。他在脚踏实地地干,也在朝着自己向往的目标默默努力。启程赴汤的时候,他随身带了英汉词典和许国璋英语教程,店里不太忙的时候就躲在一边学英语。可以说,除了恋人之外,英语是他的第二个寄托,以至于他的学习劲头到了入魔程度。小岛上的白人都害怕见到他,因为一见到他,他就拽着人家陪他练习口语。功夫不负有心人,施祖杰现在可以自主处理英语邮件、文件,与政府各部门打交道。为了检验自己的英语水平,他还在新西兰报考了雅思考试,一举拿下6.5的高分。

"很感谢这份打工经历。尽管我吃了很多苦,但也历练了许多。之所以能有今天的成功,不是我比别人聪明,而是我比别人承受了更多痛苦和委屈。"坐在他的对面,听他畅谈着自己的过往,我很难把他描述的那个年轻人与现在的他联系起来。我无法想象外表潇洒的他还有那样一段凄美的爱情故事,帅气十足的他曾经整夜整夜地扛麻袋,孤傲高冷的他曾经缠着外国人练口语……

施祖杰在姐姐店里帮工18个月后,攒下了第一笔启动资金,他大胆地开启了自己的人生马达,在那个小岛上独自打拼。他买了一辆二手面包车开始送货。瓦瓦乌岛面积不大,经营者大都认识,而且店主们对于这位中国小伙子印象不错。没有钱进货,祖杰就靠着积攒的人品赊货,慢慢地滚动起来。①

就这样,施祖杰在汤加待了足足31个月之后,他要回家迎娶他的新娘了。2005年2月14日,他回到国内,与女朋友完婚。一个月后,他再次回到汤加,只是这一次,他有了更加清晰的目标,夫人已经怀孕,留在国内待产,他要为他的家庭闯出一片更广阔的天地。

"我回国的目的很明确,出来的目的也很明确。等我2007年再次回国的时候,女儿已经一岁了。当时女儿根本不认识我,看到陌生的我就一直哭,边哭边喊着'叔叔赶紧离开我们家'。她哭,我也哭。那种感觉你懂吗?那是人生的另一种痛苦",祖杰的眼里随即泛起泪花。自古人们在描述游子归乡时,大都用"近乡情更怯""少小离家老大回……儿童相见不相识"等诗句,但无论如何也抵不过他的一句"人生另一种痛苦"来得情真意切。

其实施祖杰这次回国还有另外一个原因,2006年年底汤加发生暴乱,许多华人商店遭到破坏,华人同胞中有的前往大使馆躲避,有的回国,也有的转到其他岛国谋求发展。2007年春节过后,刚刚与妻女团聚的祖杰收到岳父邀请,岳父开出了丰厚的任职条件。明眼人一看是岳父心疼女儿、外孙女,想要留住他。但是施祖杰没有动摇。在他看来,他若留在国内意味着放弃自己的事业,没有自己的生活。若前往太平洋岛国,夫妻两人虽清苦一些,但那是两个人的日子。他征求妻子意见,

---

① 汤加同萨摩亚一样,百姓住在村子里,每个村子均有小型超市,主要出售生活必需品。每周会有批发商送货上门,祖杰的起步就是从上门送货开始。

是否愿意与他一起到萨摩亚发展。没想到，妻子不假思索地答应了：

"我跟你去。"简简单单四个字，意味着夫人已经不仅是一个家庭成员了，而是一位与他风雨同舟的战友。

商机从来不会主动找上门来，它需要敏锐的观察和果断的行动力。施祖杰这次回国时在萨摩亚转机。他特意利用几个小时的转机时间，到阿皮亚考察一番，他发现萨摩亚商机非常好，而且当地民众友好和善、微笑待人。回到国内后，他一直对萨摩亚念念不忘。尚未启程，施祖杰便先期在国内发出了第一批货物——地点，萨摩亚。

2007年7月，施祖杰身背笔记本电脑和一台打印机，与妻子回到他梦想起航的地方，实现他人生的第三次起飞。

（三）

如果说汤加是施祖杰被迫选择的谋生之地的话，萨摩亚则是他主动撬动人生财富的一根杠杆。

再度创业，依然艰辛。刚到萨摩亚时，施祖杰夫妇租住在朋友介绍的一间仓库里。当时爱人怀着二女儿，他在租住的地方搭建了一间卧室和一间简易厕所，这是他能够为爱人争取的最好的居住场所。直到现在，谈起二女儿，他都满怀愧疚，二女儿身体一直不如大女儿壮实，牙齿发育不好，这些他都归因于创业之初生活艰辛造成的营养不良。

2007年9月26日，施祖杰的第一个货柜抵达萨摩亚，赢利1536塔拉，他宴请了亲朋好友和所有员工，庆贺他在萨摩亚旗开得胜。接下来，凭借在汤加的销售经验，他逐步拓宽了进货渠道，印尼、美国、中国……他的货物来自多个国家。2009年，他赚到了人生第一个千万。短暂的成功让他开始飘飘然。他不顾家人和朋友劝说，把生意抛在脑后，开始四处游玩。也许想象中的成功很难，但真正到来得太快、太容易，他一时失去了方向。这样的日子大概持续了5年之久，岛上的中国人逐渐增多，竞争也越来越强。直到2014年的一天，施祖杰突然意识到，他是第一个抵达萨摩亚的福建人，他要重整旗鼓，东山再起。面对日渐苍老的父亲,他郑重地许下承诺:"再给我三年时间,我还会让你看到一个成功的我。"福清人有一个最大的特点:果敢和坚韧。看准了的事情,上天入地也要完成。施祖杰做事情就有股韧劲儿,他玩起来投入,拼起来也投入。三年之后,他实现了诺言。不但如此,他还不断拓展业务空间,敢于向未知领域进军。他建起了海参养殖基地,和其他股东联手购买了陈承恩的诺丽酵素加工厂。2015年开启了建材超市以及6家日用品连锁超市,2018年萨摩亚第一个华人汽配超市开业。

诺丽酵素原料为诺丽果（Noni）,学名海巴戟（Morinda Citrifolia）,别名海巴戟天,为茜草科,主要产地在南太平洋岛国如斐济、瓦努阿图、萨摩亚、库克群岛等。这是一种常绿小型阔叶灌木,果实大小如土豆,形状也颇像土豆,只是通体泛着草绿色。据研究,诺丽果实富含酵素和矿物质,可以帮助消化,治疗皮肤损伤、关节炎和肺炎等。据说早在两千多年前,南太平洋各岛国就长有大量诺丽果树,而且岛民还将其作为治疗和保健神果。但直到最近十余年,诺丽果才被开发成商品,开始将其果实制作成诺丽汁和诺丽粉出售到亚洲、欧洲等地。目前在萨摩亚主要有6家诺丽果加工厂,其中萨摩亚人经营四家,中国经营者有两家,每年总产量有240吨左右,主要出口美国、中国、日本、德国等国家,其所用原材料均为天然野生诺丽果。目前运用诺丽果开发的产品除了保健品诺丽酵素外,还有香皂、乳液等洗化用品。2017年7月,笔者与秦建波老师专程参观了施祖杰的诺丽酵素加工厂。因对诺丽酵素并不了解,只能从外观做一个大致判断。设备新、工序严、存量大是我们的总体感觉。

在我与施祖杰交谈的两个小时的时间里,祖杰处理了几笔业务,他熟练地操控着电脑,仿佛指挥着千军万马。谈及他的经营之道,他略有所思地说,要借助现代科技,理性管理,解放劳动力,实现利润最大化。对于太平洋岛国大多数个体华人企业来说,这确实是一个非常实用的建议,但也是一项挑战。正如许多人看到的一样,岛国多数华人企业采取家族式经营和过于人性化的管理。这纵然有家庭和人脉原因,但也造成了一些不必要的资源浪费。相反，施祖杰运用软件实现了人机对话，所有货物全部录入电脑系统，进出一目了然，需要补的货也及时明了。

萨摩亚是他放飞梦想的地方，是他的第二故乡。

（四）

"我一直有一个梦想，等我55岁以后，孩子们都成年了，我有了一定的物质积累后，我还要做回老师。我会带上爱人，去偏远地区建一所学校，如果到那时，中国还有不发达地区的话，我会去帮助他们，我相信我的实力。"

采访最后，施祖杰补充了这样一段话。他说得很认真，很投入。其实，在岛国的许多华侨华人对教育都有一份特别的期待。我在几篇教育咨询报告和相关文章中也论述过教育援助的问题。希望通过政府和民间两个层面共同援助太平洋岛国的教育发展。具体到民间层面，主要是借助于当地华侨华人力量，兴建华语学校，解决华人子女汉语水平和理科学习问题。

萨摩亚成就了他，他也在努力回馈当地民众。他挑头成立了中萨友好协会，希望借助协会做一些力所能及的公益事业。2018年10月，中国中央电视台新闻频道到萨摩亚拍摄《命运与共》专题纪录片，他向笔者所在学校瓦伊玛乌阿中学（Vaimauga College）捐赠了学习用品。2018年11月，笔者前往萨摩亚受害人救助中心采访，他派员工送去了大米、儿童食品等生活物资。而救助中心的负责人陈妈妈对他非常熟悉，称祖杰经常捐助他们，是他们救助中心的常客。但他迟早要回到中国去，这是他的愿望，也是他一直不在萨摩亚购置固定资产的原因。

施祖杰不是一位只管低头拉磨的企业家，他对于自己要走的路十分清楚。在中国人看来，仿佛只有土地、房子才是永恒的依靠，施祖杰并没有这种想法。施祖杰目前经营着一家大型批发仓储，几家大型零售超市，一家诺丽酵素生产厂，一处海参养殖场，只有批发仓储是购买地皮后自主建设的，其他均为租赁。

"一个人赚取的财富只能说明你的个人价值，并不能完全代表你的社会价值。所以，我要对社会做更多有意义的事情。"他平静地诉说着心中的梦想，他对于财富的看法、对于人生的理解。我知道，想当初那个离开爱人、远走汤加的年轻人不仅实现了他对于财富的追逐，也有了更为广阔的人生格局和更为远大的梦想。

"我知道到那时，我的许多观点、方法都过时了，我要学习，与孩子们一起学习，或者至少我可以教小学英语吧。"他明白，以他师范毕业的基础可以去教书，但是相较于社会的进步、教育理念的更新，他的基础显然让他不能胜任，他需要去充电，去补充能量。

施祖杰的想法并非一时兴起，自从他踏出国门的那一刻，他就有了这个想法，"只是当初出来的时候，没有经济实力，但我迟早要回到中国做一名教师"。他说得很乐观，很有信心。其实，施祖杰就读的元洪师范学校就是一所侨办公立学校。由福清爱国华侨林绍良、林文镜于1986年捐资两千多万元兴建创办。2002年，经福建省教育厅批准，改为福清元洪高级中学。祖杰回国捐资兴学也一定是受了家乡人这种捐资助学风气的影响。

"2009年我拥有人生第一个千万的时候，我想如果可以让我用这些财富来换取我10年时光的话，我还会回到我工作的那所小学，我幻想着站在田径场上，站在讲台上的样子，真有那么一天的话，我想我就不会离开了。"没有想到，许多人总是幻想着，如果有一天可以富甲一方，一定要做一番惊天动地的事情，但是他却反其道而行之。他热爱教育，无论身处何方，他都会关注、助力教育事业。同样，他热爱生养他的那片土地，他希望有一天回到祖国，尽一己之力资助祖国的教育事业。

> 人生到处知何似，应似飞鸿踏雪泥。
> 泥上偶然留指爪，鸿飞那复计东西。

他有鸿鹄之志，独自在太平洋上空飞行20载，每到一处都留下了奋斗的足迹。如今已进入不惑之年的他，目标更清晰，也更加温情。他始终走在自己的奋斗之路上。

2022年4—5月，中国驻萨摩亚大使馆组织实施"春苗行动"，施祖杰给包括港台侨胞在内的所有萨摩亚华侨华人援助了两针中国医药集团北京生物制品研究所研发的新冠肺炎灭活疫苗，援助总额49128塔拉，合计人民币127000元左右。

三　王培正

王培正，时常听华人朋友提到这个名字，但一直没有机会与他正式交谈。直到2018年笔者回国前的某一天，突然意识到我的华人访谈名单中缺少一位山东老乡，于是决定在离开萨摩亚之前对他进行一次访谈。电话一接通，一口纯正的普通话顿时让我有了一股莫名的亲切感。在萨摩亚工作期间，我所接触的华侨华人中少有北方人。听惯了福建人、广东人那"婉转婀娜"的普通话，突然听到如此纯正的北方腔，心里还是蛮惊讶的。能够说得一口字正腔圆的普通话，他一定受过正规教育，这是我对他的初步判断。

2018年11月1日下午四点，王培正特意选择了阿皮亚最受欢迎的五星级酒店塔乌米亚西娜（Taumiasina）[①]酒店接受访谈，足见他对于本次采访的重视程度。方形的脸盘上架着一副近视眼镜，颇有些书生气息。黝黑的皮肤、有些单薄的身材，外加一身休闲装，让人一眼便知他是一位户外工作者，而且已经习惯了萨摩亚高温炎热的生活，长期的日光暴晒已让他的肤色与当地人无异。由于是下午时间，酒店大厅里弥漫着安静轻松的气氛。随意找了一张桌子，点了两杯咖啡，支起摄像机，我们开始了一场推心置腹的交谈。

[①] 塔乌米亚西娜（Taumiasina）酒店于阿皮亚东部，系2016年开业的一家五星级酒店，因填海而建，华人朋友习惯称为半岛酒店。

（一）

王培正，1980年9月出生，2001年就读于青岛理工大学工业与民用建筑专业，选修给排水专业，2005年本科毕业后入职青岛建工。2007年6月被公司派遣到萨摩亚，任青岛建工驻萨摩亚项目部经理，2012年5月合同期满后回国短暂休整。同年，携家眷回到萨摩亚，独立注册了正建公司，开始自主创业。

青岛建工集团有限公司系青岛市直属国有建筑企业。公司不仅承揽国内大型建筑工程，还积极向海外拓展业务，主要承建中国海外基础设施援助工程。刚刚参加工作不足两年的王培正，就被公司派往萨摩亚担任项目部经理，任期5年。对于一位刚走出大学不久的年轻人来说，只身远赴遥远的太平洋岛国从事建筑行业既是机遇也是挑战。王培正把妻子和仅有3个月大的儿子留在国内，毫不犹豫地出发了。

进入21世纪后，中国与太平洋岛国关系迅速升温，中萨关系稳步发展，中国对萨摩亚援助项目规模大、规格高，数量多。国内多家国企建筑公司均承揽过中国对萨基础设施援助项目。例如，2004年12月至2006年1月安徽外经建设集团有限公司承建的萨摩亚水上中心（Samoa Aquatic Center）[①]、2007年9月至2010年1月天津建工承建的萨摩亚议会办公楼和司法部及法院行政办公楼、2009年8月至2011年10月上海建工承建的萨摩亚新政府办公楼等。王培正所在的青岛建工于2006年承建了阿皮亚公园综合体育设施的维修扩建工程和2009年阿艾利小学（Aele Primary School）建设项目。[②]

阿皮亚公园综合体育设施（Apia Park Sports Complex）由中国政府于1981—1983年出资援建，后于1993年11月至1994年7月对其进

[①] 当地华侨华人及国内媒体习惯称为萨摩亚游泳馆。该场馆总造价6800万元，总建筑面积8910平方米，包括1700人座看台、8泳道50米标准比赛用池、10米、5米、3米跳台、1米跳板及5米深水池。

[②] 系中国政府无偿援助萨摩亚的10所学校之一，2009年9月竣工。

行了维修扩建，由中国体育国际经济技术合作公司承建。维修工程"总占地面积15.83公顷，总建筑面积6034平方米，包括可容纳3000人的体育场一座，952人的体育馆一座、滚木球场和俱乐部、网球场、体育专用设备和器材，以及变电室、售票房、门卫房、路灯等附属设施"。① 在此基础上，2006年和2014年，中国政府进行了维修扩建，分别由青岛建工、上海建工承建。萨摩亚在此场馆先后成功举办了1983年第七届南太平洋运动会、2007年南太平洋地区运动会和2015年第五届英联邦青年运动会。该体育设施也成为萨摩亚各体育赛事和文体活动的首选场所。为了迎接2019年南太平洋运动会的召开，2018年，中国政府对其进行了第三次维修扩建。本次维修扩建由两部分组成，一部分是对于原游泳场馆和阿皮亚公园综合体育设施的维修项目，另一部分是新建一个多功能场馆，可进行羽毛球、木板网球比赛。

5年的风餐露宿、摸爬滚打，王培正负责的项目如期完成，他也积累了承揽海外建筑工程的丰富经验。王培正对于萨摩亚的土壤特点、建筑要求、百姓需求等了如指掌。正当他回国休假准备迎接新的挑战时，青岛建工进行了改制，由国企转为私企，这意味着他被迫失业了。2012年，王培正带上妻子儿子，再次踏上萨摩亚的土地，注册了正建公司，这一次，他要把命运掌握在自己手里。

（二）

经过四年的大学教育和五年的工作历练，王培正延续了在国有企业中的工作作风，目标明确、资质齐全、规划严谨、懂法守法。在与众多的澳大利亚、新西兰和当地知名建筑公司的较量中，他很快树立了公司口碑，成为萨摩亚6家拥有一级建筑资质的公司之一，也是唯一一家拥

---

① 周宝瑞：《西萨摩亚综合体育设施维修项目施工》，《国际经济合作》1995年第9期。

有此资质的中国建筑公司。① 9 年来，王培正在萨摩亚共建造了 130 多栋房屋，包括萨摩亚政府项目、新西兰援助项目、教堂和当地民居。

"现在走在市中心，那些新建房屋至少有一半是我建的。"谈起自己的正建公司，王培正侃侃而谈，骄傲之情油然而生。

2016 年，王培正中标新西兰全额援助的萨瓦亚（Savaia）小学和动物保护协会流浪狗管理中心两个民生项目。这两个项目总援助额度 310 万塔拉。萨瓦亚小学位于乌波卢岛西南海岸的萨瓦亚村，该小学 2016 年开始建设，刚巧当时笔者正在其旁边的雷法阿中学（Lefaga College）任教，对于整个项目的建筑过程十分清楚，与工人们也进行过多次交流。工人们表示，萨摩亚工资确实比国内高，但走出国门后，工资已不是首先要考虑的问题了，而是要把国家荣誉放在第一位，一定要保证工程质量。

流浪狗管理中心位于阿皮亚西部的瓦伊特利村（Vaitele），新西兰政府对其质量要求甚至比普通民居都要严格，该狗舍可容纳 400 多条流浪狗。萨摩亚是一个爱狗的国家，每个家庭至少养有一条狗，有的家庭甚至每个孩子都有自己的狗。但萨摩亚的狗从不拴链子，大街上、村子里时常见到三五条狗踱着四方步闲逛。每到深夜，狗吠声会响彻整条街道。如此一来，流浪狗也多了起来。建设一个流浪狗管理中心的确可以惠及千家万户。笔者曾在咨询报告中多次提到，新西兰的民生援助项目做得细致到位，往往从情感上直击人心。王培正就承揽了这样一个看似不起眼却很惠民的项目。

正是由于正建公司高质量地完成了上述两项新西兰援助项目，2018

---

① 王培正提到的其他五家一级建筑资质公司是：Craig Construction Ltd，萨摩亚本地建筑公司，成立于 1980 年，目前公司雇用员工 200 余人；Ca Bella Pacific Construction，一家新西兰建筑公司，成立以来建造了萨摩亚最负盛名的市中心标志性商业综合楼 Plaza、澳新银行、摩门教堂等；Ah Liki 建筑公司，萨摩亚二代华裔 Ah Lili 家族建筑企业，可以承接政府与民间建筑、桥梁建设等大型项目；Fletcher Construction，一家新西兰建筑公司，其萨摩亚分公司成立于 1987 年，已承揽了萨摩亚教育体育文化部、史蒂文森博物馆等大型项目；Schwartz Construction，萨摩亚当地建筑公司，已经承揽了 Faleapuna 天主教堂、Faleapuna 小学以及 Tanumalala 新监狱等工程。

年才会在众多的投标商中，成功拿下 1000 多万塔拉的滨海大道景观工程（Waterfront）。这是萨摩亚政府城市建设中长期规划的一部分。萨摩亚政府计划在首都阿皮亚北部沿海滨路自西向东修建一条集观光、商业、休闲于一身的现代旅游区，共分四部分完成。第一期工程就是政府办公楼前的核心区域改建，由新西兰政府投资 1050 万塔拉，王培正成功拿下了这一关键性项目。①

新西兰为萨摩亚传统宗主国。萨摩亚曾于 1914—1962 年受新西兰托管。独立后的萨摩亚依然与新西兰保持友好关系，也持续不断地受到新西兰援助。其中基础设施援助方面，新西兰政府一般采用公开招投标方式，参与投标的公司必须拥有一级建筑资质。正建公司能够在与几家大型建筑公司同时竞标中连续拿下新西兰项目足见该公司在萨摩亚的建筑质量和建筑口碑。

"与他们相比，我们的优势在于报价低，但建筑质量有保证。"王培正十分骄傲地说。

对于自己承建的萨摩亚政府自主招标项目，王培正也是滔滔不绝。例如，为了筹备 2014 年 9 月在萨摩亚召开的小岛国会议，② 正建公司承揽了游泳馆改造工程。该工程总投入 1200 万塔拉，自 2013 年 12 月底开工至 2014 年 6 月底结束，耗时 6 个月。为了赶工期，工人们 24 小时轮流施工，确保了小岛国会议的如期举行。紧接着在 2015 年举办的英

---

① 与此项目相配合，中国广东惠州市政府在政府办公楼后面无偿援助了一座萨摩亚文化艺术中心和一个友谊公园。这两个项目占地总面积约 5 万平方米，是萨摩亚民众的文化艺术交流、运动休闲和儿童娱乐中心。该项目于 2018 年 5 月举行奠基仪式，2021 年完工交付萨方使用。

② 小岛国会议指联合国小岛屿发展中国家会议。2014 年联合国小岛屿国家会议在萨摩亚首都阿皮亚召开。本次会议主题为"通过真正与持久的合作伙伴关系促进小岛屿发展中国家的可持续发展"，会议通过了《小岛屿发展中国家快速行动方式》（又名《萨摩亚途径》）的成果文件。文件内容涵盖可持续和公平经济增长、气候变化、可持续能源、减灾、海洋、粮食安全和营养、水和环境卫生、化学品和废物管理、保健和非传染性疾病、性别平等、社会发展、生物多样性等方面内容。小岛屿发展中国家国际会议每 10 年举行一次，前两次会议分别于 1994 年和 2005 年在巴巴多斯和毛里求斯举行。中华人民共和国常驻日内瓦办事处和瑞士其他国际组织代表团经贸处。http://genevese.mofcom.gov.cn/article/wjysj/201604/20160401295691.shtml，访问时间：2021 年 2 月 1 日。

联邦青年运动会的招投标中，正建公司又获得了运动场地翻修和两个运动员村的施工项目。几个大型标志性工程的完成，奠定了正建公司在萨摩亚建筑行业的地位。

萨摩亚建筑大致分为教堂、国家机关、学校、大型商场、民居等几大类型，其中教堂的装修、改建、新建也是正建公司承揽的主要工程之一。据统计，目前萨摩亚共有900多座教堂，分布在全国362个村中。由于宗教信仰已经在萨摩亚落地生根接近200年，教堂建筑年代跨度大，规模、成色、装修各有不同。许多村子会筹集资金新建教堂或者老旧教堂维护改造。兴建教堂的资金主要来源于村民集资和教会捐赠。相较而言，萨摩亚政府机关部门如政府办公楼、法院、检察院、教育部、机场、医院等建筑，在建筑风格和用料上颇为现代，其在外部结构、内部装修及配套设施上与国际接轨。目前萨摩亚接受国际援助项目主要集中在政府办公楼、医院、港口、学校等基础设施建筑。教会和私立学校为所属教会和个人筹资兴建，公办中小学主要由国际援助、政府拨款、村民集资而建。萨摩亚的大型商场多数由经营者自筹经费建好后对外出租，这些大型商场主要分布在首都阿皮亚以及主干道上，与众多简陋的民居形成鲜明对比。截至2022年4月，正建公司已经在萨摩亚兴建了7座教堂、4座大型超市、3座新西兰援助项目、1座美国志愿者协会、1所学校以及众多的民居改造或重建项目，在萨摩亚政府和民间均赢得了高度赞誉。

（三）

机会从来都是垂青有准备的人。在萨摩亚打拼15年来，王培正对于萨摩亚建筑行业的竞标机制、质检机制、建筑风格等已了如指掌。2015年，他成功获批了萨摩亚工程师协会颁发的工程师证书。与国内职称评定一样，萨摩亚工程师称号需要申请者提交本人工程设计方案、已经承建完工的代表性项目以及业主评价等诸多资料，最后还要进行现场答辩，答辩通过方可获得证书。王培正凭借出色的专业知识和正建公司良好的建筑口碑，终于获得了萨摩亚建筑行业的最高认可。

谈到自己的奋斗史，王培正充满感激却又十分理性。在他看来，能够创业成功，首先要感谢中国政府与萨摩亚的友好关系。正是基于10余年中国政府向萨摩亚提供的大量援助，让萨摩亚得以快速发展起来，才让华侨华人在萨摩亚的生产经营环境有了较大改善，中国同胞也广受尊重。其次要感谢萨摩亚政府。他创业的这十几年正赶上萨摩亚国家进入快速发展阶段，政府基础设施建设项目较多，萨摩亚民众对于美好生活的追求也越来越迫切，他们通过银行贷款、海外亲属捐赠和个人所得等筹得款项进行房屋改建。最后要感谢他在青岛建工工作的5年时光。正是自己在这家大型企业出任过5年项目经理，才让他积累了丰富的管理和施工经验。现在正建公司一律按国企管理模式。公司管理层共有一名副总、两名工程师、两名翻译、一名律师组成，所有人员分工明确，各司其职，实行半军事化管理，尤其是对于国内招募来的工人严格执行外出报备、按时作息等制度。

对于初到萨摩亚的中国同胞来讲，萨摩亚在自然地理环境、社会管理机制、文化风俗、生活方式等方面与国内有天壤之别。而且单从民众穿戴、民居结构上很容易让人产生误解，认为这里的人生活随意、居住简陋。的确如此，这个民族过着极简生活，他们可以用面包果度日，可以枕着草席入睡，但他们长期受到澳大利亚、新西兰的文化影响，在建筑风格、建筑质量等方面均参考了澳、新两国标准。因此，其新建项目在建筑材料的使用上甚至比国内要求还高。能在这个国家扎下根来，建造出其政府和民间均满意的项目并非易事。谈起自己的建筑和管理之道，王培正总结了三个原则：

第一，将心比心，诚实守信。

萨摩亚民众普遍以大家庭生活为主，父母兄弟姐妹及子女们生活在同一个屋檐下，共同管理收入与支出。一般来讲，一个大家庭里仅有一两个人有较为稳定的收入来源，他们供养整个家庭的支出。无收入的家庭成员负责种植少量农作物、洗衣做饭、照顾老人和孩子等。因此建造一栋房子并非某个人或者某对夫妻的事情,而是一个大家庭的事情。况且萨摩亚人的整体收入不高,仅仅通过省吃俭用根本支付不起庞大的建筑开支,他们通常需要海外亲属资助和银行贷款的方式筹资建房。

"他们集全家之力建这样一座房子,而且以后要长期住在里面,所以对工程要求很细。有时候,合同上没有的项目也要求建上。或者要求使用比合同上质量更好、价格更贵的材料。这些要求只要在我们的承受范围之内,一般都答应了。尽管这样降低了利润有时候甚至没有利润,但将心比心,口碑本身也是一笔财富。"

王培正自创业以来,从开始饥不择食地有工程就接到现在精选优质客户本身就是用质量证明一切。实际上,那次访谈也是王培正刚刚从工地赶来,正建公司当时有十余家工地同时开工,他每天都忙于在这些工地之间巡视、协调、开会。

第二,遵纪守法、质量第一。

萨摩亚的建筑标准参考了澳大利亚和新西兰标准,在建材使用上一定要严格遵守当地标准。尽管王培正在大学期间所学专业为工民建专业,但对于地理环境、文化传统和语言环境与国内完全不同的萨摩亚来讲,沟通技巧、建筑技术依然在时刻考验着他。在保证了工程质量的前提下,公司必须照章纳税。外界总是传闻萨摩亚是避税天堂,其实不然,尤其是对于建筑行业来讲,绝大部分开支通过银行账户,收支一目了然,严格纳税是企业能够生存和发展的先决条件。另外,鉴于建筑业的危险性时刻存在,要为每一个工人购买全额保险。正建公司现在雇用华人员工40余人,当地员工110人左右,王培正为当地员工全部购买了保额最高的险种。对于购买保险他有自己的观点:"我在萨摩亚从事建筑行业十多年以来,每年都为员工购买保险。尽管我的员工从未出现过重大作业事故,但我并不后悔,这是企业运行的必备要素。它不仅是为我的公司运行提供意外保障,也让受雇于我的员工更加放心地工作。"

第三,避免纠纷,吃亏是福。

由于国情、文化、语言差异,与当地人产生矛盾在所难免。如何化解纠纷，王培正说道："我们这张脸，走到哪里都贴上了中国标签。即使已经加入了萨摩亚国籍、与萨摩亚女性结婚生子也是如此。当地人始终认为你就是中国人。因此在与当地人打交道过程中，最上策是避免纠纷，做好预判，把可能出现的矛盾和解决方案提前准备好。一旦出现纠纷，在维护个人尊严和恪守底线的情况下，尽量大事化小。从小我父母就教育我吃亏是福，有时候吃亏就是占便宜。"没想到，这个1980年出生的小伙子在人际交往中竟然有如此传统和成熟的认识，其在经营过程中还处处彰显出中国传统文化中的怀柔之道。

其实，盖了这么多房子，难免会与当地人产生纠纷。例如，按照合同要求，分期支付工程款，其中30%的尾款须在交付使用后支付。但王培正迄今还有几笔尾款没有收回来。这主要是正建公司处于起步阶段时，在客户选择上没有严格把关。现在，拥有了一级建筑资质、良好的信誉和口碑后，正建公司筛选客户的标准严格起来：如优先考虑家庭成员在政府机关、银行等部门就职、信誉良好的家庭。在客户工程款管理方面尽量通过银行监管。因许多客户通过银行贷款建房，正建公司便与银行签订资金合同，由银行直接拨付工程款到正建公司账户。

另外，由于正建公司承揽了多项政府项目，回款时间也是一个重要问题。与民用建筑相比，政府项目在资金上更有保证，但回款速度慢无形中提高了建筑成本，降低了利润。正常的款项拿不到，公司资金周转不开，就不得不向银行贷款，还要支付利息。同样，王培正也必须面临资金难题，但他从未因为回款问题拖欠过工人工资。现在正建公司每年仅工资一项就达七八百万人民币。从国内招聘来的工人最低年薪15万左右，当地工人工资也是执行萨摩亚劳工部规定的工资范围内的最高值。

（四）

42岁的王培正有15年是在萨摩亚度过的，谈到对于萨摩亚人的印象，他有充分的发言权。

"萨摩亚人十分单纯、善良和友好。"王培正举例说，2013年，正建公司为萨瓦伊岛萨伊洛洛阿村（Salelologa Village）修建教堂，因看到村里的垃圾台坏掉了，就顺便给村里更换了25个垃圾台，惠及200多个家庭。就是这一善举，赢得了村民们的热爱，他被授予塔乌托（Tau-tua）酋长头衔。

萨摩亚是一个人与自然和谐共处的国家。在这里，人们不仅与蓝天白云、葱郁的热带雨林和湛蓝的海水为伴，还与各种动物为伴。由此也带来一个严重的问题就是垃圾不能堆放在地上，即使是最大号的垃圾箱也会随时被狗打翻。聪明的萨摩亚人便架设了空中垃圾台，这样不仅保护了自然环境，也便于垃圾清运车的装运。细心的王培正就是为村民做了这样一件看似不大但充满关爱的事情。

至于酋长头衔，华侨华人持有不同观点。即使当地人也曾对笔者说过，一旦被授予酋长头衔，村民们遇到困难就理所当然地找到酋长，酋长往往竭尽全力救助村民，倒成了全村经济上最为贫穷的人。当被问及这一问题时，王培正却有自己的观点。他认为，萨摩亚是一个要面子的民族，村民们懂得礼尚往来。他基本上每年回村子两次，每次都要向村子捐赠几千塔拉，村民们对他也坦诚相待。每次回去之前，村民们会提前宰上一头牛，临走时割一半牛肉装在王培正的汽车上，还要装上很多鱼罐头和牛肉罐头，那股真诚劲儿让他无法拒绝。尽管他把这些回赠都分给了当地工人，但他足以感受到在村子里受到的尊重和重视。

"我喜欢回村子里去看看。"王培正认真地说。

交谈中，王培正对于自己的企业侃侃而谈，仿佛在骄傲地介绍自己的孩子。但他总是站在国家利益的高度经营企业，处理与当地人的关系。他再三强调感谢中国的强大和对萨摩亚的援助，才得以在萨摩亚有良好的投资经营环境。在与当地人打交道过程中，要抱着吃亏是福的心理，奉行口碑也是财富的理念。与其他在岛国打拼的华人朋友相比，王培正的经历算不上波折，但他坐在我对面郑重地与我分享创业经验的神情，让我不止一次地想象着那个刚刚毕业的大学生只身远赴岛国的情景，那个携妻带子的年轻人在岛国闯出一番天地的困苦。萨摩亚在变，变得更美好，更先进，中萨关系也一直稳步发展，这都离不开萨摩亚华侨华人坚持不懈的努力和浓厚的家国情怀。

四　吉志明

生活在萨摩亚，对老师们挑战最大的莫过于饮食了。单纯的萨摩亚饮食不对口味，自己做饭又苦于蔬菜品种单一，缺少酱料，根本做不出家乡的味道。老师们只能偶尔前往中国人开设的餐厅打打牙祭。尽管中式餐厅里也存在多肉少菜现象，但每逢老师们前往，厨师们总会想方设法做出一桌丰盛的饭菜，以安慰大家那个漂泊的胃。

萨摩亚是一个包容性很强的国家，也是一个高度国际化的国家。来自中国、美国、澳大利亚、新西兰、日本、印度等多国人员在此工作、生活，饮食文化也成为这个国家一道特别的风景。海边高档度假酒店多为欧美人开设，密林深处伴随当地歌舞表演的萨摩亚饮食则由当地人经营。但最受萨摩亚人喜爱的饮食则来自中国。在当地发行量最大的报纸《萨摩亚观察家报》以投票方式评选最受欢迎的餐厅活动中，一家中国人开设的餐厅赫然上榜。

吉祥餐厅，坐落于阿皮亚市中心，一座二层小楼，几百平方米的小院可谓闹中取静，老师们前往市中心购物时大都把车停在餐厅院内。餐厅里无论是中国服务员还是当地服务员，只要中国人停车，一律报以友好的微笑。不过，前往餐厅就餐时，很少碰到餐厅老板，采访之事一直拖到笔者回国前一个月才得以安排。

2018年11月8日，我如约到达吉祥餐厅，吉志明经理已经在等着我了。他特意找了一间玻璃隔间接待我。透过落地玻璃墙，可以看到黑色火山石铺就的路面、郁郁葱葱的植被以及马路上来来往往的行人。待我落座后，吉经理用景德镇老式茶壶泡上一壶茶，我们慢慢聊了起来。

（一）

吉志明，汉族，1969年5月出生于新疆博尔塔拉蒙古自治州，家中有兄妹5人，志明行二。因父母大学毕业后响应国家号召，前往新疆维吾尔自治区支边，后在新疆扎根，吉志明便成了一位土生土长的新疆人。1991年，吉志明从新疆商业学校毕业后，被分配到博尔塔拉蒙古自治州饮食服务公司工作，担任团委书记。1993年，他被单位选送到博尔塔拉蒙古自治州党校学习三年，1996年7月毕业，获得专科学历。

20世纪90年代的中国，改革开放进入新的历史时期，伴随而起的南下热、出国热潮一浪高过一浪。事业刚刚起步的吉志明也有一颗无处安放的心，他思考再三，决定走出新疆，到外面的世界闯一闯。经过深思熟虑，2000年，他从原单位辞职了。和当时许多年轻人一样，辞职后他率先前往深圳，希望在中国改革开放的最前沿大干一番。刚到深圳不久，他遇到了一位在美属萨摩亚经营餐饮业的外国经理，正欲寻找一位懂餐饮的餐厅经理。他得到了这位外籍老板的赏识，遂被派往美属萨摩亚工作。

人生有时候就是这样，当你刚刚看到一丝微光的时候，也许等着你的是孤寂的长夜和并不平坦的小路。吉志明于2000年5月到达美属萨摩亚不久就与那位白人老板失去了联系。后来听说这位老板与当地人闹矛盾，干脆扔下餐厅离开了。怀揣着梦想而来，刚一到达就失业，倾尽所有也买不起一张返程机票，站在美属萨摩亚的街头，吉志明懊恼到了极点。而且20世纪80年代率先走出国门的大多是福建人和广东人，吉志明连一位同乡都找不到。举目无亲，身无分文，漂泊在遥远的南太平洋小岛上，无依无靠，无家可归，那种日子，想必一生有过一次就够了。

冷静下来后，吉志明开始以打工为生。他先后在中国餐馆和韩国餐厅打工4年。待他积累了一点资金后，开起了自己的第一家超市。由于当时美属萨摩亚华人商店较少，在当地人看来，华人商店并未对他们的经营形成挤压，吉志明也未受到当地人的抵触。相反，中国商品因物美价廉而广受喜爱。又经过4年打拼，吉志明攒下了第一桶金，正欲迎来人生第一次转机时，他发现前往美属萨摩亚的华侨华人越来越多，生意已近饱和状态，吉志明当即决定关掉商店，离开美属萨摩亚。2009年5月，吉志明到达萨摩亚，9月，他的吉祥餐厅正式开业。

（二）

凭借着在国内所学的餐饮知识，吉志明决定在萨摩亚开一家中式餐厅。他租赁了房屋，聘请了中国厨师，便叮叮当当地开业了。

现在的吉祥食府是吉志明后来租用教会土地后的新建餐厅。萨摩亚的土地78%集中在私人手中，8%属于政府用地，14%为教会用地。私人土地涉及头衔、租期等问题，很容易陷入当地人的纠纷之中，教会土地则避免了这些问题。而且教会组织严格规范，有统一管理，在租期、租金等问题上较有保障。[①] 吉志明告诉笔者，当时共有11家公司投标这块土地，最后他的公司成功中标。这并非由于他出价最高，而是他的信誉最好。有时候，信誉也是一种资本。

对于初到萨摩亚的人来讲，萨摩亚是一个不可思议的国家。其生态环境原始纯净，经济发展极其落后，民风淳朴保守，对外交往却是高度国际化。因此，萨摩亚人奉行着传统与现代兼顾的处事方式。他们一方面固守着传统礼俗，守护着酋长尊严，另一方面又实行民主评议，在一些大事要事上实行酋长决策与集体评议相结合的方式。这次招投标就是

---

① 据萨摩亚2016年人口普查，在全国195843人中，没有信仰者381人，没有明确表明有信仰者94人，宗教信仰人数达99.8%，而且绝大多数信仰基督教。另据统计，目前在萨摩亚共有24种宗教分支，其中七大宗教信仰人数最多，也较稳定，这七大宗教均是在早期基督教的基础上分化而成，主要有伦敦公理会、罗马天主教、摩门教、卫理公会、神召会、基督复临安息日会、耶和华见证人教会。另外，目前在萨摩亚有极少数的印度教、佛教和犹太教徒，并有一个小型的穆斯林社团和一座清真寺。参见 Samoa Bureau of Statistics, Population and Housing Census 2016, Apia: Goverment of Samoa, 2016, p.7; Bureau of Democracy, Human Rights, and Labor, Samoa 2012 International Religious Freedom Report, Washington: United States Department of State, 2012, p.2.

民主与权威共同作用的一种体现。

既然在宗教用地上经营，又得到了教会的善待，吉志明就通过捐助教会学校的方式来回馈萨摩亚社会。他不定期向萨摩亚两所教会小学玛丽姐妹小学（Mary Sister Primary School）和玛丽兄弟小学（Mary Brother Primary School）捐助现金、食物以及日常用品，成了许多当地孩子的好朋友。①

"走在大街上，大家都认得我，就连很小的孩子也会喊我一声'吉'，我的心里比挣多少钱都舒服。这说明你所做的一切得到了萨摩亚的认可，否则人家怎么会记住你呢？"吉志明一板一眼地讲述着他的体会。

生意做得大了，吉志明考虑的事情也就多了起来，他关注的不再是自己赚了多少钱，而是他帮助了多少萨摩亚家庭。根据萨摩亚劳工部规定，雇佣当地员工最低工资标准为每小时2.4塔拉，吉志明给员工们的工资则达到每小时3.5塔拉。目前，吉志明共经营着三家餐厅、一家超市。三家餐厅里除了中国厨师外，其余40多位员工全部是当地人。

"多雇用一些当地员工，就会给当地政府减少更多负担。如果我倒下了，那四五十个家庭的生活费就是问题。"的确如此，在大家庭生活中，一人失业就等于全家失业。吉志明的善良宽厚同样赢得了当地员工们的信任和爱戴，有的员工自餐厅开业至今，已经在餐厅工作了10多年时间。

对于从国内招募来的厨师，吉志明也本着人性化管理理念，为他们安排合适的岗位。国内员工均以厨师身份到萨摩亚工作，但有的员工并不能完全适应萨摩亚的餐饮文化，不能胜任后厨工作。遇到这样的员

---

① 萨摩亚中小学共有三种类型，公立学校、教会学校和私立学校。目前萨摩亚有公办小学142所，教会小学17所，私立小学6所，共计165所，公办中学24所，教会中学12所，私立中学1所，共计37所。公立学校的资金来源主要有政府拨款、国际援助和私人捐助等，小学和中学9—11年级为义务教育阶段，不收学费，中学12—13年级收取少量学费；教会学校的运转资金主要来自教会拨款、个人捐助等，学费偏低，办学条件较好；私立学校主要为个人经营，学费昂贵。

工，吉志明总是想办法为其安排对口岗位，而非一张机票送回国。

"总不能让他们回去的。家乡的人都知道出来了，如果不合适又回去了，他们脸面上也过不去啊。"他没有考虑到餐厅的盈利、声誉，而是站在雇员的角度，为他们保留了一份打工人的颜面。其实，在笔者接触的许多中国老板如翁维捷、施祖杰等也都表达过这样的观点。

（三）

俗话说，众口难调。为了满足各国人士的口味，吉志明对国内招募来的厨师均要进行系统培训，对部分中国菜品进行改革，并且自制了酱料等调味品，在接待不同国家、国内不同地区的顾客时，他都要细心调整菜品。例如，萨摩亚当地人喜咸，中国南方人喜辣，北方人喜酱，他都会照顾到。渐渐地，他的餐厅受到各国人士和当地百姓的喜爱。中国驻萨摩亚大使馆、萨摩亚政府均把吉祥餐厅列为宴请国家领导人、国际友人的必选之处。2014年9月，第三届小岛屿发展中国家会议在萨摩亚举行，吉祥餐厅被萨摩亚政府指定为唯一用餐单位，受到了各国参会领导人的高度认可。现在，每逢萨摩亚政府举办大型会议、当地大家庭聚会均会从吉祥餐厅订购快餐。

功夫不负有心人。现在的吉祥餐厅，不仅是一个用餐之处，更是一个传播中国饮食、中国文化的窗口。近年来，中国对萨摩亚援助力度加大，除了基础设施援助外，人力资源合作开发也是帮助萨摩亚发展的一个有效途径。因此，许多萨摩亚人被派往中国参观、交流、学习。他们回来后一定会到吉祥餐厅坐一坐，互相交流在中国的所见所闻。在美属萨摩亚和萨摩亚20余年的生活经历，让吉志明对祖国、对家乡有了更加深刻的认识。尽管他的三个孩子中老大持有美国护照，老二、老三持有萨摩亚护照，但他要求孩子们必须学习汉语，学习中国文化，并把两个孩子送回中国读书。

萨摩亚的民族是一个宗教国家，全国98%的人口信仰基督教。在萨摩亚生活久了，两种文化、两种生活习俗难免发生碰撞，对于华侨华人与当地人的矛盾，吉志明有自己的看法：

"有时候没有必要与当地人计较，我们在人家的土地上，退一步海阔天空。"他指的退并非原则问题上的让步，而是在处理与当地人的纠纷时，需要智慧和心胸。这个世界上本没有世外桃源，如果非要与当地人争个高低的话，无形中也降低了中国人的素质。吉祥餐厅的主要服务对象是当地人，能够生存下来，一个主要因素就是不计较。有时候，就连当地人之间发生矛盾，也需要找到他来断一断是非。

萨摩亚的民族是一个好面子、乐于分享的民族，有时候，在处理一些家族大事的时候，难免会有经济上的困难。这种时候，他们会四处周转，自然就想到了出手大方、富裕的华人朋友。每当遇到当地人向他求助，吉志明都会慷慨解囊。

乐善好施、经营有道，吉志明在萨摩亚开拓了一方天地。他是唯一一位在萨摩亚创业的新疆人，他的新疆成长经历成为他快速融入萨摩亚的法宝。

"我在新疆长大，我感觉之所以能在这里立足，与我们新疆的风土人情有很大关系。新疆是一个多民族地区，民族融合长久、深入，多民族地区十分尊重各族的风俗习惯，这些都影响了我的性格和人生观，我可以很快融入当地人中。"其实，从地缘上讲，他是土生土长的新疆人，从民族属性上来讲，他是新疆长大的汉族人。在他身上，兼具汉族的内敛与中庸、维吾尔族的洒脱与包容，因此他才会推己及人，与萨摩亚人融洽相处。

吉志明一直在冷静中行事，尽管吉祥餐厅在萨摩亚享有很高声誉，但他并没有盲目扩张。照他所说，声誉也是一种资本。2018年，萨摩亚法雷奥罗国际机场（Faleolo International Airport）改建工程即将完工投入使用，萨摩亚政府仅为吉祥餐厅与麦当劳两家餐饮企业颁发了经营许可证。能够与麦当劳同时入驻新机场是吉志明的荣耀，这并非吉祥餐厅的资本实力有多大，而是他的品牌得到了当地政府和百姓的认可。①

除入驻新机场外，吉志明在海滨路租用了一块教会土地，盖起了一栋三层小楼，集酒店、餐饮于一体，使用面积约有1600平方米。酒店坐落于萨摩亚最漂亮的景观大道上，与希尔顿酒店相隔不远，紧邻澳大利亚大使馆。租地、建房、室内装修，他从没有过多地谈起过自己的目标，但他一直在一步一个脚印地走在自己的创业之路上，他有一份属于自己的期望。

在美属萨摩亚和萨摩亚前前后后生活了20余年，吉志明对这个国家的感受自然也就多了一些。提到中萨关系，中国对萨摩亚援助，吉志明从切身体会出发，谈了许多。

第一，当前，中国对萨摩亚实行了多方援助，中萨关系友好稳定发展。接下来希望加强民心相通工程，发挥民间外交功能，使中国援助能够深入村庄，走进当地百姓的内心。

第二，近年来，中国对萨摩亚的教育援助渐入民心，尤其是萨摩亚国立大学孔子学院建立后，汉语教学更加规范有序。但语言学习需要从娃娃抓起，希望能够在基层设立固定教学点，让萨摩亚孩子从小接受汉语学习。对于选派到中国学习的萨摩亚留学生，需要进行汉语资格考试。到吉祥餐厅就餐的客人中就有曾经前往中国留学的萨摩亚学生，但是他们的汉语水平依然堪忧，留学之路也相当辛苦，专业学习不甚满意。究其原因，还是未过语言关。

第三，华侨华人在经营上需要注意几个方面的问题：严把商品质量关、守法经营、公平竞争、不要过度刺激当地百姓。某种意义上，中国

---

① 法雷奥罗国际机场升级改造项目系中国政府优惠贷款援助项目。2015年11月开工，上海建工承建，2018年5月竣工。新机场航站楼总面积12700平方米，年接待旅客量达60万人次，极大地提升了萨摩亚国际机场的服务水准、运营能力以及航空管理水平，使萨摩亚向成为南太平洋地区航空运输枢纽的目标又迈近了一步。《驻萨摩亚大使王雪峰在法雷奥罗国际机场升级改造二期工程竣工仪式上的致辞》，(2018-5-12)，中华人民共和国驻萨摩亚独立国大使馆，https://www.mfa.gov.cn/ce/cews/chn/sgxw/t1558810.htm，访问时间：2022年2月20日。

商品代表的是中国形象。

吉志明的话均是肺腑之言,也是现阶段中国经营者在萨摩亚遇到的主要问题。但对于当地百姓一些不切实际的要求,华人同胞的确难以做到。例如,他们希望中国商品价格远远低于欧美商品,但还要在商品质量上相互比较。当然,近年来,涌入萨摩亚的中国经营者越来越多,形成过度竞争,在价格、质量问题上有失把控,确实在当地百姓中产生了一些负面影响。

这些年来,吉志明在萨摩亚的生意平稳顺畅,"吉祥"品牌已无可替代,但他那份对于祖国的眷恋之情、对于中国政府的感激之情依然浓烈。只要时间允许,他总想回国看看。但由于新疆身份,海关对他的出入境审查自然要严格一些。在此,他希望通过本篇传达出他的真实想法:

"我是中国共产党培养出来的,我小时候交不起学费,是国家培养了我。无论何时何地,我绝不会做损害国家利益的事情。"这个不善言辞的男性心里藏着一股对祖国深沉的爱。他把这种爱与他的个人经历、他的海外事业紧密联系在一起,时时告诫自己,他是一位中国人,是祖国在海外的一张小小的名片,这张名片上写着:仁义礼智信。

五 黄至杰

从国土面积和人口数量上看,萨摩亚属微型国家。在这个面积仅有2800多平方千米、人口不足20万的国家,人与人之间好像没有太过遥远的距离。而且,在萨摩亚共生活着约3万华裔,1000位华侨华人。华侨华人之间联系较多,彼此之间非常熟悉。他们平时各自忙碌,周末的时候小聚一下,增进感情,交流经验。萨摩亚"三杰"中,黄至杰是我最晚采访的一位。我与黄至杰的第一次见面是在梁华新经理组织的一次周末聚餐上。

2016年5月的一个星期天,梁华新邀请翁维捷、黄至杰两位经理、王志鹏、蔡高红与我三位老师共进午餐。席间，笔者抱怨在学校里住的房子没有窗纱，苍蝇、蚊虫、蟑螂、蜜蜂甚至壁虎是房间的常客。黄至杰经理当场表示，马上派他的工人到学校给我安装纱窗。但我执教的这所学校是一所公立学校，办学经费由政府和所在村子共同筹集。因此，我要先向校长提出请求，校长提请乡村议事会商议。这个过程大概需要几个月时间。即使有华人朋友帮忙免费安装，也需要乡村议事会通过。因此，我不得不拒绝了黄至杰的好意。但华人朋友的热情、直率、友爱令我难以忘怀。因当时我工作的学校非常偏远，急于下午返回学校，稍稍用了一点午餐后便欲与大家告别，翁维捷便与我开玩笑说：

"石老师你今天不要走啊，王菲要来萨摩亚啦。"我顿时有些发蒙，不知真假。大家看我一脸疑惑的表情，哈哈大笑起来。原来，黄至杰的爱人与歌星王菲重名，当天他的爱人从美属萨摩亚回到萨摩亚。这是我与黄至杰夫妇的第一次接触。后来的日子里，我逐步了解到黄至杰的人生经历可谓丰富，美国在太平洋地区的5个属地中，他在三个岛上打拼过，塞班岛、关岛以及美属萨摩亚。他在萨摩亚盖起了一座庭院，与王菲育有一个可爱的女儿，他努力经营着充满爱意的杰菲建筑公司。"你耕田来我织布，我挑水来你浇园"，他们实现了许多人向往的夫唱妇随、比翼齐飞的自由生活。

2018年11月25日，在阿皮亚西南部一座半山腰处，笔者找到了黄至杰的家。一座面积如足球场般大小的院落，两栋楼房相向而建。一座供自己与家人居住，另一座为工人宿舍。黄至杰居住的这座楼房经过了精心设计和装修，宽敞的外置楼梯和二楼阳台被铝合金材料封得严严实实，室内玄关、天井、财神的装置透出房屋主人对于中国传统文化的热爱。二楼一侧留有一间屋子大小的露台，浓密的绿色植物围裹着宽敞的露台，既增加了露台的私密性，又起到了装饰作用。露台中安装的儿童吊椅足可看出其对女儿的宠爱。

黄至杰，1969年11月出生，福建闽清人。高鼻梁、大眼睛，身材魁梧、谈吐温和。2012年到萨摩亚，"三杰"中最晚到达萨摩亚创业的一位。华人同胞习惯称他阿杰。黄至杰目前在萨摩亚主要从事建筑工程、蔬菜种植等,他的建材商店就位于阿皮亚主干道的重要位置上,占地面积足有1000平方米。

(一)

黄至杰天生有商业头脑和一股闯劲儿。16岁那年,初中尚未毕业,他就开起了人生中第一家餐馆,而且经营不错,收入稳定。但是福建人出国闯天下的传统始终撩拨着少年的心。1995年8月,26岁的他终于按捺不住对于外部世界的向往,在朋友的介绍下前往北马里亚纳群岛首府塞班岛小试身手。

北马里亚纳群岛(Northern Mariana Islands),美国在西太平洋属地,总面积475平方千米,由14个岛屿组成,其中塞班岛、天宁岛和罗塔岛是最大的三个岛屿。北马里亚纳群岛总人口约5.52万[①],90%的人口居住在首都塞班岛。黄至杰之所以把自己出国创业的第一站选在塞班岛,有两个原因。一是黄至杰的朋友已经在塞班岛开设了经营场所,投奔朋友自然会少走一些弯路。二是因为塞班岛属美国领地,与美国联系紧密。在中国大兴出国热、美国热的时候,有一部分国人另辟蹊径,他们没有前往美国本土,而是选择了美国在太平洋的领地。与面积更小、地理位置更靠东的美属萨摩亚相比,北马里亚纳群岛显然是一个不错的选择。

令人意想不到的是,怀揣梦想的年轻人在塞班岛并没有收获预想的财富。一个月两三百美元的工资远没有自己在国内开餐馆收入高。而且,当时岛上的中国人大部分以打工为主,收入都不高,黄至杰有些心灰意冷。但既来之则安之,不混出个模样来,怎么能够轻言放弃。犹豫之际,刚巧一位朋友的夜总会转让,黄至杰便接手过来。其实,黄至杰在国内从未接触过这一行业,而且是在美国的属地上经营,对于美国法

---

① https://www.phb123.com/city/renkou/rk_11.html,访问时间:2021年2月22日。

律一窍不通的他一切需要从零开始。

"从没有接触过这个行业。但是生存会逼着一个人成长、壮大。不尝试，你从来都不知道哪个行业适合你，自己的能力有多强。"如今23年过去了，坐在笔者对面的黄至杰回想起当初的那番尝试依然颇有感悟。就这样，黄至杰在塞班岛经营了4年夜总会，积攒了海外创业以来的第一桶金。1999年10月，黄至杰转至关岛继续从事夜总会行业。

关岛（The Territory of Guam），位于北纬13°26′、东经144°43′，面积549平方千米，人口16.57万，[①] 首府阿加尼亚。实际上，关岛与塞班岛同属于是马里亚纳群岛，第二次世界大战后，美国于1950年通过法案，将该岛列为美国"未合并的领土"，并给予关岛自治政府以地方权力，划归美国内政部管辖，关岛逐渐成为美国在西太平洋重要的军事基地。

20世纪末，大多数闯荡美国的华人同胞的愿望大概是获得一个美国身份，至少可以拿到绿卡，但这并非易事。笔者曾在美属萨摩亚采访了多位华人，他们大多拥有永久居住权，并未拿到绿卡，但是可以享受与美国国民同等的福利待遇。黄至杰前往关岛也有申请绿卡之意，但其在关岛的日子并不如意，因被控洗钱，他吃了几年官司，直到2005年回到国内。

（二）

从1995年出国到2005年回国，黄至杰把人生中最美好的10年留在了异国的土地上。他尝到了辛酸，收获了成长。问起他的感受，他脱口而出："外面的世界很精彩，外面的世界很无奈。"黄至杰喜欢唱歌，他的歌声很美，他轻描淡写地用一句歌词就总结了自己人生第一个重要的10年。齐秦创作于1987年的这首歌曲，正好是他那个年代的青春写照。

---

① https://www.phb123.com/city/renkou/country_190.html，访问时间：2021年2月22日。

回到国内后,黄至杰原打算在国内继续发展。他去了云南,在昆明投资开矿,一干又是 4 年。在他的陈述中,这已经是第三个 4 年。塞班岛 4 年、关岛 4 年,昆明 4 年。但在国外生活久了,黄至杰难以适应国内的生活节奏。2009 年 7 月,他再次走出国门,前往美属萨摩亚,涉足旅游业。这是他踏上的美国在太平洋地区的第 3 个领地,从事的第 3 份职业。

不得不说,黄至杰对于商贸经营有自己的判断和规划。美属萨摩亚,其面积仅有 199 平方千米,人口不足 6 万,华侨华人不足 1000 人,他竟然在这样一个小岛上开起旅行社,出售机票。他对于商机的把握就是这么独辟蹊径,他的判断也迅速而准确。众所周知,实体机票运营商曾经红极一时。但这一模式并未持续太久便迎来了网络售票时代。他就是抓住了实体经营与网络售票交叉阶段的短暂机遇。期间,因为美属萨摩亚人口太少,投资前景有限,每逢周末,黄至杰经常到萨摩亚小住两天,顺便考察一下萨摩亚的投资环境。对于先后在美国三个领地生活了 10 余年的黄至杰来说,他更加欣赏萨摩亚的人文气息。从自然地理环境、民风民俗来看,美属萨摩亚与萨摩亚没有太大区别,但是由于受美国文化影响,美属萨摩亚人的民主法制观念较为深入,思维方式也逐渐美国化,萨摩亚的民风则要更加淳朴一些。

(三)

在美属萨摩亚的 3 年时间中,由于父母相继生病,黄至杰不得不多次回国照顾二老。待父母病故后,他于 2011 年 7 月再次出国考察。这一次,黄至杰选择了萨摩亚。在他看来,萨摩亚的投资环境相对比较理想。人口较多,市场较大。于是,他在萨摩亚注册了杰菲企业股份有限公司,旗下设有杰菲建材、杰菲建筑等子公司。2012 年正月初一,黄至杰的杰菲建材有限公司正式开业。就这样,他在太平洋岛国转至第四个岛屿,从事了第四个行业。

对于自己的第 4 份产业,黄至杰还是有所考虑的。他原本希望经营一家餐厅，但苦于一直找不到合适的店面，而与食品百货对于地理位置、生产日期、产地等要求较高相比，建材可以忽略掉这些因素。胆子大、眼光准、出手快，能够在海外迅速把控商机，创出一番天下，大都需要这几方面的素质，黄至杰也是如此。决定了投资建材行业后，他的门店尚未租到，货物已经先期发出了。

目前在萨摩亚从事建材行业的主要有以下企业：蓝鸟（bluebird）建材，其经营者为萨摩亚最大家族企业阿李（Ah Liki）的分公司，该企业为第二代华裔家族企业，目前为萨摩亚第一大交税企业。除建材外，阿李公司还经营有大型连锁超市、饮料加工厂、农场、食品加工厂等。尽管其祖上为中国人，但该家族已彻底融入萨摩亚，与中国人鲜有往来。SMI建材商场，该商场老板系一位德裔企业家。哈德瓦公司（Ace Hardware），该公司总部为一家美国知名公司，在美国本土口碑很好。上述三家在萨摩亚建材市场占有主要地位。另外还有陈宝元、蔡健伦等多位华侨华人的建材商店等。比较起来，华人建材商店规模小、品牌知名度不高，竞争力无法与国际知名品牌相比，处于夹缝中生存的状态。谈及自己的企业特点，黄至杰胸有成竹地说："我们主要做自己的项目。"黄至杰所说的自己的项目其实是经过考察后，他开辟的一些常规装修项目，如电气焊、铝合金、太阳能、家具、餐馆排风系统等。另外，2017年他还经营了一段时间的二手汽车的买卖与租赁以及蔬菜种植，老师们都吃过他农场的蔬菜。采访前，笔者曾在另一位经营农场的华人林学瑜的陪同下，于2018年6月前往他的农场参观。农场占地面积很大，蔬菜品种很多，有西红柿、茄子、豆角、胡萝卜、黄瓜、白菜、上海青等。我们去的时候，萨摩亚正逢干季，雨水较少，农场正遭受病虫害的侵袭，加之缺水严重，人手不够，大量豆角枯死在架子上。细问起来才知道，黄至杰在国内休假期间突然生病，正在国内治疗，农场一时疏于管理，有些荒芜。萨摩亚人口仅有19万多人，许多生意看似商机无限，但也会轻易达到饱和，只有不断寻找商机，拓宽业务范围才可以持续发展，杰菲公司也是如此。这几年，他经营过餐厅、农场、建材商场、建筑公司、二手车买卖等，业务量最大的当数建筑公司了。

黄至杰居住的院落是他于 2015 年 5 月花费 160 万塔拉购置的一块 8000 多平方米的土地，作为自住用房和工人宿舍，偌大的院子里堆满了建筑材料。除此之外，他还有另外两栋房屋出租。笔者采访他时，他刚刚在阿皮亚东 10 千米处的萨摩亚敬老院附近租用了一块教会土地，准备兴建一栋酒店式别墅。这块地约有 20 英亩，预计建成后的酒店有 40 个房间，集餐饮、旅游、住宿为一体。

这些年来，黄至杰承揽的建筑项目种类较多，有新建教会学校、政府办公楼装修、机场仓库建设及民用住宅等。因合同多，忙不过来，黄至杰的建筑公司有时候被迫在几个工地同时开工。采访之际，他同时开工的项目有自己的酒店、市中心的工商银行装修、乌波卢岛西海岸一家摩门教度假酒店装修等。

黄至杰的建筑工程队目前有 100 多人，中国工人和当地人各占一半。在萨摩亚能够拥有 100 多人的建筑公司为数不多，之前笔者采访过上海建工萨摩亚分公司经理施林杰、正建公司经理王培正，他们是目前萨摩亚最大的中国建筑公司，黄至杰的建筑公司应该是萨摩亚第三家中国大型建筑企业了。问起回款问题，黄至杰笑着说："我不垫付资金，提前签好合同，分期付款，先付款再开工。"当被问及是否有尾款难以追回的情况时，黄至杰说："对。确实有过。现在签合同的时候，凡是要求最后付款 30% 的客户，我们就不做了。"不得不说，积累了一定实力后，他才敢于宁可放弃一部分工程也不愿意承担没有必要的风险。当然了，黄至杰和王培正经理都表示过，拖欠甚至抵赖尾款的客户并不多见，这也引起了笔者的思考，在耗资巨大的建房装修工程上，萨摩亚人一般有自律能力，他们会想方设法凑足资金，但是在日常生活方面，他们又是疏于计划，不善打理。这当然与当地的处罚措施有关，也与思维习惯有关。一般而言，类似于偷窃之类的行为，发生在华人商店的偷窃行为，华人商店自主处罚商品价值的 5 倍罚款，发生在村子里的入室偷窃行为，由酋长组织召开乡村议事会，一般为处罚一定数额的金钱、在村子公共土地上劳动一周等，但这些都不足以引以为戒。

尽管黄至杰的建筑公司在萨摩亚算不上第一梯队，但是作为一家刚刚成立5年的建筑企业，他的项目数量、工程质量和在萨摩亚的知名度，足以让我浓墨重彩一番。谈起自己对于萨摩亚的感受，他说："萨摩亚自然风光好，老百姓善良，我最大的感受是有一种归属感。我就是萨摩亚人。"从26岁第一次踏出国门，如今27年过去了，黄至杰转战了太平洋4个岛屿，最后在萨摩亚闯出自己的一片天空。如果说前期在其他岛屿创业总有一种寄人篱下的感受的话，在萨摩亚，他则有一种归乡之感。萨摩亚是他成就梦想的地方，是他的第二故乡。

黄至杰和王菲都是热心人，笔者采访之际，刚巧一位中国医生在他的家中借住，与王菲是好朋友。我们聊天过程中，她前来询问黄至杰是否吃一点面条，他们之间的表情、谈话方式十分融洽，就像是姐弟之间在对话。

黄至杰是一位有长远目标的人，也是一位脚踏实地的人。我们谈了两个多小时，他的声音不高，话不多，基本上是我问他答，但是每一句回答都是面带笑容，充满温情与善良。他前往敬老院、受害人援助中心看望老人和孩子们，他为当地的橄榄球协会、篮球协会、奥林匹克委员会提供资助，他以实际行动传达着华侨华人对于萨摩亚的热爱与回馈。

"非常开心地在做。取自这里，用在这里。"这位在太平洋岛国漂泊了20多年的同胞终于找到了自己的心灵港湾。

第十一章　何妨吟啸且徐行
（2010—2020）

从时间段上考量，2000年以后到萨摩亚的华侨华人年龄相仿，阅历丰富，以投资人身份在萨摩亚打拼，并且很快在生意场上拥有了一方天地。通过前述内容可知，2000—2010年到萨摩亚的翁维捷、施祖杰、王培正、吉志明等人出国第一站就选在太平洋岛国，他们到萨之前已经在汤加、美属萨摩亚等地打拼过，并最终在萨摩亚稳定下来。2010年以后到达萨摩亚的华侨华人中，除在其他岛国有经营经历之外，亦有不少人早年前往欧洲、日本工作过。他们领略过欧美的先进文化，但最终却被萨摩亚纯朴的民风所吸引，并决定在萨摩亚投资经营。而且他们在创业之初就进军建筑、农场、饮料加工厂等行业，很快进入萨摩亚人的视野。

一　梁华新

能够在异国他乡看到中国品牌和富有中国特色的招牌是一件非常兴奋的事情。笔者在萨摩亚的三年中，最难忘的中国品牌有华为手机、江淮汽车、中通客车、名爵轿车，[①] 还有华侨华人自己创设的极富中国传

[①] 华为手机在萨摩亚的市场份额很大。华为公司与萨摩亚通讯公司Digicel签署过网络维护协议；为了支持萨摩亚举办小岛国会议，中国政府分别于2014年、2017年向萨摩亚捐赠了15辆中通客车和20辆名爵轿车。

统特色的餐饮品牌九品宫、中华贵宾楼、熊猫餐厅、吉祥餐厅、兴华餐厅、海岛餐厅等。每当看到这些品牌或者招牌，大家心中的自豪感油然而生。我们深知，在这个小岛上，有许多中国人在默默奋斗，他们无声地向世界讲述着中国故事，传播着中国文化。

2016年，笔者在萨摩亚工作的第一年，因在偏远的农村中学任教，每逢周末或者假期，笔者不得不借宿在蔡高红老师处。记得一个星期天下午，同样在萨摩亚任汉语教师的王振鹏约我与蔡老师一同前往中华贵宾楼就餐，请客的就是梁华新。

2016年11月，梁华新餐厅的牛肉包子深受喜欢，他打算前往当地养牛场挑选一头牛，请人加工屠宰，遂请笔者担任翻译。2017年10月，时任聊城大学校长蔡先金率团到萨摩亚考察，中国援助萨摩亚农业技术专家组刘知文队长在梁华新经营的熊猫餐厅宴请了访问团，梁华新夫妇非常用心地准备了一桌丰盛的晚餐。

皮肤白皙，个头中等，待人彬彬有礼，这是几次接触后，梁华新给笔者留下的初步印象。2018年11月23日，在梁华新熊猫餐厅后面的二层小楼上，笔者采访了他。

（一）

梁华新，萨摩亚熊猫餐厅和Hanky百货商店总经理，祖籍山东临沂，1962年2月出生于福建省三明市明溪县小眉溪村，1978年高中毕业后考入福建师范大学数学专业。这是恢复高考的第二年，全国统考第一年。当时年仅16岁的梁华新就顺利考入了省级师范大学，他的人生仿佛从那个时候就进入了快车道。

出生于农村的梁华新清楚地记得，他就读的村办小学，房屋破旧不堪，教学物资缺乏。整整5年，教室里没有桌椅，同学们均要坐在地上上课。1982年大学毕业后，梁华新主动申请回到村子里教书。因为当时大学毕业生非常少，而且大都留在城市就业。当他申请回村任教后，县教育局马上任命他为该校校长。走马上任一年之后，1983年，梁华新向县教育局、镇政府、村委会提出来要盖一所新学校。经过多次申请汇报，最后由三级政府共同出资三万二千元，兴建了一所全县最好的小学——小眉溪小学。二层楼，上下10间教室，窗明几净、书声琅琅，这是他小时候的梦想，也是他大学毕业后为家乡做的第一件事情。1984年9月，学校正式投入使用。而他，转身离开了一手建立起来的学校，踏上了新的工作岗位。

1984年8月，梁华新被调入明溪县教师进修学校担任党支部书记。从村办小学校长荣任县教师进修学校书记，他迎来了事业上的第一次起飞。如果他没有辞职，如果他在这个岗位上再继续干几年，他可会成长为一名当地知名的教育工作者。但梁华新不是一个循规蹈矩之人，他也不甘心在县城里待一辈子。在进修学校工作期间，他就动员自己的亲戚从单位离职，成立了运输队，先后购进了4辆运输车，做起了煤炭运输生意。1988年，他办理了停薪留职后正式下海经商。

（二）

离职后不久，受国际形势影响，国内市场走入低谷，许多乡镇企业倒闭，他的煤炭运输受到冲击，他不得不另寻出路。

1990年春天，明溪县组织了一个约有20人的海外考察团，前往乌克兰、匈牙利、意大利、德国等地考察。考察团所有成员均有中专以上学历，部分成员有外贸学历背景。可见，当年明溪县成立考察团就是想把贸易做到欧洲。自费加入考察团的梁华新十分重视这次机会。他与考察团成员们查看当地市场，走访华侨华人，了解市场需求、外贸手续办理流程，并把欧洲紧缺物资、进出口渠道了解得一清二楚。当时苏联刚刚解体，整个欧洲市场极度缺乏日用品，在欧洲打工的华侨华人收入非常高，一天的收入大约相当于国内几个月的工资。回国后，考察团向县委领导汇报了所见所闻。同样，在考察中，梁华新也看到了无限商机，他果断做起了出口生意。

1992年，梁华新在匈牙利注册了华昊贸易有限公司，主要从事服装生意，公司内有七八十位员工。因海上运输需在荷兰中转，于是他又在荷兰设立了中转公司，招募了20几位员工。而国内人员办理出国手续、乘坐飞机均需前往北京，于是他又在北京万寿路设立了办事处。就这样，整整6年时间中，他来往于北京—布达佩斯之间，他成了改革开放后明溪县第一位把生意做到布达佩斯的人。随后，在县委、县政府的大力支持下，梁华新帮助更多的人走出了县城，进入欧洲市场。据他介绍，当时明溪县约有1/10的人口出国做生意，几乎每个家庭均有海外亲属，现在仅在匈牙利的明溪人就有1万人左右。

回想起自己往来于欧洲的6年生活，他没有太多语言。但当他讲述经他办理出国务工人员的近况时，却长叹一声："他们太苦了。"自古以来，到国外打工的中国人都要吃得下常人难以想象的苦，明溪人也是如此。早期出国的明溪人，大都在服装厂工作。高高堆起的布料，加工不完的服装，饿了将就一口，困了趴在缝纫机上小睡一会儿，每天工作18小时以上。尤其是负责印染的工人，不得不吸入大量粉尘。但工人们像是上了马达的机器，谁也不愿意停下来休息一下。他们的目标越来越大，梦想也越来越遥远。人生有时候就是这样，当初出发的时候，或许只想混口饭吃，随着生意的进展，期望值不断增高，以至于忽略了生活的本来意义，更没有时间回望过去，欣赏风景了。

正是由于一代又一代明溪人的不懈努力，1995年，明溪县与布达佩斯签署了友好城市协议。两地之间的生意往来更加方便，但梁华新却决定结束欧洲贸易，回国休整。原来，随着中国改革开放的不断推进，中国经营者之间的竞争越来越激烈。梁华新知道，他不能卷入这样的竞争之中，欧洲生意场已不是上选。于是，1998年夏天，他毅然回到国内，寻找新的发展机会。

（三）

短暂的休整之后，1999年春天，梁华新动身前往澳大利亚考察。悉尼、墨尔本、布里斯班，几个城市走下来，他对这个国家失去了兴趣。与东欧相比，澳大利亚风景宜人，生活悠闲，但缺少了一点生气。而且，华侨华人之间竞争依然激烈。尤其是澳大利亚当地人始终有一股排华情绪，让他有些担忧。他需要一个安全稳定的投资环境。紧接着，他前往新西兰考察，依然无果，他只好悻悻地回国了。

2000年春天，在澳大利亚同学的建议下，梁华新动身前往太平洋岛国考察。他首先选择了国土面积大、人口多的斐济、巴布亚新几内亚。但两国的政治环境、经商环境都不如他所愿。于是他又选择了两个小岛国汤加和瑙鲁，直觉告诉他，这两个国家依然不是最佳选择。现在回想起来，梁华新生意场上的敏锐性是他无往不胜的保障。几个国家走下来，没有一处理想之地，梁华新有些失望了。于是，在朋友的建议下，他抱着试试看的心里，坐上了前往瓦努阿图的飞机。

果然不负所望，瓦努阿图给了他不一样的感觉。整个国家的酒店、商场窗户没有安装铁栅栏，这是这个国家政治环境稳定、政府执行力强的表现。而当他路遇当地人时，善良温和的瓦努阿图人会主动点头问好，并且退到路旁让行。

"这是一个安全、稳定的国家。"他在心里对自己说。当即，他联系了中国驻瓦努阿图大使馆，向使馆工作人员说明了在瓦努阿图注册贸易公司的想法，并请使馆协助办理相关手续。Hanky Company——他在瓦努阿图注册了百货公司，开启了又一段新的创业旅程。

梁华新在瓦努阿图主要从事百货、服装生意。为此，2005年，他在家乡建立了自己的服装加工厂。其实，此次太平洋岛国之行，梁华新不是在为自己闯出一番天地，而是为两个儿子寻找一个事业平台。2006年，他的大儿子从北京理工大学数学系毕业后进入厦门人才交流中心政策研究室工作。与梁华新的个性一样，20岁出头的他，并不想安安稳稳地坐办公室，他需要自己的天空，到瓦努阿图无疑是首选。但梁华新向他提出了一个要求：学会家乡话。

这些年来，梁华新看到，由于父母常年在外做生意，孩子从小学习普通话，致使许多孩子基本不会说家乡话，这是现在年轻人普遍存在的现象，也并不是什么非解决不可的问题，但在梁华新看来，树高千尺，叶落归根。离家越远，对家乡的情感越深。家乡话就是寄托思乡之情的最好载体。半年后，大儿子的家乡话学得差不多了，他开始着手把生意交给儿子打理。2006年至今，梁华新的大儿子已经在瓦努阿图打拼了16年，从一个刚毕业的大学生到年近40的生意人，他在瓦努阿图稳稳地扎下根来。

帮助大儿子平稳过渡后，梁华新的心事了结了一半。2008年，他回到福建，购置了300多亩土地，建起了农场，过上了悠然见南山的生活。梁华新是一个富有生活情趣的人，也是一个恋家之人。成功或者失落，他都会选择回到家乡，仿佛只有回到家里，他的心里才更加踏实。就这样，6年过去了。2014年，梁华新再一次坐不住了，他的小儿子即将于2016年大学毕业。知子莫如父，他需要为小儿子寻找一个起飞的平台了。

2014年年底，梁华新再次踏上了飞往太平洋岛国的飞机。其实，这些年，他一直试图在其他太平洋岛国打开市场。2011年，他在所罗门群岛成立Hanky公司，但由于所罗门群岛的人文环境不够理想，他随即把公司转让给了自己的工作人员。这一次，他原定于在瑙鲁开设公司，从国内发出的货柜终点站也是瑙鲁。机缘巧合，当他在斐济转机时，碰到了正在萨摩亚从事建筑行业的黄至杰，他向黄至杰咨询萨摩亚投资情况，并且请斐济华人赵先生陪同到萨摩亚进行了为期两天的考察。当即，他决定在萨摩亚开办公司，并且把货柜地址改为萨摩亚。

刚一踏入萨摩亚就决定留在萨摩亚，在笔者采访的30多位萨摩亚成功商人中，梁华新不是第一位。施祖杰、孙明霞、黄至杰，他们都是被萨摩亚的人文环境所吸引，凭着第一感觉就留了下来。于是，梁华新托黄至杰协助在萨摩亚成立了Hanky百货公司，租用了500多平方米的店面。2016年小儿子大学毕业后到达萨摩亚，协助他打理生意。现在，小儿子在萨摩亚的生意做得风生水起。2020年，由于新冠肺炎疫情原因，梁华新一直滞留在国内。

"自信人生二百年,会当击水三千里。"梁华新默默地为孩子们铺设未来之路,并在心里期望孩子们能够在太平洋岛国书写自己的灿烂人生。

(四)

历尽千帆,未来依然可期。从而立之年到年近花甲,梁华新在30年时间里,走了十几个国家,把生意做到了匈牙利、瓦努阿图和萨摩亚。他在不同的时间、不同的年龄深深地感受到祖国的朝夕变化与海外华人的创业之路紧密相连。刚刚走出国门时,他被欧洲的人文环境、文明程度所吸引,他踌躇满志,满眼商机,但他不习惯当地官员的死板、不近人情,他忍受不了他们骨子里对中国人的蔑视,他默默地扛下委屈,一点点筹划,把生意逐渐做大。如他所说,中国人在海外始终秉持着传统文化中的内敛与隐忍,中国人不会说教,不会把自己的观念强加于人,但中国人一直在努力,通过不懈的奋斗感染着大家。对于太平洋岛国,梁华新也有自己的思考。淳朴落后的太平洋岛国在接受西方文明的同时,无法摆脱宗教殖民的现状。西方理念在萨摩亚已然扎根,宗教文化与萨摩亚传统文化融为一体,这些都左右着萨摩亚人的思维观念、生活方式,而这一点与中国儒家内省文化截然不同。

梁华新也是这样一位内省之人。他担任瓦努阿图同乡会顾问,在当地华侨华人中享有较高威望。2008年汶川地震时,他带头捐款100万瓦图。[①] 他为家乡的学校整修篮球场、为萨摩亚学校捐助衣物。梁华新还是一个恋家之人。从走出国门的那一天开始,每当他在生意上平稳之后,他总是第一时间回到家乡休整。

"我希望有一天再做回老师。"他十分认真地说,"不管在哪里,只要能够再教几年书就可以"。走来走去,他还是放不下当初的三尺讲台。他也为自己拟定了一个书目,希望有一天可以静下心来,继续做他的书生。

---

① 100万瓦图相当于约60000元人民币。

二　王命秀

2016年3月，受翁维捷之邀，我与蔡高红老师到翁维捷家中做客。那天晚宴，翁维捷还邀请了两位中国医生和到萨摩亚考察的三位同乡。也许是见到了家乡来的老朋友的缘故，翁维捷讲了许多中学趣事，不断地与王命秀开着玩笑。那是我第一次与王命秀见面，他与翁维捷是初中同学，受翁经理之邀到萨摩亚考察投资环境。

2018年9月，翁维捷举办迎中秋、庆国庆华侨华人联谊会，受邀参加联谊会的有中国教师团队、中国医疗队、部分华侨华人等。王命秀带着他的饮料产品参加了联谊会。若不是他的自我介绍，根本不知道整个晚上饮用的是他的公司生产的饮料，包装、口感与大品牌没有区别。也是在那天晚上，我才知道自从我们2016年见过一面之后，他一直在萨摩亚，经过两年的打拼，他把一个自主创立的饮料品牌做成了一个萨摩亚普通家庭能够买得起的、家喻户晓的品牌。

这些年，经翁维捷介绍到萨摩亚投资的中国企业家为数不少，他们有的从国内而来，有的从其他岛国转战至此。也有通过其他渠道打听到翁维捷其人后，不打招呼直接上门拜访的投资者，翁维捷总是热情接待，耐心介绍。王命秀就是在翁维捷的引荐下义无反顾地到达萨摩亚，实现了自己多年的饮料梦。

地处热带，萨摩亚的饮料消耗巨大。而长期占据萨摩亚市场最大份额的饮料品牌依然是美国可口可乐公司生产的可乐和雪碧。敢于向这样一个国际大公司挑战，创建自己的饮料品牌和饮料加工厂，这在常人想都不敢想的事情，王命秀居然用一年多的时间实现了。2018年10月20日，在王命秀酷尔玛饮料加工厂办公室里，我与曲升老师采访了他。

王命秀，1970年3月出生，福建省福清市港头镇人，1990年9月前往日本，1998年1月回国，2002年前往广东经营建材，2016年到萨摩亚考察，2017年在萨摩亚投资建起酷尔玛饮料生产有限公司。

（一）

20世纪90年代初，受市场经济冲击，中国出现了下海热、出国热现象。美国、日本成为当时许多年轻人的首选，王命秀也随着留学大潮前往日本留学。

众所周知，出国留学需要先过语言关。因当时日本留学申请中不需要提供日语成绩，在王命秀的老家，有相当一批年轻人选择前往日本留学。抵达日本后，他们需要先进入语言学校学习日语，两年后再根据语言成绩申请合适的学校。经过两年学习，王命秀顺利进入了一所电脑职业技术学校，又经过两年的专业技能学习后，获得结业证书。

从电脑学校毕业后，王命秀开始了为期4年的打工生涯。其间，他换过多份工作，从事时间最长的一份工作便是为明志牛奶公司配送牛奶。日本牛奶保质期仅有7天，需要当天生产当天配送。王命秀每天早上四点多起床，一个人驾驶着配送车逐个超市送货，他负责的线路需要配送8家超市。王命秀是一个忠厚内敛不善言谈的人，但为了了解客户需求，他会主动与店长攀谈，把了解到的客户信息反馈给公司。正是由于配送牛奶的这段经历让他萌生了从事饮品行业的念头。

1998年，已经在日本闯荡8年的王命秀回国了。谈不上衣锦还乡，但他学到了一口流利的日语，积累了丰富的工作经验，也积攒了一笔启动资金。在老家休整了几年后，2002年，王命秀动身前往广东，创立了建材公司。但他从未忘记自己的饮品梦。他也曾尝试在国内注册一家饮品公司，由于审批手续严格，竞争激烈，最终还是放弃了。

就这样，王命秀在广东从事了14年的建材行业后，于2016年转至萨摩亚三度创业。按照常理，他最先选择的应该是建材业，他在广东的建材公司也可以直接为萨摩亚供货。但萨摩亚的建材需求量有限，况且已经有8家相当规模的建材公司，硬要跻身建材业并非明智之举。相反，饮料是家家户户的日常必需品。南方人乐变、求变、敢变的性格让王命秀再一次做出了一个重要决定。

第十一章 何妨吟啸且徐行（2010—2020）

"既然在国内无法实现你的饮料梦，也没有必要来到这万里之遥的萨摩亚吧？"我有些穷追不舍地问道。

"因为他。"王命秀朝着坐在一旁的翁维捷努了一下嘴。原来朋友无须多言，有时候一句话就够了。两年前，翁维捷邀他到萨摩亚考察，曾对他说："到这里来吧，这里很好啊。"于是，王命秀在萨摩亚建起了酷尔玛饮料加工厂，而当时与他一同前来考察的另外两位朋友也在斐济开起了百货商店，这都得益于翁维捷的建议。因那两位朋友此前从未涉足商圈，相较其他行业，百货容易上手，而且翁维捷有充足经验，之前也多次到斐济考察过，无论从货源上还是人脉上都可以助他们一臂之力。王命秀有资金、有经验，可以在饮料行业一试高低。

现阶段，无论是国内市场还是国际市场，竞争均越来越激烈，不开拓新的市场就等于坐以待毙。尽管已经在萨摩亚创业两年多了，但王命秀在广东的建材公司一直正常运行，饮料生产是他寻找的一个新的企业增长点。

（二）

Coolma，王命秀的饮料品牌。他自己解释说，是翁维捷随便起的一个名字。其实，这是一个极为用心的名字，集英语、汉语、萨摩亚语为一体。Cool，英语译为凉爽，与饮料特性一致。意为喝下他的饮料就会凉意袭来；另一个意思是用来形容年轻人的形象：酷、爽；Ma，在萨摩亚语中是极为常用的一个介词，与、和之意。同时，Ma 还是萨摩亚语中常用的前缀和后缀，有快乐、美好之意。Ma 在汉语拼音中可以理解为"吗、嘛"等语气词。"你酷吗""爽歪歪"，是这个品牌的直译和意译。如果不是长期扎根于萨摩亚社会，对萨摩亚没有深刻了解是不会信手拈来这样一个品牌的。这个极富创意的名称为王命秀的饮料快速走红并在萨摩亚饮品行业占据一席之地起到了画龙点睛的作用。"功夫不负有心人"，一个新的饮料品牌在萨摩亚诞生了。从此，萨摩亚的超市、路边小店以及托着售卖盘的当地人手中多了一个中国人自己创立的品牌——酷尔玛。

酷尔玛诞生之前,在萨摩亚占据饮料市场的一直仅有两个知名品牌,一是可口可乐(Coca Cola),一是萨摩亚本土著名品牌萨摩亚汽水(Samoa Voda)。可口可乐的销量自不必说,萨摩亚汽水是阿李(Ah Liki)家族创立的饮料品牌,声誉高,销量也十分可观。对于王命秀来讲,在萨摩亚开设饮料厂,无疑是与上述两大品牌分食一块蛋糕,这是极富冒险性的投资。王命秀聘请了专业公司进行市场分析,策划运营方式,定位消费群体。为了提高产品质量,他全部生产易拉罐饮料。相较萨摩亚汽水使用可回收的玻璃瓶,王命秀使用的则是一次性易拉罐,而且,所有空罐均须在国内定做后运至萨摩亚,无形中增加了原料成本和运输成本。

"做生意需要逆向思维,否则生意做不下去。"看出了笔者的些许疑惑,翁维捷解释道。如果一味核算成本,大家就会选择用塑料包装。简易的塑料包装是把经过压缩的半成品运到当地再充气灌装完成,一个货柜的半成品就能满足一年的使用量,生产成本马上就会降下来。但是另一个问题也会随之出现,越是容易生产的产品越容易被模仿,无法打造自己的品牌。可见,王命秀一起步就是走的高端路线。的确,目前在萨摩亚饮料市场中仅有两个品牌使用易拉罐,可口可乐公司的可乐、雪碧和王命秀的酷尔玛。

"酷尔玛"现在有两个生产基地,开发了6个品种,包括可乐、橙汁、柠檬汁等。6个品种基本都打开了市场,但是可乐和橙汁最受当地人喜爱,销量最大。萨摩亚包括其他岛国的人们特别喜欢甜食,糖的销量也十分可观。为了满足当地人的口味,酷尔玛的甜度要高于国内饮料。尽管没有具体统计显示酷尔玛究竟占据了萨摩亚饮料市场的多少份额,但从其整个产量来看,他应该基本拿到了30%上下。当然,生产经营烟、酒、碳酸饮料等需要交纳特别税,而且税率非常高。接下来,王命秀需要占据更多的市场份额才可获利。

(三)

"如果你爱他,请送他去纽约,因为那里是天堂,如果你恨他,请送他去纽约,因为那里是地狱",想必《北京人在纽约》中的经典台词至今令许多人记忆犹新。对于一些中国同胞来讲,萨摩亚是他们的福地,他们在这里创业,实现人生逆转,把梦想变为现实,把不可能变为可能。如今已52岁的王命秀,人生经历可谓丰富,但又算不上大起大落,有一位患难与共的朋友想必是其马到成功的因素之一。谈起自己从实地考察到第一批产品出厂仅用了7个月时间,王命秀直言道:"主要是他。我只是低头在干,所有事情都是他帮我搞定。"他一边笑着一边朝翁维捷抬了抬下巴,"他的两个会计成了我的会计。"翁维捷就是这样一个人,他带领的团队成员与大家都十分熟悉,也都像他一样热情好客、乐于助人。

采访接近尾声,笔者提议参观一下他的生产车间,王命秀欣然同意。于是我与曲升老师穿上工装,戴上口罩,套上一次性鞋套和发套,跟随他进入车间,一睹他的酷尔玛生产过程。

进得车间,机器的轰鸣声盖过了他的讲解,他扯着嗓子讲解整个生产流程。从水处理到二氧化碳注入再到包装环节,整个流程均为无菌操作。现在的生产线仅能满足每天生产一个品种,大约700多箱计一万多罐,有供不应求之势。而他的仓库里从国内运过来的空罐,直达房顶。

"记得老华人余荣相曾说过,萨摩亚的水质好,萨摩亚的啤酒是全世界最好喝的啤酒。你的饮料口感广受欢迎是否与水质有关呢?"我追问着自己的疑惑。

"水好是一方面,最重要的是工艺好。同样的饮料,我的口感就好一些。另外易拉罐比塑料包装口感也会好不少,二氧化碳气体压得足一些。"无意间,王命秀非常坦诚地分享了许多生产之道。

"有没有想过将来自己买一块地建厂房呢?"在笔者看来,尽管现在的厂址完全满足生产需求,但他仍须进一步扩大市场。而且饮料加工,没有必要把厂房建在市中心,搬到偏远一点儿的地方还能节约成本。

"看市场,一步一步来。"他的脸上浮起了胸有成竹的笑容。

看着眼前这位皮肤黑红、不修边幅、朴实忠厚、言语不多的中年人,我敬佩他的魄力,也庆幸他的运气。当运气与魄力集中在一个人身上的时候,他的人生可能就要腾飞了。与那些历经沧桑、吃尽千般苦头的创业者相比,王命秀的创业经历不算曲折。不善言辞的他,说话之前总是先浮起一抹灿烂的笑容。其实,所有的这些都源自他的勤恳、对朋友起码的信任,当然,还有他的敏锐与果敢。

三 林学瑜

2017年3月,第二批援萨教师刚到萨摩亚不久,为了缓解老师和员工们的思乡之情,翁维捷邀请中国教师与他的部分员工环岛一日游。为此,翁经理调用了公司所有车辆,并邀请几位华人老板开车随行。我与蔡高红老师乘坐了一辆红色丰田越野车,司机是一位白白净净的小伙子。一路上,他操着浓重的福建口音与我们交谈。原来,他一直在汤加做百货生意,那几天刚好到萨摩亚进行短期考察,结识了我们。路上,当我告诉他想趁假期前往汤加考察时,他欣然表示可以联系汤加朋友接待我。如此爽快地答应了我的请求,令我有些意外,我对他的印象也更加深刻了。

2017年4月,利用萨摩亚中小学两周假期时间,① 我购买了前往汤加王国机票,准备前去考察一周。本不打算麻烦那位仅有一面之交的汤加小伙子,所以一直没有联系他。但对于我的独闯汤加,家人和同事还是有些担忧。临行前一天晚上,犹豫了一番后,我试着拨通了他的电话。没想到,他马上安排了汤加朋友接机,这让我紧张的心情即刻放松

---

① 萨摩亚参照新西兰学制,每年1月底开学,12月中旬结束。一年分为4个学期,每学期10周,前3个学期每学期结束后均有两周假期,第4学期结束后放圣诞节长假,大约6周。

第十一章 何妨吟啸且徐行（2010—2020）

下来。更令我意想不到的是，第二天上午，当我在机场候机大厅等待登机时，他的电话又打了进来，原来，他的一位朋友正好回汤加处理业务，与我乘坐同一班飞机，他便安排我与他们同行。于是便有了我的那篇一万余字的《汤加七日行》。①

再次见到他的时候，是2018年2月在翁维捷举办的春节招待会上，他与爱人一同出席。他明显瘦了许多，黑了许多。因多喝了几杯酒，他拉着我看他黝黑的胳膊，我忍不住热泪盈眶，有些心疼这位1980年出生的小伙子。于是跟他的妻子说："我第一次见到他的时候，他又白又胖，现在又黑又瘦。你们始终走在创业的路上，不容易。"他告诉我，现在妻子与他一同在农场工作，他一定要努力创业，让妻子生活得舒适一些。

林学瑜，1980年6月出生于福建省长乐县（现长乐区）。长乐是著名的侨乡，学瑜的父亲弟兄9人，其中7人在国外定居，学瑜父母现在均持美国护照。学瑜姊妹5人，目前姐姐定居美国，在美国开办钢琴学校，大妹妹在加拿大定居，另外两个妹妹在国内生活。作为家中唯一的男孩子，学瑜从17岁开始就一直在国外闯荡，吃了很多苦，也改善了家中生活。他给家里买了房子，供两个妹妹完成了学业。萨摩亚是他海外创业的第三站，也是他在太平洋岛国打拼的第二个国家。就在2017年那次考察后不久，他在阿皮亚东部租用了120亩地经营农场。

2018年11月2日，在林学瑜的农场，我对他进行了一次正式访谈。农场距市区约有20千米，开车需要半个多小时。其实，学瑜每天往来于市区和农场之间，我们可以在市区进行访谈，但我坚持到现场采访，于是当天上午10点半前后，他专程从农场赶回来接我。学瑜的农场坐落于阿皮亚东部一个山坳处，宽阔、平坦，四周青山环抱，蓝天白云，颇有世外桃源之感。在一个简易的工棚里，我支起摄像机，与学瑜聊了起来。

---

① 该文于2020年在"远山文艺"公众平台推出。

（一）

林学瑜毕业于长乐古槐三中。1997年11月，刚满17岁的他，怀揣着出国梦，踏上了一艘前往美国的船只。由于语言不好，无法申请正规留学或工作签证，他决定铤而走险，偷渡到美国。少不更事的他乘坐了一艘运煤船，在茫茫的太平洋上漂泊了61天后到达危地马拉，那是前往美国的中转地。接下来在经由墨西哥入境美国时被墨西哥警方查到，经过4个多月的羁押后被遣送回国。就这样，先后历经10个月时间，他的美国梦彻底破灭了。谈起自己那段往事，他并没有描述太多，他的妈妈也没有表现出过多的心疼。

"被遣送回来后老妈很开心，因为我出去锻炼了一番，又长大了一岁。"他的回答着实出乎我的意料。不知道是他无法理解母亲的心情，还是福建人的闯劲儿让他自己根本没有把这件事放在心上。

美国去不成了，他只好另寻出路。1998年9月，他在一个朋友的介绍下前往日本打工，主要从事钉模板、排气、排水工程等工作。至今，学瑜的胳膊上、腿上还留有那时工作中留下的疤痕。尽管从小在农村长大，但学瑜一直上学，没有做过农活，也没有吃过太多苦，对于一个18岁的年轻人来说，初到异国他乡就从事带有一定技术性的建筑工作，确实是一番挑战。好在他能吃苦，脑子活，很快做到了班长的位置，工资也比常人多了一点儿。他每个月可以领到35天的薪水，那都是拼了命加班赚出来的。

就这样，学瑜在日本待了7年。靠打工积攒的钱，他为家里买了房子，供两个妹妹读完了中学后还略有结余。学瑜说得轻描淡写，想必与现在相比，当时的那些辛苦已经算不上什么了。2005年回国后，林学瑜完成了婚姻大事。但生性喜欢闯荡的他又买了一张机票，2009年10月登上了前往汤加的航班。

（二）

如实地讲，林学瑜前往汤加的时间并不是最佳时机，也显得有些不可思议。2006年汤加刚刚发生大规模暴乱，华人店铺多数被毁，许多华人前往萨摩亚、美属萨摩亚、斐济、库克群岛等地重新发展。学瑜去的时候暴乱刚刚过去三年，汤加经济处于复苏阶段，社会治安十分堪忧。2017年4月笔者前往汤加调研时，一些老华人谈起当年的暴乱时依然心有余悸。而对于一个已经在日本打拼了7年的年轻人来讲，选择一个贫困落后的太平洋岛国应该是下策无疑。

"因为叔叔在那里。"林学瑜的叔叔当时在汤加经营有一家百货商店，生意不错。他与叔叔联系过程中，就确定了在汤加的经营范围，人还没有出国，就先期向汤加发出了第一个货柜。他有胆量，对于自己要走的路也很清楚。林学瑜到汤加后顺理成章地接手了叔叔的商店，但意想不到的是，几个月后因为店面另有规划，①学瑜不得不转租他处。如此折腾了几番后，他结识了当地一位颇有声望的华人朋友阿忠，在阿忠的帮助下，他总算安顿了下来。就这样，他在汤加从事百货零售与批发业务共计8年，实现了人生的第一次起飞。

阿忠，直到现在笔者依然不知道他的全名，但众多华人朋友都认识他。2017年4月笔者赴汤加考察时，阿忠亲自到机场接机。只记得他身着图案热烈的短袖上衣，短裤，身材微胖，带着两个孩子出现在汤加努库阿洛法机场出口的那一刻，我悬着的心终于落了地。从机场到市中心大约有半小时车程，他没有多少话，倒是两个孩子一直在活泼地交流。我们到市中心时已是傍晚，他让司机把我安置在一家华人宾馆，并嘱我稍后会有华人朋友接我共进晚餐。晚餐过后又被他的华人朋友送回宾馆。其实，宾馆到餐馆仅有几十米远，但他们执意护送，我才知道汤加的社会治安的确堪忧，尤其是晚上，抢劫事件时有发生。在汤加的一周时间里，我与阿忠见面不多，但他一直嘱咐司机关照我。当我在与宾馆一位当地服务员聊天时，服务员脱口而出：他是一个好人。阿忠，一位让我一直记在心里的同胞，一直没有机会答谢的朋友。

---

① 汤加政府在原地建起了一座四层综合性商业大楼。这是汤加暴乱后，中国政府援助汤加的第一个基础设施项目。

林学瑜在汤加的8年时间里，尽管没有遭遇过大的劫难，但也并非一帆风顺。货物被偷、对老百姓的购买力缺乏调查、进货不当等造成过不小损失。例如，有一段时间国内孩子们特别喜欢米奇书包，一个米奇书包进价大概30多元，他没有经过市场调查就购进了一批，结果最后20元一只都卖不出去。

人生总要奋斗，总要寻求变化。8年的百货生意让林学瑜成长起来，但天性不羁的他无论如何也无法安放那颗躁动的心。近年来，汤加百货业竞争越来越激烈，林学瑜不希望在同胞之间的竞争中产生内耗，于是他决定前往其他太平洋岛国寻找新的商机。

（三）

2016年，经过一番考察后，林学瑜在翁维捷的帮助下，在阿皮亚东部租用了120亩土地，当起了农场主。

"既然百货经营得不错，为什么又跑来种地？"我想这是许多人百思不得其解的问题。

"我心野啊，不愿意总待在一个地方，我们福建人敢闯，不怕死。不过我知道。我没有干过农活，不知道种地有这么多学问。但是现在百货商店开得有些拥挤了，我不愿意再参与到里面去了。大家都说蔬菜贵，好吧，我种菜给大家吃。"林学瑜的个性也是福建人的个性。敢闯大概是许多人可以做到的，但敢于在没有尝试过的领域里下注，并非常人可为。17岁那年，他能够踏上一艘运煤船在太平洋上漂泊两个月足可令人相信，他的不怕死不是说说而已的。

像多数华人朋友一样，林学瑜到达萨摩亚后，先与翁维捷见面商讨投资意向。其实他们两人在2009年就认识了。那一年翁维捷从汤加转至萨摩亚经营，林学瑜也到萨摩亚考察过市场。之后，翁维捷在萨摩亚的生意场上披荆斩棘，林学瑜则在汤加稳扎稳打，两个人的生意都做得风生水起。萨摩亚和汤加的百货领域有相似之处，就是华人占据了多数市场份额，而且有越来越多之势。而且两国的经济体量均不大，百姓购买力有限，长此以往势必会造成华人之间的竞争，不但伤了和气，也给当地人留下不好的印象，林学瑜就是要避开这一行业另起炉灶。

与土地打交道本身就是一件最为辛苦的事，况且林学瑜初中毕业就出国闯荡，没有种过地。隔行如隔山，如果说他在建筑和经商方面积累了一定经验的话，种地则与上述两个行业风马牛不相及，而且在萨摩亚种地要比国内辛苦好几倍。萨摩亚系活火山喷发而成，多石少土。"地表层中，石头占的比例在80%以上，耕地表面含有机质的表土很少，不利于农作物生长。"① 因此，用来进行农作物耕种的土地需要进行一番特殊处理，第一，土壤要有足够的深度，把至少纵深1米的土地过筛，去除石块，这样留下的泥土少之又少，还需从别处运来处理过的新土，如此整理出适合耕种的土壤来。第二，萨摩亚雨水过多，时常遭受台风暴雨侵袭。水量大而急，泥土流失严重，有时候刚刚种下的种子、破土的秧苗被大雨冲刷得荡然无存。第三，热带雨林气候，旱涝无常。萨摩亚一年分为干湿两季，尽管从日常生活方面讲，感受不到太大区别，但对于农作物来讲，则是致命问题。干季干旱严重，蔬菜浇不上水，干涸死亡是常有的事情；湿季雨水量过大，地里石块过多，雨水不能马上渗透下去，形成涝灾。为了解决这一问题，中国农业技术专家组在示范农场基地建了6个全封闭大棚，实行定期通风、按时喷水灌溉，但耗资大，不宜大规模推广。第四，病虫害严重。由于高温湿热导致萨摩亚虫害十分严重。不但给人体造成伤害，也严重影响了农作物生长。第五，严重缺乏劳动力。萨摩亚人的生活方式、饮食习惯与中国迥异。长期以来，体态丰腴、不喜劳动、缺乏农业科学知识等制约着萨摩亚的农业发展。2010年以来，中国向萨摩亚派遣了5批农业技术专家，为萨摩亚培养了一批技术人员，捐助了蔬菜大棚，丰富了萨摩亚的蔬菜水果品种，提高了当地人的农业生产水平。但是，劳动力短缺问题始终无法得到有效解决，林学瑜的农场也缺乏有一定技术经验的务工人员。他

---

① 黄岳南：《中国农业技术项目在萨摩亚落地生根》，《湖南农业》2017年第8期。

把父母、叔叔都请到萨摩亚帮忙,但偌大的农场至少需要10个青壮年男性劳动力。于是,他从国内招募了5位员工,其余雇用当地人,其中一位工人的妻子在农场负责做饭。但是当地人往往三天打鱼两天晒网,无法保证劳动时间。有时候,林学瑜不得不亲自上阵。就这样,他逐步掌握了各种蔬菜的种植技巧,基本的病虫害防治。林学瑜在农场里搭建了19个大棚,种有西红柿、黄瓜、茄子、秋葵、苦瓜、长豆角、西葫芦、辣椒、青椒、橄榄、西兰花、白菜、丝瓜、生菜、空心菜等品种。

采访完毕,林学瑜带我去他的农场转转。他走在前面,不时停下来向我做着介绍。奇怪的是,他的大棚并非如中国农业示范基地那样全封闭式搭建,而是仅在顶部遮盖有塑料布,有的蔬菜如黄瓜、小白菜居然在室外种植,就连200元一个的西瓜也种在了室外。

"你不怕病虫吗?这么贵的西瓜保险吗?"

"没事儿,我有技术。"他胸有成竹地说。看着林学瑜细细点数着他的蔬菜,有时自言自语地说这个明天可以摘了,那个需要施肥了等,仿佛他在抚摸着自己的孩子,陪伴着他们一同成长。想想一年多以前,我初见他时白皙微胖的样子,再看看眼前这个不修边幅、皮肤黝黑的"80后"小伙子,我的心里除了敬佩,还有一些心疼。

回到工棚后,工友大嫂已经把饭菜摆上了桌,几位中国工友被毒辣的太阳折磨得完全萨摩亚化了,穿戴随便,皮肤粗糙。问起在萨摩亚种地的感受,他们表示萨摩亚比国内要辛苦得多,体力、精力均有些不支。但是种出上好的蔬菜、让中国同胞吃上更多菜品是他们共同的心愿,也是支撑他们在萨摩亚坚持下去的信心。

(四)

如果说种地让林学瑜着实吃了一番苦头的话,洗衣店则又让他欣喜一番。农场经营了一段时间后,林学瑜的投入加大,荒地开垦越来越多,但收入一直不能维持日常开支。为了缓解经济压力,林学瑜从美国购进了一批二手洗衣机,在市中心开起了洗衣店,生意竟然意想不到的火爆。从此，林学瑜的心开始不安和矛盾起来。用翁维捷的话说："他盼着下雨，一下雨，洗衣店的生意就比平常好很多。他害怕下雨，一下雨，他的农场就会被淹。"就这样，他每天生活在忐忑之中，晒他的太阳，种他的菜，淋他的雨，洗他的衣服。林学瑜会在自己的矛与盾中找到平衡，因为在他看来，一切都是最好的安排。

问起林学瑜有没有放弃中国国籍申请萨摩亚护照的想法，他表示，他非常喜欢萨摩亚，他会长期在太平洋岛国创业，但他暂时没有放弃中国护照的打算。

本篇成文后，与林学瑜进行了沟通，受2020年1月以来新冠肺炎疫情影响，萨摩亚一直处于封闭状态，蔬菜需求量下降，林学瑜临时关闭了农场，现在主要经营3家洗衣店，是萨摩亚干洗行业的佼佼者。

四 王长才

打记事起，我大概没有换过几次发型，一条马尾辫亘古不变，只需定期剪短而已。但听朋友们讲，经常到发廊打理头发的人一般会有固定的发型师，发型师的审美水平和技术水平也至关重要。因此，长期生活在太平洋岛国的同胞们在生活中最困难的事莫过于理发了，以至于同行的几位男老师学会了相互理发。而对于已经在萨摩亚工作了10余年的中国工程师马典松来讲，他不仅肩负着萨摩亚国家游泳馆的供电维护，还自学成才，理得一手好发，许多同胞慕名前往游泳馆请他打理头发。当然，在阿皮亚市中心也有两家中国人经营的理发店，在当地人中口碑很好，只是店里太过忙碌，许多同胞不忍前去打扰。直到有一天，笔者在翁维捷的办公室里遇到了一位福建小伙子，方知他就是那家名为"秋天的梦"的发廊老板。

"秋天的梦"位于阿皮亚市中心一个重要路口，每当笔者经过，都会心生疑虑。萨摩亚地处热带，根本没有秋天，萨摩亚人也不会有秋天的感受，更不会对中国古人那些"秋风萧瑟天气凉""万里悲秋常作客""一人独钓一江秋"的情感与意境有所体会。"要说梦大概只能是晦涩的梦吧",这是笔者初见这一招牌的直觉。当然,秋天毕竟也是成熟和富有诗意的季节,看来,他应该是一位既浪漫又非主流的福建人。

2018年下半年,笔者加快了对华侨华人的采访速度,有几次前往翁维捷经理处请他帮忙联系华人时均遇到了他,这不由令笔者很是不解。一位刚刚开店的老板,上班时间不在店里,却要找朋友喝茶聊天。而当笔者每次问起这一问题,他总是一副心不在焉的样子,称自己不懂技术,反正有发型师在,一切都可以搞定。更令我对他刮目相看的是他喜欢诗歌,兴致一起可以即兴一首,只是不那么讲究对仗,用词也略带一些现代感。

2018年11月4日上午,笔者如约到达"秋天的梦":一座简易但稍显洋气的二楼层,黄色墙体,绿色屋檐,一块大大的招牌悬挂于屋檐之上。由于时间尚早,店里没有顾客,我便在大厅的顾客休息处支起摄像机,与他聊了一个上午。

(一)

王长才,1978年1月出生,福建省福清市港头镇人。长才在家中行二,还有一个姐姐一个弟弟。王长才一家与翁维捷关系十分要好,他的姐夫系翁经理的多年好友,在翁维捷的帮助下,姐姐一家办理了新西兰投资移民。目前长才的父母、妻子、孩子、姐姐一家均在新西兰定居,其本人在萨摩亚经营发廊。

王长才学历不高,初中毕业后就开始自谋出路。1994年6月,仅有16岁的他只身前往福州摆地摊、卖海鲜,他称为跳蚤市场。与在正规市场从事大规模海鲜生意不同的是,由于资金短缺,王长才只能每天早上三四点钟骑自行车到码头批发几十斤海鲜,再赶到跳蚤市场卖出去。就这样,他坚持了一年时间。由于年龄太小,在福州除了风餐露宿、十分辛苦外,还经常被人欺负。1995年7月,王长才回到老家短暂休整了半年后,1996年春天前往郑州,在堂兄的工程队里从事水电暖通工程。但他对这份工作并不感兴趣，仅干了一年之后，他又前往浙江海宁，在姨妈的皮毛加工厂里做帮工。其间，他结识了一位皮草运输公司老板。1998年夏天，他毛遂自荐，前往这家运输公司应聘。4年4个地方4份职业，一个心中有诗和梦想的年轻人，始终在努力地赶路。

"福建的地形地貌是八山一水一分田，靠种地根本养不活一家人。我周围的亲友都是早早地就外出闯荡了。从小父母就教育我们要尽早谋生，男孩子更要如此。"福建男人有两大优点，肯吃苦，敢冒险。当然，由于过早地离家外出，福建男人也有一个现实问题就是文化水平普遍不高。他没有大谈特谈自己创业之初的艰辛，而是与我聊起了福建的自然地理环境与福建人集体外出的关系以及家庭教育等问题。

"福建人属于熟人文化，不是规矩文化。"大概是对于我们之间的访谈长才进行了精心准备，刚一坐下来，他便向笔者抛出了一系列想法。看来，他是一位善于思考的年轻人，他的思维、观点与他的学历水平并不相符。毕业后这些年里，王长才读了不少书，加上丰富的阅历，才让他对人生、对社会有了一些带有哲理性的思考。其实，在中国传统文化中，处处充满着熟人文化。只不过，长才认为，熟人文化让福建人太爱面子。例如，福建人普遍有一个根深蒂固的观念：人生三件大事是结婚、建房、造大墓，这让许多人感觉生活得十分疲惫，也造成了不必要的资源浪费。福建人善于经商，讲究回报率，可他们从未在大房子上追求回报。为家人建一座大房子，某种意义上讲，这座房子不是用来住的，而是孝心、能力与财富的象征。

在萨摩亚华侨华人中，2000年以后进入萨摩亚的福建人，大都有中专以上学历，他们融入萨摩亚社会的能力更强，生意也做得风生水起。的确，大家时刻关注家乡变化，为家乡做了不少善事，他们在家乡人的心中是一份依靠和信任。

认准了的事，王长才有足够的耐心等待回报。因为运输公司并不急需工人，他便主动提出试用期半年，半年后再定工资。这是他第一次主动求职，也成就了他人生的第一桶金。三年后，长才熟悉了皮草生意，也积攒了很多人脉。2004年,他与朋友合伙成立了翔捷物流有限公司,专做俄罗斯皮草物流。2007年,他的盈利达到一千万。但天有不测风云,2008年,俄罗斯发生动荡,俄政府关闭了阿斯泰市场,王长才的30个集装箱遭到搁浅。对于皮草生意和俄罗斯市场,笔者从未关注过,为此,特意查阅了一些资料。俄罗斯针对阿斯泰市场的措施的确给许多中国经营者以致命打击,其中原因较多,此不赘述。为此,从2008年下半年到2010年夏天,王长才一直在乌克兰处理善后问题。等2010年回国的时候,他的全部家产仅剩了几百万元。

"有没有想过如果没有2008年俄罗斯动荡,你就不会破产了呢?"

"没有,生意场犹如生死场。我们福建人从来不怕失败,也不惧怕死亡,失败了大不了从头再来。"这个话我不止一次地在福建人那里听到过,只是从长才的嘴里说出来显得格外悲壮。经过一番考察,2011年,王长才成立了"海宁成旗业泰服装有限公司"——成就品味、旗舰八方、业绩共济、否极泰来。他还是如从前那般充满干劲。这一次,他不再从事运输业,而是开始生产皮草。

正当皮草生产渐入正轨之际,王长才的野心藏不住了,2014年下半年,他贷款1200万元在江西安源与朋友合伙成立了佛灵山矿业有限公司,这是他的第5次创业,也是把他彻底拖垮的一次创业。公司刚刚起步,长才就面临矿石价格下跌,加之回款速度慢,公司资金链断裂,他只好于2017年出售了公司,卖掉房产汽车,为工人们补发了工资,王长才在国内的创业投资就这样结束了。

"折腾了这么多年,最后连住的地方都没有,你爱人生气了吗?"

"没生气,她知道我是投资方向出现了问题,并没有赌博和其他不良行为。"

赔进去了2000万家产,爱人没有半声怨气,他一定还会东山再起。现在的长才已经进入不惑之年,但是他依然阳光、率真,对生活充满希望。

第十一章 何妨吟啸且徐行（2010—2020）

（二）

2017年，王长才与妻子、孩子前往新西兰投奔姐姐一家，被姐夫安排在公司里当起了油漆工。从一个千万资产的老板到一贫如洗的油漆工，长才的人生陷入低谷。

"刷油漆非常辛苦，有一次我从一个两米高的台子上掉下来在医院里躺了十多天，当时我就哭了。"其实，当时已经38岁的王长才肯定不会为一点儿小伤轻易掉泪，只不过那处小伤大概是在心理上摧垮他的最后一根稻草。前期的巨额损失、全家寄人篱下的生活才是他难过的真正原因。尽管暂时住在姐姐家，姐姐贴补了他很多，但是一家人的生活、孩子的就读费用也是一笔不小的开支。况且，他是有大抱负的人，他要给家人更好的生活。身体的疼痛或许可以忍受，心理上的伤痛却难以承受。

"当时觉得自己很落魄，无法从谷底爬出来。不过现在回想起来，我还是要感谢那段岁月和那段经历。现在的我，非常坦然和释怀。一个人的成长不能过快，成长过快表面上是福，实际上可能会祸从中来。就像小鸟一样，翅膀没有长结实就拥有了整片天空，可能会摔死的。"与王长才的对话就是这样，即使他已经落得一地鸡毛，但依然充满诗意。他在反思中获得了某种哲学上的思考，也让自己更加理性和现实。现在的长才，一个人在萨摩亚，每天开着一辆面包车往来于住处和发廊之间，一有时间就前往朋友处喝喝工夫茶，兴致一来还会即兴赋诗一首。他是一个敢于直面人生的人，一个重获新生的人。长才的重生就在萨摩亚开始。

在众多的萨摩亚华侨华人中，王长才到来得很晚。也许正是因为晚到，让他得到了许多朋友的帮助。翁维捷把原本要经营杂货店的店面让给了他，王培正帮忙装修了店面，还有施祖杰、黄至杰……长才懂得感恩，与他聊了一个上午，他没有抱怨过任何人，却总是把友谊、帮助挂在嘴边。从16岁独闯福州到40岁闯荡萨摩亚，他的人生跌宕起伏，但他的胸怀越来越大。他总是说自己文化水平低，所以要坚持读书，他基本上每年保持 50 本图书的阅读量。

经营发廊是王长才的第 6 次创业。但当地人消费水平不高，加之高温炎热，许多女性喜欢把头发高高地盘在头顶或者编成麻花辫。他一厢情愿地开了这样一家高端发廊，不知他是否考虑过回本问题。

"商品定位有一种心智定位，如发廊我要做到当地第一，修车我要做到速度最快。尽管这里的消费水平不高，但我定位的客户群是中高端收入群体。"他说得振振有词，也颇有道理，只是笔者并不知道他是否调查过，萨摩亚的中高端客户群究竟有多少人，年消费额大概有多少？在发廊开业之前，翁维捷就嘱咐他不要打价格战，其中大概有两方面原因，一是价格战本身不是长才的优势，初来乍到，装修豪华，寄希望于拉低价格赢得当地顾客是下策之举，很可能既赢不了客户，也谈不上利润。二是由于中国人已经在萨摩亚开了几家发廊，打价格战无疑是内部互相消耗，不利于华人之间的团结。如此看来，王长才的定位还是蛮有道理的。对于中高端客户来讲，他们需要的不仅是一头秀发，还有高端的服务体验，他就是在这些细节上着重下了功夫。

目前，长才共雇用了 7 位员工，其中两位国内发型师，5 位当地人，店长是他的弟妹，一位勤快利落的福建女孩。尽管发廊刚开业不久，但长才有他的长期规划，他要重点培训当地人的发艺技术。萨摩亚人以大家庭生活为主，家庭成员多，经济紧张，年轻人找到一份工作意味着全家人有了生活保障。开业以来，王长才没有开除过一位当地员工，相反将心比心，他对当地人关爱有加，尊重有加，员工们也十分珍惜这份工作。

（三）

对于自己的过去，王长才十分清醒，事业上连连损失，不但自己严重受挫，给家人也带来了不安与困苦。对于萨摩亚的商业行情，王长才也有自己的认识。俗话说，知己知彼，百战不殆。如果硬生生地从百货、食品、建材行业分食一块蛋糕的话，长才不可能在短期内做大做强，这与他所强调的心智定位不符，因此，他选择了投资较少的发廊。如今40岁的他在太平洋岛国暂时有了一处落脚之地，事业刚刚起步，他希望能够在萨摩亚打拼出自己的另一番天地。

"这个世界上有两种财富，一种是有形的财富，一种是无形的财富。"王长才的话里总是带有一些哲学味道。对于他来讲，有形的财富所剩无几，但他拥有一大笔无形的财富。对于现在的生意，他并不奢望在短期内有所突破，他需要慢慢积累，毕竟量变到质变需要一个过程。

见我们聊得差不多了，店长小波端来一碗自制酸奶西米露，冰冰凉凉、酸酸甜甜的感觉，让我顿时对他、他的"秋天的梦"心生好感，也对小波有了一股亲切感。一口气喝下之后，让小波为我剪了剪发梢，愉快地道别，愉快地离开。在我身后，"秋天的梦"的招牌让我充满期待。

王长才喜欢诗歌，经常有感而发，他的诗从来没有标题，均是信手拈来，就像他的个性，随性、自然。他欣赏着萨摩亚的风光，吟唱着对于人生的感悟。他像一阵风，我行我素；他像一缕光，充满希望。现摘录他分别于2021年3月20日和4月2日发在微信朋友圈的两首诗。

> 碧海浮绫冷露熏，苇从又作白头吟。
> 乡心易觉光阴老，不复年年草木春。

> 云山碧岭野草花，泉水长吟入田家。
> 梦醒晨阳卷帘翠，黄昏听曲一池蛙。

五　倪时钦

在萨摩亚有这样一家人，男主人身材魁梧，体态微胖，皮肤黑里透红，女主人娇小玲珑，干净利落，皮肤白皙。夫妇二人育有一儿一女，两个孩子现在就读于史蒂文森中学。这一家人到萨摩亚仅有几年时间，在市中心经营着一家百货商店，凡事亲力亲为，比起其他的华人老板要辛苦许多。他们日复一日、年复一年地做着自己的生意，过着自己的生活，在华人圈中极少见到他们的身影。但他们与中国老师十分熟悉，孩子们经常向老师们请教问题，夫妻二人也经常利用周末时间做了拿手的家乡菜招待大家。老师们到市中心购物，总喜欢到他们店里坐一坐，喝口水，聊上两句，久而久之，都与这一家人成了朋友，两个孩子也对老师们格外亲切。

倪时钦，1978年12月出生，初中毕业，兄弟姊妹三人，上有一个姐姐，一个哥哥。父亲是一位渔民，母亲是一位地地道道的农民。曹浜，1980年7月出生，夫妻二人均为福建平潭人，现在阿皮亚经营钦隆百货公司（Qinlong Company），定期在两个岛上环岛送货。

（一）

19岁那年，倪时钦独自一人前往新加坡一家ABS工程塑料加工厂打工，负责质检工序。ABS塑料是一种高科技塑料制品，具有原料采购容易、价格便宜、质地坚硬、韧性刚性兼具、用途广泛等特点，在机械、电气、纺织、汽车、飞机、轮船等制造及化工工业中应用广泛。三年打工生涯，开阔了倪时钦的商业视野，培养了他能吃苦、耐孤独的性格，为他日后在萨摩亚打拼奠定了基础。

三年合同期满后，倪时钦回到家乡。他下决心要自主经营，开设一家小型加工厂。于是他四处考察市场，最终确定生产铁扣和塑料制品。铁扣加工具有用途广泛、耗时短、操作简单、易于上手的特点。而且，可以废旧铁器回收利用。倪时钦的铁扣加工厂办得十分红火，他不仅带领全家上阵，还带动整个村子共同致富。经营了两年时间后，倪时钦又择机开起了一家塑料制品加工厂和一家百货超市。"家有梧桐树，自有凤凰来。"2003年，经人介绍，倪时钦与曹浜成婚。

婚后的生活美满幸福，他们有了一双儿女。时钦经营两个加工厂，妻子经营着那间不大不小的超市，一家四口其乐融融。但倪时钦感到肩上的担子更重了，他已经不甘于待在村子里重复着加工厂的简单生活了。他想要更广阔的世界，把生意做得大一些，带家人见识见识外面的风景。

"工厂的生意做得挺好的，为什么要到这么远的地方呢？"

"当时的想法就是想做贸易，而且是国际贸易。"倪时钦说话时有个特点，他总是把眼睛瞪得圆圆的，目不转睛地看着你，一板一眼地说出来，而南方人特有的听起来有些拗口的普通话更凸显出了他的认真劲儿。

（二）

定下来出国打拼后，倪时钦开始上网查询信息。他查阅了许多国家，无意中看到萨摩亚三个字。凭借着第一感觉，这个国家环境不错，与新加坡相似。于是，2013年10月，倪时钦独自到萨摩亚注册了公司，但并没有急于开业。他跑遍了首都所有街道，记下了所有商铺，然后在市中心最繁华的一座商业大楼（Pluza）外面蹲守了两个月。他每天观察着这座城市的人流量，哪个位置人流量最多，萨摩亚人的购买力如何？他们喜欢哪一类商品？两个月后，倪时钦回到国内开始筹备到萨摩亚发展。人还没有启程，他就发出了第一个货柜。

目前萨摩亚的中国商品主要来源于这样几个地方，绝大多数小商品来自国内，另有高端商品来自美国、澳大利亚、新西兰、新加坡以及印度、马来西亚等地。从国内发出的货柜一般要在海上漂泊两三个月。倪时钦的货柜一经发出，他就启程了。他选择了一处正对Pluza的店面。该店铺由4间房屋组成，共300多平方米。由于资金紧张，倪时钦仅租用了一半面积。简单休整后，他的货柜也刚好到达。就这样，倪时钦一个人经营着店面，吃住都在店里。这并非他心目中的国际贸易，但相比前几个月考察时的生活环境好了许多。

萨摩亚人的购买力不高，对于日常生活用品和电子、五金等产品并不追求高档，能用即可。倪时钦的顾客定位就是萨摩亚的普通百姓。店面不大，但是商品齐全，主要分为服装类、杂货类、电子产品类、五金类、箱包类。许多大店铺找不到的 CD 光盘、502 胶水等一应俱全。另外，他还在店外支起了一个配钥匙的小桌，这在萨摩亚独一无二，大大方便了当地百姓，也为他的小店增加了收入。

（三）

2015 年 5 月，爱人曹浜到萨摩亚帮忙打理生意，后又把两个孩子接至萨摩亚，就读于史蒂文森小学。曹浜的到来，不仅给了时钦精神上的支持，更是在生意上助他一臂之力。倪时钦外出打拼的这些年里，曹浜一直在家经营着自己的小店，勤勤恳恳，井井有条。每逢中秋、春节之际，许多店铺闭门过节时，曹浜则忙于生意，有时通宵不能合眼。

2018 年 2 月，倪时钦扩充了店面。把另一半店面也租了下来。现在的经营面积已达到 300 平方米，品种近两千种。与其他同胞的经营模式不同的是，倪时钦夫妇对于自己的经营规模十分清醒。他们没有盲目扩张店铺。原店铺经营了 5 年之后，他们才与房东商谈，把另一半店铺租了下来，这种在原址上的扩充，既保证了地理位置的优越性，又节约了租金、人力成本。夫妻二人与外界联系不多，每天早早赶到店里，曹浜负责日用品，时钦负责电子元件。店里雇用了 7 位萨摩亚员工，主要负责看管货物。

除从事百货零售外，倪时钦购买了一部小型货车，每周定期在两个岛屿上送货。由于萨摩亚人都生活在村子里，这成为萨摩亚比较独特的经营方式。萨摩亚的店铺在地理位置和经营规模上呈现出如下几个特点：第一类是位于阿皮亚的店铺。房屋面积大，楼房平房都有，经营品种齐全，各档次商品均有出售。第二类是沿阿皮亚主干道的店铺。主干道主要指法雷奥罗国际机场到首都 40 千米左右的公路，这类店铺面积相对较小，主要以食品、日常用品为主。第三类是村庄内部店铺。这类店铺面积更小,仅有一间小屋,主要经营最基本的生活用品和食品,一般由一个人看管。倪时钦的货物就是送到村子内部的店铺。当然,就笔者所知,多位华侨华人都在定期为两岛村庄店铺送货,送货线路基本一样。如何规避矛盾,平衡价格是需要慎重考虑的。但每辆送货车商品、品牌不同,价格自然不同。如若遇到问题,相互打个电话沟通一下,一般都可解决。

倪时钦一家在萨摩亚过着相对封闭的生活,但与中国教师来往颇多。萨摩亚没有中文学校,当地中小学有官办、私立和教会主办三类。萨摩亚教育体育文化部规定,小学阶段使用英语和萨摩亚语教学,中学主要使用英语授课。但实际情况是,所有官办小学均以萨摩亚语授课,官办中学双语结合授课,教会学校和私立小学由于接受了许多国际学生,实行双语授课。对于倪时钦的两个孩子来讲,英语和萨摩亚语均为外语,在学习上遇到的阻力非常大。其实,倪时钦的大儿子在国内有很好的数学基础,由于语言障碍导致学习成绩不够稳定,这也是华侨华人期盼有一所华语学校的主要原因。

倪时钦自2014年1月到萨摩亚后,仅于2019年5月回过一次老家,两个孩子也已经3年多没有回中国了。夫妻两人的期望是将来两个孩子能够到澳、新留学,男孩子成为一名医生,女儿成为一名教师。

第十二章　兹游奇绝冠平生

——萨摩亚的女性华侨

太平洋岛国是男性主导的世界，其女性议员仅占6%。萨摩亚是太平洋岛国中第一个响应联合国承认妇女地位的国家，早在1992年就批准了联合国《消除对妇女一切形式歧视公约》。2013年萨摩亚建立了议员女性配额制度，女性议员须高于10%。在2021年总理大选中，信仰统一党（Fast）领导人菲亚梅当选总理，从而成为太平洋岛国中第二位女性总理，这也意味着萨摩亚女性社会地位逐渐提升。但萨摩亚依然是一个男权主义国家，存在严重的家庭暴力、性别歧视等问题，女性基本上被排挤出基层管理体制。一项研究表明，萨摩亚有14个村庄的乡村议事会不承认大家庭授予妇女的头衔，有34个村庄尽管承认女性酋长头衔，但不允许她们参加议事会会议。另在其他村庄，虽然没有正式禁止妇女参加议事会，但明确表明不鼓励她们参加。[①] 因此，在这样一个国家，中国女性能够闯出一番天地可谓难上加难。为此，本书特推出一章介绍萨摩亚的中国女性。由于以下介绍的三位女性均未加入萨摩亚国籍，故使用了女性华侨一词。

或许在女权主义者看来，应把三位女性归入前面章节。在此，笔者有必要说明一下：萨摩亚的社会现实是以男性为主导，男性更容易与萨摩亚上层社会打交道，许多事情可以酒桌上沟通，女性则在这种交往中

[①] Penelope Schoeffel, "Measina Meredith, Ruta Fiti-Sinclair, Women, Culture and Political Participation in Samoa", *The Journal of Samoan Studies*, Volume 7, No. 3, 2017.

处于弱势。本章推出的三位女性有不同的生活经历和文化背景，单纯以到萨摩亚时间归入前面各章，很容易淹没她们身上的闪光点和女性特质。也许这样做有些多余，但的确是笔者表达对她们敬意的一种方式。

一　李美

2018年8月的一天，我前往翁维捷办公室，请他帮忙介绍几位有代表性的女性华侨华人，翁维捷脱口而出：敬老院的李修女吧。李美，中国香港人、女性、修女。这几个关键词足以让我迫不及待地想见到她。

9月1日，翁维捷公司秘书买婷打电话约我一同前往敬老院捐赠生活用品，无奈我临时有重要事情无法走开，错过了一次难得的采访机会。

10月27日，在翁维捷的安排下，买婷陪同我与曲升老师一同前往萨摩亚敬老院，翁维捷特意让买婷带去一张现金支票。看来，对于敬老院的捐赠早已成为翁维捷生活中的一部分。

一顶白帽，一袭白衣，温和端庄，从容优雅，李美女士就这样平静地走进了我的视线。

李美，1941年7月7日出生，广东南海人，弟兄姊妹6人，李美在家中行二。1949年，8岁的李美随父母到达香港，并在父母的影响下信仰了天主教，中小学阶段均就读于香港圣玛丽学校。中学毕业后，李美进入柏立基教育学院学习3年。这是一所专门培养教师的师范院校，父母希望她师范毕业后成为一名教师。李美清楚地记得，她经常利用业余时间到家对面的香港安老院做义工。令她感到不解的是，当时在安老院里工作的大多是外国修女，香港本地人寥寥无几，这对李美的触动很大。师范毕业后，李美于1964年加入了安贫小姐妹公益组织，并被派往马来西亚槟城接受了为期3年的安贫培训。1967年，李美发愿成为修女，正式开始从事安老院工作。

（一）

萨摩亚马普伊法加利利（Mapuifagalele）安老院，位于阿皮亚以东的瓦伊利利（Vailele）村，距市中心仅有 10 分钟车程。敬老院，是当地华侨华人的习惯性称谓，确切的名称应该为安老院。这是天主教下设的一个为无法自主养老的老人提供的福利组织，全称为安贫小姐妹（Little Sisters of the Poor），由珍妮·珠甘（Jeanne Jugan）（1792—1879）于 1839 年在法国创立。现在共有 150 多家安老院分布在全世界 30 多个国家，有 2000 多位修女在各安老院服务。马普伊法加利利是萨摩亚人为这个宗教公益组织起的萨语名称，意为"祥和之地"。安老院就坐落在一块天主教用地之上。远远望去，一座白色的天主教堂风格的圆形建筑矗立在院落中间，透出庄严与肃穆。我们的汽车沿着一条细长的林荫小道缓缓驶入，小道两旁翠绿的草坪和参天的大树仿佛在告诉大家这是一个充满生机的地方。小路上有许多身穿黄色外罩的学生，他们是周末前来服务的志愿者，负责修剪草坪、打扫卫生、照顾老人。忽然，悠扬的歌声从远处传来，缥缈和谐的男女声二重唱，浑然天成。我们寻着歌声慢慢地来到一个约有 200 平方米的大法雷里，几十位老人集中在法雷一侧，他们或坐在轮椅里，或坐在多功能医疗病床上，聆听两位歌手的演唱，原来这也是志愿者们的服务项目之一，为老人们送上优美的歌声，陪伴老人们度过周末的美好时光。两位歌手中，长者头戴礼帽，弹着吉他，颇有美国西部牛仔的味道，年轻女子则用一把小巧的乌克丽丽打着节奏。大概两位歌手已经演唱了一段时间了，现场老人们的目光明显有些呆滞起来，有的老人不时需要志愿者帮忙挪动身体，还有的老人要求退场，但两位歌手依然认真投入地演唱。

正当我们被优美的歌声和志愿者们认真的服务所吸引的时候，一位瘦瘦的老人被推到中间，和着音乐开始舞动起来。尽管他的下肢不能活动，但透过其双臂有节奏感的摇摆，可以看出他是一位乐观开朗的老人。欣赏了大约 20 分钟后，我们并没有看到李美女士，于是买婷带我们找到了接待处。负责接待的是一位印度修女，她客气地询问了我们的来意后，打电话找来了李女士。

（二）

李美于 2018 年 6 月被派到萨摩亚工作，此前曾在法国、英国、意大利、香港等地安老院服务，这是她从事这份工作的第 51 个年头，在太平洋地区工作的第 8 年。目前在南太平洋地区共有两家安老院，一处在法属新喀里多尼亚，一处在萨摩亚。被派往萨摩亚之前，李美就在法属新喀里多尼亚工作了 7 年。萨摩亚安老院里共有 7 位修女，其中 3 位印度人，1 位中国香港人，1 位西班牙人，两位萨摩亚本地人。安老院共有 47 张床位，全部满员，其中年龄最大者 93 岁，在安老院居住时间最长者已有 20 多年。由于安老院接待量有限，对于老人入院有严格要求——家中确无子女照顾、自己又无法自理的老人。收入安老院的老人费用全免，日常开支主要来源于教会和社会各界爱心人士捐助。

安老院里多数老人行动不便，需要喂饭、翻身等特殊照顾。萨摩亚长年高温湿热，对于老人的日常护理挑战性极强。每天早上 5 点整，修女们就开始了一天的工作，直到晚上就寝。因为大多数老人不能自理，仅有的 7 位修女根本无法照料所有老人，安老院又雇用了 30 名当地员工，和修女们一起负责老人们的一日三餐、洗澡、换衣、更换尿布等。她们严格执行专业护理标准，尤其是对于那些无法自主翻身的老人需安排专人 24 小时值班，每两小时翻身一次。在萨摩亚这样一个长期炎热、蚊虫叮咬十分严重的国家，一旦发生皮肤感染化脓等情况往往数月不愈。笔者所在的学校中，常有同事和学生因皮肤感染请假数天。但安老院里 47 位老人没有一人出现皮肤感染，这是一个奇迹，更是爱心的凝聚。

安老院所有房间均为单间，每个房间里安置有医用护理床，大一些的房间内设有独立卫生间，较小的房间两人共用一个卫生间。我们参观时已近中午，午餐已经准备好。与所有萨摩亚家庭一样，他们的主食有芋头、米饭、香蕉、鸡肉，但多了如土豆泥、芋头泥和西瓜等适于老年人享用的半流质食品。有几位老人没有参加周末活动，正在用餐。他们已经失去了语言和自理能力，无法自主进食，修女们耐心地一勺一勺地喂着他们。

自1967年发愿成为修女至今，李美就没有了财产、家庭、婚姻等概念。现在她的全部财产仅有两身工作服，两身祈祷服，一部老人手机，手机里存储的号码有限，一般只是用来联系同院的姐妹们。

按照安老院规定，所有服务人员每三年可以休假两周。李美的父母已经过世，兄弟姐妹也已上了年纪，况且她早已把身心奉献给安老事业，回家已经不是她必须要走的路了。乡愁大概是人类的一种普遍思绪，可对于李美来讲，她仿佛没有痛苦，更不在乎自己身在何处。而且谈起自己的身后之事，李美也早已抛却了世俗观念，在她看来，一切皆是上帝的安排，哪里都是可以安葬的故乡。

"这样很好啊，你没有第二天穿什么衣服的烦恼啊。"李美面带微笑平和地讲道。是啊，李美每天仅有固定的工作服和祈祷服，且均是通体白色，她不需要把外在的美展示给人看，仅有的几位熟人都是她的同事，她工作的对象均是长期卧床、生活基本不能自理的老人，她只需要把心底最美好的东西奉献出来。因为疾病、心理等各方面原因，安老院的老人也会经常乱发脾气甚至骂人，李美和她的同事们从不生气，她们知道老人一生受了很多苦，进入晚年性格上难免有些孩子气，这些都可以理解。而且，比起其他国家和地区的老人来说，萨摩亚的老人相对比较好照顾，因为他们很容易获得满足。

（三）

"安贫小姐妹"（Little Sisters of the Poor）由圣珍妮·朱甘（Saint Jeanne Jugan）于1839年创立，系国际天主教妇女团体，其在全球30多个国家和地区建有安老院。萨摩亚安老院创立于1970年3月，创始人为传教士彼得·施韦赫（Peter Schwerher）。彼得在萨摩亚从事了40

年的传教工作，去世前才回到新西兰并向奥克兰天主教大主教皮奥·塔菲努（Pio Taufinu）提出在萨摩亚设立安老院的建议。1970年9月，萨摩亚安老基金会成立。1971年6月，来自新西兰、西班牙、印度和澳大利亚四个国家的4位修女被派往萨摩亚开始了安老院工作，负责人为新西兰修女玛丽·艾格尼斯（Mary Agnes）。1972年9月，玛丽·艾格尼斯在前往邮局为安老院汇款购置物品时被一当地男子捅伤，救治了18天后不幸离世，年仅38岁，但安老院却永远保留了下来。

玛丽·艾格尼斯去世后，前来悼念她的人络绎不绝。萨摩亚人懂得感恩，也懂得赎罪，他们用这种方式来表达萨摩亚人的愧疚和哀悼。采访结束后，李美一边带领我们参观玛丽·艾格尼斯的墓葬，一边用老人机联系一位负责财务的西班牙修女，把翁维捷捐助的现金支票入账。

安老院所有开支来源于社会捐赠。由于采访当天为星期六，摩门教总部向安老院捐赠了一卡车大米、鸡腿及日化用品，来自摩门教的几十位当地学生有序地搬运着捐赠物资。

从人口年龄构成上看，萨摩亚是一个年轻的国家，全国15—64岁人口占59.4%，65岁以上人口仅占5.2%。而且由于高龄老人偏少，萨摩亚老人的养老并没有成为社会问题，也从未听说过萨摩亚老人受虐事件发生。这大概源自如下几方面原因：一是传统酋长制依然是萨摩亚基层社会治理的主要模式，萨摩亚年轻一代对于酋长的敬畏、对于长者的尊重程度远胜于其他国家；二是萨摩亚青少年在家庭生活和学校教育中，均经常受到不同程度的体罚，加上每天必不可少的除草、摘果、清扫、照看弟妹等家务劳动，为老师和家长树立了牢不可破的威严；三是萨摩亚政府为年满65岁以上的老人每月发放70塔拉养老金，可以满足老人的零用需要；四是萨摩亚实行全民医疗，一般疾病可在萨摩亚治疗，重大疾病前往新西兰治疗，自己仅需花费往来路费，老人们的医疗费用并未构成家庭负担；五是萨摩亚几乎每个家庭均有海外亲属，海外亲属的汇款亦可以满足老人的生活需求。因此，政府、宗教、酋长、海外亲属等共同为萨摩亚社会的社会治理、教育、医疗、养老等提供了一定保障。

离开之际，笔者的心情极度复杂。望着眼前这位年迈的瘦弱女性，心中感慨万千。我深知以我的世俗之见无法理解她的伟大，但我依然感叹着她的别样人生，感动于她的无私无欲。我搂着她拍了一张照片，那是我当时唯一能够表达爱意和敬佩的方式。

二 孙明霞

早就听说在萨摩亚经商的华人同胞中，有一位神奇女性，她长相俊美，英语水平过硬，雅思8.5，富有经商头脑，热心助人，经常帮助中国同胞翻译文件，办理入境手续，甚至出庭打官司。听说她之前在库克群岛打拼，近几年到萨摩亚经商。在萨摩亚工作期间，笔者曾经前去她经营的百货商店里购买过日用品。有一次碰巧她在店里，一听说是中国老师，收款时非要打一下折扣。在岛国打拼的中国男性很多，偶有几位女性也基本是夫唱妇随，只身独闯南太平洋岛国的女性，她是极为出色的一位。2018年11月，在曲升老师的陪同下，我们如约来到了她经营的百货商店，对她进行了两个多小时的访谈。

由于是周日，商店没有营业。她告诉我们，家里正在盖房子，不便接待，所以临时选在商店办公室里接待我们。大大的眼睛，略微泛黄的皮肤，一身运动短衫，长长的马尾辫随意地扎在脑后，这位萨摩亚传奇女性非常立体地出现在我们面前。

孙明霞，山东栖霞人，1979年5月出生，一位地地道道的烟台姑娘。1997年栖霞中桥中学毕业后，考入青岛大学攻读市场营销专业，2001年毕业前夕在海尔集团有过3个月的工作经历。2001年9月，孙明霞赴新西兰林肯大学（Lincoln University）攻读商科硕士学位。求学期间，孙明霞结识了太平洋服饰有限公司（Pacific Apparel Limited）总经理。这位总经理十分欣赏孙明霞的勤奋、干练。2003年研究生毕业后，她顺利入职太平洋服饰有限公司，并被派往库克群岛分公司工作。

2013年，孙明霞独自到萨摩亚创业。

（一）

库克群岛（The Cook Islands），位于南纬8°—23°，西经156°—167°，属波利西亚国家。陆地总面积236.7平方千米，海岸线长约120千米，海洋专属经济区约200万平方千米。库克群岛由15个岛礁组成，其中拉罗汤加岛面积67.1平方千米，约占国土总面积的28%，[1]首都阿瓦鲁阿位于该岛北部。库克之名来自英国著名冒险家库克船长。1768—1779年，英国航海家詹姆斯·库克（James Cook）带领探险队3次探索南极大陆，最南到达南纬71°边缘。1773年，库克船长将新西兰南岛与北岛间的海峡和太平洋中的一处群岛命名为库克海峡和库克群岛。1888年，库克群岛沦为英国保护地，1901年成为新西兰属地，1965年实行内部完全自治，1992年，联合国承认其外交独立性。1997年7月25日，中国与库克群岛建立大使级外交关系。2001年中国经贸代表团访问库克群岛，与库克群岛签订《中库经济技术合作协定》，向库克群岛提供1000万元人民币无偿援助。[2]

"在这家公司从事秘书工作半年后，老板认为我不太适合这项工作，因为我的性格比较毛糙，老板会经常跪在地上帮我找文件，于是就晋升我为总经理了。"孙明霞幽默地结束了她在库克群岛头半年的工作。

孙明霞入职的并非是一家名不见经传的小公司，该公司经理曾是新西兰一位比较出名的橄榄球球星，公司旗下经营有服装、百货、汽车生意。这位球星的母亲系新西兰第一家免税店老板。因此，有家庭经营传统和个人经营经验，该公司在人才选拔与使用方面颇为挑剔。而能够在以白人经营为主的库克群岛打拼出自己的一番天地，孙明霞在人品、学识、能力方面一定有过人之处。事实证明，她的勇敢和聪慧深得经理赏识。

---

[1] 王作成编：《库克群岛》，社会科学文献出版社2017年版，第1—2页。
[2] 本文中国与库克群岛外交关系梳理至孙明霞前往库克群岛工作之前。

机会总是垂青有准备的人，命运也会眷顾努力拼搏的人。孙明霞并没有满足于眼前的经理职位。2004年，她向新西兰电讯公司投出简历，虽然面试时就被告知录取了，但是因为当时这家公司内部员工有排华倾向，孙明霞最终选择了放弃。[①] 但新西兰电讯公司始终对这位独立聪慧的中国女孩抱着希望。2006年，这家公司又向她抛出了橄榄枝，并且开出了优越条件。经过一番考虑，孙明霞入职了电讯公司。谁知其原来的太平洋服饰有限公司再一次找到她，并且开出了工作一个月休假一个月的更加优越的条件。原来，孙明霞出任公司经理时，该公司在库克群岛的营业额翻了4倍，他们对于明霞的工作能力、业绩表现一直念念不忘。于是，孙明霞又于2008年回到了原公司，直到2013年离开。

"我在这家公司又工作了五年。其实老板也看出来了，我不会长期坚持下去，我是一个比较有想法的人。所以他就主动提议把百货公司的一半股份转让给我。说实话，这个诱惑力很大，但我没有接受。"孙明霞是理智的，也是明智的。如果接受了股份，两个人之间就面临账目核算、财务管理等问题，双方难免会产生矛盾，所以她宁愿只领一份工资，在工作关系上更加自由单纯。但工作和生活一旦变得单调和悠闲起来，孙明霞就有改变的冲动。于是，她与老板合伙注册了一家汽车公司，代理江淮汽车。为了打开销路，她开始往来于太平洋岛国之间。2013年8月，当她到萨摩亚考察时，被萨摩亚的人文环境吸引，当即决定留下来，在萨摩亚继续创业。

孙明霞天生有一副经商头脑，大学和研究生阶段的商科学习又给她增加了理论基础。早在十多年以前，她就会利用大数据分析客户，分析市场。在新西兰电讯公司工作期间，所有的市场营销、客户分析都是她在运作。她曾经利用大数据分析拨打电话的时间段、年龄段、时长、地区等，在库克群岛推出了kiaora卡[②]——一种专门针对中老年人拨打海外电话的长话卡。作为一家在太平洋岛国长期运营的国际大公司，每一

---

① 新西兰电信公司与库克群岛政府进行合作的一家公司，新西兰占有60%股份。
② kiaora为库克语，你好之意。

个销售策略的前提都是盈利,这张卡的推出也是经过前期大量的数据分析后慎重推出的,并且为公司带来了不错的效益。

"库克群岛受新西兰影响很严重,整个社会比较正统,民风淳朴、诚实,家族观念浓厚,乐于分享。当然,岛国常见的一些问题比如偷盗、家暴等,库克也存在。从政治体制和经济环境上看,库克是一个以白人为主导的国家,绝大多数生意人都是白人,中国人很少。受新西兰影响,库克人观念正统,守规矩,讲规则,不存在我们观念中的熟人、后门、打招呼一类的事情。"尽管已经离开库克群岛七八年时间了,谈起库克群岛,孙明霞依然充满感情。她一口气讲了这么多,由表及里、有条不紊,语言流畅、思路也十分清晰。

"库克很美,那种美永远驻足在我的脑海里。来到萨摩亚之后,就没有太多时间去享受那种美了。现在每天忙于进货,调查客户需求,与大客户沟通。总有一种感觉,在萨摩亚是忙于奔波,在库克是享受生活。"不经意间,她说出了一个带有哲学意味的话题。人们总是以为忙忙碌碌才是人生的真谛,其实,真正的幸福感来源于慢节奏的生活。

(二)

同样的萨摩亚,在不同人的眼里有不同的风景。旅游者欣赏她的恬静祥和,探险家醉心于她的原始荒蛮,人类学家专注于她与众不同的文化积淀,生意人则看到了无限商机。孙明霞就是如此,2013年8月,刚一踏入萨摩亚就觉察了这个国家的商机。她开起了服装店、百货零售批发店。当然,生意场上没有常胜将军。由于初来乍到,对萨摩亚不甚了解,孙明霞起初把萨摩亚定位为旅游国家,服装进货也提高了档次。实际上,萨摩亚的旅游景点不在首都,游客也很少到首都购物。当地百姓又不接受价位偏高的服装。接下来她只好调整经营思路,把客户群体定位在大客户上。有了这一定位,她的生意便如鱼得水,信誉也有了保证,回款亦不成问题。

"现在对市场才刚刚熟悉,还没有时间去品味这里的美。"孙明霞一边笑着一边说道。"我想等生意告一段落后就离开这里。在一个地方待得久了，就失去了向上的动力或者挑战感，从心里没有劲头了，需要换地方了。"说这些话的时候，孙明霞家里正在建房。在常人看来，建房意味着留下，意味着一份稳定的生活。但她认为，房子的本来属性是居住，既然员工们想改善居住环境，公司需要一个仓库，那就先建起来。但房子如同汽车一样，可以随时丢弃，它不会成为离开的羁绊。

聊着聊着，我突然意识到，我一直在用自己的思维方式思考她的人生，如生活悠闲、环境优美、薪水高的库克群岛，她怎么说放弃就放弃了呢？不在萨摩亚久居，为什么还要买地建房呢？在萨摩亚工作生活了三年，我还是固守着中国人传统的思维习惯和生活方式，问了她那么多为什么。尽管她都耐心地做着回答，但我们之间的距离绝不是面对面的距离，而是生活阅历的距离。在她看来，哪里都是故乡，哪里又都是过客，人生不过是一张机票的事情。看得出来，在太平洋岛国打拼的这些年，不但给了她丰富的生活阅历，而且打开了她的视野。她结识了许多国家的朋友，体会到了生活原本有多种方式。丰富的创业经历让她生活起来更加豁达，也开始多视角地思考人生。

（三）

孙明霞现在持有中国护照。与其他同胞不同的是，她一直没有把亲人接到身边。比起男性来，女性在外打拼尤为不易。而且太平洋岛国是全世界女性权力较低的地区之一。孙明霞不仅在这块水域为自己撑起了一片天空，还经常帮助当地华侨华人翻译文件，甚至出庭打官司。同样当自己面临被威胁甚至讹诈的时候，她的智慧、胆识也让对手刮目相看。

2017年，孙明霞的父亲到萨摩亚看望她，不慎驾车撞坏了邻居一扇门，被对方索要22万塔拉，并且受到人身威胁。

"他当时派人来威胁我，我告诉他，你想做什么你就做，如果有人身威胁，你来好了。我不单独和你和解，咱们法庭上见。"当笔者采访时，孙明霞的官司已经打了一年多，还没有了结。对于许多离家在外的中国人来讲，也许息事宁人是最明智的做法。但这件事情，明显是对方有意勒索，这已经不是单纯的赔偿问题了。

"确实是我们撞坏了他的门，但他利用这件事把房子全部装修了一遍，让我承担全部费用，这对我来说太不公平了。他索要22万塔拉，这个钱可以盖两套房子了。我请了岛上最好的律师，我会一直把官司打下去。我宁可拿22万塔拉去请律师。"她的话平淡而坚定。她不仅在为自己打这场官司，而是以某种方式告诫当地人，不要太张扬，中国人、中国女性有底线、有尊严、不怕事。

孙明霞提到的这位邻居我们没有见过，听说是一位新西兰人，在萨摩亚开有一家档次比较高的礼品店，兼做法律咨询。也许正是因为他的白人身份和熟悉萨摩亚法律的缘故，才有了如此不可理喻之事。其实，就笔者所了解的萨摩亚人，他们有时候很容易和解。萨摩亚有一句俗语，所有不快乐的事情要在太阳落山之前忘掉。所以如果与当地人起争执，通常有几种处理方式：小事情解释清楚就可以了。如果问题较大，可以通过家族会议，酋长出面解决。至于涉及法律层面的问题就必须通过法律途径了。笔者在萨摩亚工作期间，曾经有两位中国同胞发生交通事故。一例是一位中国员工驾车撞死了一位萨摩亚孩子，当时这位员工用了当地最传统的请罪方式前往孩子家里请罪。他身披草席，匍匐在受害者家门口，受害者家庭当即召开了家族会议，最后这个家族的酋长做出决定，原谅了这位中国员工，为此笔者还写了一首诗（见附录5）。另一例是一位工程师驾车追尾了一辆公交车，导致公交车上一位老人死亡，最后通过法律途径进行了赔偿，但都没有引起较大争执。

目前，除了经营百货批发零售外，孙明霞还经营有一家汽车轮胎店，组建了一支装修队。由于长期受到新西兰影响，萨摩亚在建筑业方面执行新西兰标准，要求非常严格。许多时候需要明霞亲力亲为，谈合同、谈用料、谈装修风格等。生活很累，但明霞把它过成了诗。坐在我们对面的这个谈笑风生的女性内心究竟有多强大，才可以在正吃着官司、经营着三家公司、家中正在建房忙得不可开交时，与我们云淡风轻地谈她的经历、她的梦想……

三　伍艳梅

　　萨摩亚仅有一座城市——首都阿皮亚。这座由三条横向和三条纵向道路规划出的城市看起来更像是中国的一个小镇。小镇不太热闹，但也不会太寂静。在这样一个城市中，有一处地方算得上是闹中取静了。它位于阿皮亚东部一片空地上，矗立着几间平房，房屋呈圆形，尖顶，大大的屋檐顺着屋脊侧滑下来，像是一顶中国清代的官帽，只是这顶官帽有些破旧。S&S Island Takeaway 和 S&S Island Restautrant 的牌子随意地立在屋顶，十分醒目。从字面上翻译，应该是萨摩亚快餐店和海岛餐厅，华人同胞习惯称之为海岛餐厅。

　　第一次去海岛餐厅就餐是 2018 年 7 月，隋清娥、曲升以及崔守鑫老师的家属到萨摩亚探亲，翁维捷经理为大家接风，地点就选在海岛餐厅。席间，翁经理介绍说，这家餐厅的菜品不错，老板娘人也真诚、厚道。说话间，一位面带微笑、操着广东口音的女性端上来一大盆海鲜疙瘩汤，这让老师们欣喜起来。因为萨摩亚人不喜欢喝汤，只有在中国餐厅就餐时，才会喝上中式煲汤。因为一盆汤，我对她顿时产生了好感，就这样，一位年轻漂亮、贤淑温婉的广东女子走进了我的视线。

　　伍艳梅，1984 年 4 月出生，广东台山人，2008 年到萨摩亚，目前与丈夫经营海岛餐厅。伍艳梅的丈夫莫健锋，1981 年 3 月出生，广东台山人。莫健锋与陈宝元是同村人，其父与陈宝元从小一起长大，2005 年 10 月他投奔这位族叔而来。2018 年 11 月 5 日下午，在夫妻两人经营的海岛餐厅，我对他们进行了访谈。

　　其实，莫健锋早于伍艳梅 3 年到达萨摩亚，目前夫妻二人共同经营餐厅。把莫健锋归入 2010 年华侨华人群体也是情理之中。只是，笔者在伍艳梅身上，看到了一位年轻女性的沉稳、隐忍、吃苦和满足，思考再三，还是希望把艳梅凸显出来。但依据夫妻二人的陈述，笔者并未改变历史叙述习惯中的时序性，从莫健锋出国打拼开始，将二人的奋斗经历如实地呈现出来。

（一）

莫健锋中学毕业后，17岁赴深圳打工。7年的打工生涯中，他先后在三家餐厅工作。帮工2年，厨师2年，厨师长3年。莫健锋没有进行过专业厨师学习，凭借着悟性和勤奋，他掌握了一技之长，收入也基本稳定。但深圳的生活标准过高，无论他怎么努力也没有什么积蓄，相较于父母对他的期待，显然差得太远。而当时族叔陈宝元已经在萨摩亚定居多年，经营有餐饮、五金店以及电子产品店等几家店面。陈宝元每年都要回乡看望亲朋故里，为家乡做了许多善事，深受大家爱戴。于是，莫健锋在父亲的劝说下于2005年10月到萨摩亚，进入陈宝元的餐厅就职。

宝元餐厅尽管是中国人开设，以汉语命名，但由于当时岛上华人较少，点餐量有限，餐厅主要以经营当地饮食为主。萨摩亚当地人饮食品种较为单一，食材较少，对于菜品要求不高，这对于在深圳打拼过三年的健锋来说，并不具有挑战性。而且萨摩亚人喜欢多点少吃，将更多的饭菜打包回家，家中老小更不会挑拣菜品的味道和质量。

早在深圳打工期间，莫健锋与伍艳梅邂逅，并且确立了恋爱关系。当初背井离乡的他，一边背负着父母的期望，一边寄托着恋人的期盼。莫健锋设想得很好，等攒下一笔钱就回家迎娶艳梅，但刚到达萨摩亚半年，他的父亲生了场重病，他不得不把攒下的工资全部寄回家，还欠了部分外债。但他的孝心最终也没有打动上苍，父亲还是撒手而去。

"当时我母亲打电话说，人已经没有了，不要回去了。主要是那个时候也没有钱回家了。给父亲治病借了一部分钱，机票又非常贵，大概需要8000塔拉。而且当时萨摩亚不是落地签证，签证也很麻烦。"说这些话的时候，莫健锋的表情极其复杂但最终只是无奈地摊着一双手。

父亲离世时未能守在床边始终是压在健锋心底的一块石头，直到2015年，莫健锋在萨摩亚打拼10年以后才第一次回家，他给父亲扫了一次墓，平复了心中多年的愧疚之情。

2008年，莫健锋终于还完了欠款，攒够了一张机票钱。于是，他为伍艳梅买了一张机票，艳梅才得以到萨摩亚与他团聚。艳梅的到来，让这一家人在萨摩亚的生活更加稳定，生意也略有起色。采访期间，夫妇二人的两个儿子一直在旁边玩耍。就这样两人相濡以沫，在萨摩亚共同打拼，但由于经济原因，两人的婚礼一直拖到2015年。那一年春节，两人第一次一起回家，请了几桌同乡简单吃了个饭，算是补办了一场婚礼。

（二）

2008年艳梅到萨摩亚后，在陈宝元的电子产品经营店打工，之后他们在萨摩亚登记结婚。2009年大儿子出生，2011年，儿子两岁时，伍艳梅把儿子送回国，由婆婆照看，自己回到萨摩亚继续工作。2013年小儿子出生后她一直带在身边。2015年，她陪同健锋回国给父亲扫墓，这是莫健锋到萨摩亚后第一次回家，伍艳梅第二次回家。

"既然这么艰难，为什么不回去？"感慨他们不易的同时，我更想知道是一股什么力量支撑他们一路走来。

"不想回去，出来没有赚到钱就不想回去。"伍艳梅口气很平静，话也不多，但一句不想回去足可以让我感受到这位女性性格中要强的一面。

尽管莫健锋与伍艳梅在萨摩亚以打工为生，生活清苦，但在他们看来，萨摩亚自然环境、经营环境都不错。于是，2014年，夫妻二人在陈宏伟夫妇的帮助下，租用了一处当地人的院落，开了一家餐厅，并请艳梅的弟弟到萨摩亚帮助打理，他们夫妻二人则继续留在宝元餐厅工作。因弟弟经营不力，餐厅难以维持下去。夫妻二人不得不拆东墙补西墙，拿在宝元餐厅打工赚到的工资贴补餐厅日常开支。无奈之下，2016

年，夫妇二人决定接管餐厅，才有了华人朋友十分喜爱的海岛餐厅。接手餐厅后，艳梅夫妇又借了一笔钱，对餐厅进行了重新装修。

"现在好一些了，我们刚刚还清了欠款。"夫妇二人的脸上多了一分欣慰。在萨摩亚打拼13年，两个人才有了自己的一家餐厅，才刚刚没有了债务拖累，他们经历的那些苦只有他们自己知道。

采访中，店里一个十几岁的女孩子一直哄着小男孩玩耍。伍艳梅告诉我，女孩子是大姑姐家的孩子，但跟随婆婆长大。2015年回国时，他们夫妇二人把婆婆和外甥女都带到了萨摩亚，外甥女现在萨摩亚读中学。尽管自己的两个孩子都在萨摩亚出生，但目前均持有中国护照。

"如果申请这里护照的话，就得放弃中国执照。我不想。"谈起护照与身份问题，伍艳梅微笑着摇摇头。健锋、艳梅夫妇是我采访的第30几位华人了，善良、老实、厚道、平和是我对他们的总体印象，但我始终没有看到经商之人的那种睿智与灵活，他们一直坚守着自己的内心，一点一滴地做着力所能及的事情。

"有时候也想开一家超市，把生意做大一点，但现在不行。"艳梅继续说道。目前萨摩亚的百货、食品批发零售业多由华侨华人经营。有的超市已经开到了偏远的村子里。当然了，办理超市经营许可证必须要有萨摩亚身份。为此，有的华人朋友与当地人联合，由当地人申请许可证，这存在一定的风险。因此，如果真要开超市的话，艳梅就要考虑申请萨摩亚护照了。两个人也确实考察了一段时间，但始终没有找到合适的位置，更不想放弃中国身份，所以就一直以经营餐厅为主。

谈起对于萨摩亚的印象，夫妇二人均表示已经习惯了萨摩亚的生活。萨摩亚人比较纯朴、温和。萨摩亚人从不高声讲话，对于饭菜也不挑剔，比较容易相处。夫妇二人在萨摩亚生活10余年来，从未与当地人产生过矛盾。看来，尽管创业历程漫长且艰辛，但他们对于萨摩亚的自然和人文环境还比较满意，想必这也是他们一直坚守在萨摩亚的原因。另外，熟悉当地语言也是化解矛盾的关键因素之一，夫妻二人都可以说一些简单的萨摩亚语。

海岛餐厅共雇用了4位员工，其中1位中国人3位当地人。每逢周末店里只剩下了艳梅一家人和那位中国员工，自然就会忙碌许多，所以健锋的妈妈、外甥女都要一起上阵。萨摩亚人的作息特别有规律，工作日每天下午5点下班，周六、周日几乎所有商店歇业。星期天是萨摩亚人前往教堂参加礼拜活动的时间，这一天也是艳梅一家最忙碌的一天。参加完聚会的人们回家路上会顺便到店里捎点外卖。但根据萨摩亚劳工部规定，节假日、休息日要支付双倍工资，所以他们宁可自己忙碌一些，也要为当地人腾出教堂活动的时间，同时也可以减少一些工资支出。况且，当地员工的住处离首都非常远，星期天没有公交车，往来也极不方便。

（三）

"做了10多年餐饮，烦了吗？"

"烦了。"伍艳梅脱口而出。她的脸上浮现出些许无奈，莫健锋则撸起袖子晃着右手，让我看他手腕处鼓起的一个核桃般大的疙瘩——显然，他的手腕已经落下了职业病。近年来，随着萨摩亚开放程度越来越高，各种档次的酒店、餐厅增多，但就餐量没有太大变化，餐饮竞争越来越激烈。

"后悔来这里吗？"

"不后悔。那么艰难的日子都熬过来了，还有什么后悔的？出来的时候什么都没有，现在总算有一家自己的店了。不过开业第一年的时候，一分钱都没有，每周的结余都拿出去还债了。现在刚刚还清了外债，生意比较稳定，每天的营业额也比较固定，比创业之初好多了。"莫健锋一边揉着右边的肩膀一边说道。这些年，他们一直在打工，也一直在还债。为了支撑起店面，能够想到的办法他们都想了，如每天午饭时间，伍艳梅会带上几十盒快餐到超市门口、汽车站附近出售，一盒快餐仅售三塔拉。

完稿之后，特意发给艳梅校对。她嘱我一定借助本文表达他们夫妻二人对于众多萨摩亚华侨华人的感激之情：把他们引介萨摩亚的陈宝元，帮助他们自主经营的陈宏伟、经常光顾餐厅的翁维捷、施祖杰、王培正……尽管夫妻二人带领一家人至今靠着租来的房屋经营餐厅，但在他们身上，有一种最本质的东西始终在闪耀，他们依旧善良和本分。

附　　录

附录1　"德属萨摩岛招工合同"中文版①

华人由闽往萨摩岛，每名收水脚伙食银二元。

工人薪金每月至少七元，其住屋、饭食、医药各费，由公司供给。

工人无须操作苦工。

工人中有知识者，由萨摩公司酌用数人，充当买卖；唯不能自造生理，其地亩工人，只能承批，不能购买。

工人作工三年，成病重者，倘愿回华，自必资遣返籍。

工人尽能随时回华，唯须自备水脚。

工人如有被拐往萨摩岛，其亲属欲追回者，须有切实被拐凭据，仍须筹备工人回华盘费银六十元，缴由洋务总局，送交领事官转移萨摩岛总督，或将本人资送回华。倘所追工人确自不愿回华，须取该工人切实口供，移复核办。

巴布亚章程内，间有不符者，均照上开各款办理。巴布亚章程各款，萨摩岛招工应须援照办理者，开列于后：

萨摩岛地方，一切规模经已布置妥当，工人住居，均系通爽；遇有疾病，由医治西人医生调理。

所有华人均得优待，德国官员可以承认。

---

① 陈翰笙主编：《华工出国史料汇编》第一辑第四册，第1599—1600页。

前往工人并不收税。

在萨摩岛地方作工之人,皇家饬令礼拜日一概停工。

工人由闽往萨摩岛,在船每日每人应得米六百咁折合中国六合米,咸鱼四两,咸菜七两,饮水十斤,柴炭足用。

工人到萨摩岛,即给通爽光亮住屋一所,要有床凳,不可使令席地而卧,并给以清净水,可供饮食沐浴之用,不取分文。工人患病,医药罔效,因而身故者,应由公司给以棺木,照中国例殡葬,立碑而记。一概丧费,公司给发。所遗银两杂物,由公司寄回福州,并给抚恤银二十元,发交亲属收领。

工人如有书信等项寄回亲属,由公司代寄,不收信资。

萨摩岛地方或遭意外,该公司如有变迁等事,应将工人送还福州。

附录 2　1917 年第 42 号禁令翻译[①]

我们法雷乌卢村马他伊委员会兹颁布如下法令:

1. 严禁本村马他伊、图拉法雷(作者注:代言马他伊)或任何人的女儿与苦力同居,因为我们讨厌苦力破坏萨摩亚种族。他们是作为劳工而到这儿的,届时将被遣返回去。

2. 我们有权对违反此法者进行惩罚。

附录 3　使德杨晟呈外务部萨摩岛受虐事实[②]

立合同人工主温德司代理人,今将两家所订作工合同,开列于后:

一、该工人订本日起程前往萨摩地方,赴上开工主定之园地作工。

二、该工人每逢作工之日,操作不过十点钟。

三、该工主每月应给工人薪金　元。

[①] 原文件存于萨摩亚博物馆。
[②] 陈翰笙主编:《华工出国史料汇编》第一辑第四册,第 1601—1603 页。

该工人已经支领上期银　　元，须由工钱扣回每月　　元。

五、凡遇华人放假日期，工人不必操作。

六、工人所有伙食、住所、医药，均由工主出资支理供给。

七、工人如有不肯作工，应听工主计算日期，扣除工钱，其有自误，因而患病不能作工者，亦照此办理。工主与工人如有因此或因别事争执，均可赴地方官禀明，听候核断。

八、工人倘若未蒙监管头人允准，不得擅离园地。

合同期限三年为额，系由工人到萨摩地方之日起计算。

十、合同期满，工人有欲回华者，自必资遣返国。

彼此有因合同词意争执者，应以德文为准。

上开各款，两家均已阅悉应允，兹特各自签名于下，以昭信实。

光绪三十一年三月二十五日

今摘列工主违约条款于下：

第二条　订明操作不过十点钟，今则操作十一点零三十分钟。

第三条　订明每月应给辛金七元，今操作足工者只给二元五，虽照第四条每月扣回上期银二元，仍不止此数。

第六条　订明凡工人伙食、药费均由工主支给，今则所给食料皆臭朽，不堪入口，而疾病者，不问是非，概绝医理，且囚之暗室。窃念工人到此，多因水土不合致疾，故不疾则已，疾则有死无生。

第七条　订明工主与工人或有争执，可赴地方禀明听候核断，岂知地官袒护同类，歧视异种，不分皂白，令将工人先打十藤，肉飞皮烂，拘囚七天，罚款十马克，然后释放。薄言往诉，逢彼之怒，诉将何益。

附录4　西萨摩亚华人公会（结社）章程和条例①

1. 本会称"西萨摩亚华人公会（结社）"，并将按"1952年结社法

---

① 据萨摩亚华人陈宝元提供。另参阅翟兴付《萨摩亚华侨华人今昔》，第108—117页。

令"予以登记。

说明

2. 除本内容作解释，兹说明如下：

"公会"，指西萨摩亚华人公会（结社）。

"执行委员会"，指不时经正式选举产生且负责处理公会事务的干事委员会。

"干事"或"若干干事"，指执行委员会的成员或若干成员。

"会员"，指公会目前的成员。

"华人"，指永久定居西萨摩亚的纯中国血统人。

"半华人"，指永久定居西萨摩亚的半中国血统人。

"会长"或"多名会长"，指纯中国血统会长或半中国血统会长，他们视情况需要共同或单独行使职权。

"秘书"或"多名秘书"，指纯中国血统秘书和半中国血统秘书，视情况需要共同或单独行使职权。

"司库"或"多名司库"，指纯中国血统司库或半中国血统司库，视情况需要共同或单独行使职权。

"法令"，指1952年结社法令和据此制定的规定。

"细则"，指公会为掌管会务和规定会员以及其他人士与公会之联系而正式采用的任何辅助性条例。

公章

3. 公会保有公章一枚，并由执行委员会指定的秘书保管。公章可在执行委员会为求得某项问题的解决而书写的任何文件上，并在会长和一名干事在场的情况下盖印。

报名登记的干事

4. 出面为公会登记的公司是阿皮亚 J. M. 阿昌有限公司的商业

房产。

公会宗旨

5. 公会宗旨如下：

（1）为公会会员谋福利；

（2）促进会员间的和睦和友善情谊；

（3）促进永久定居西萨摩亚的纯中国血统人和半中国血统人之间的相互关系；

（4）为会员中不幸者或在经济等方面需要援助者提供帮助；

（5）在公会认为合适的情况下，为西萨摩亚政府提供任何能力的援助；

（6）为任何慈善等事业提供援助或捐赠；

（7）在经公会讨论并同意的情况下，为无依靠的老年会员提供任何形式的帮助；

（8）为公会之目的，建造一个俱乐部或其他建筑；

（9）促进会员学习中文的兴趣；

（10）支持西萨摩亚其他居民和人民，并和他们融洽一道工作。

会员资格

6.（1）任何年满16岁的纯中国血统人或半中国血统人，以及和他们通婚且享有好名声的任何其他人，均有资格入会。

（2）在公会注册申请书上签名并向执行委员会派的秘书交纳首次会费的人，将视作公会创始会员。

（3）在此以后，合格并希望入会者应，应向秘书提出书面申请并交纳首次会费。

（4）秘书需将入会申请提交执行委员会的下次会议讨论。申请接纳后，秘书即将申请者以会员身份列名入册；如申请未被接受，所交首次会费应交还申请人本人。

终止会员资格

7.（1）向公会提出退出会员资格的书面通知，任何会员均可退出他（她）的会员资格；一旦接到通知，他（她）就不再成为会员，但并不解除他（她）当时欠付的会费的责任。

（2）任何会员，若被控行为不轨、损害或企图损害公会名誉或破坏公会宗旨，一旦指控成立，应停止其会员资格，或将其开除。指控应起码不少于三人出面，以书面形式写给秘书；秘书应在15天之内将包括指控声明在内的通知书发给有关会员，通知他（她：执行委员会将考虑该指控；他（她）有权在会上发言，并为答辩目的向会议提供证明。

（3）任何会员，如6个月内不缴纳会费，将丧失公会会员资格；但如果事后交纳了会费，且付清了所有欠款，他（她）将重新享有会员资格。

（4）按上述方式被终止会员资格的人，均无权对公会的财产和资金提出任何要求。

会费

8.（1）首次会费为两元，或为大会可能规定的其他数目的会费。

（2）每年会费应在每年3月1日交付，以后入会者的会费为1元，或大会可能规定的任何其他数目的会费。

管理

9.（1）公会一般事务，由每两年召开的年度大会正式选举产生的执行委员会掌管，而第一届执行委员会可由在此以前在公会注册申请书上签名的会员大会上选举产生。一旦公会组成，第一届执行委员会就立即接管并掌管公会事务。

（2）执行委员会干事的法定人数为10人；由两会长或两会长之一，或在两会长缺席的情况下，由两副会长或两副会长之一，担任执行委员会会议主席，并指导会议进行。

（3）在执行委员会可能决定的日期，或由会长（或共同提出，或单独提出）要求的日期，并在秘书提前3天通知执行委员会成员的情况下，执行委员会至少每个季度召开会议一次。

（4）执行委员会可以将它认为需要的职责，授予由其干事组成的小组委员会，或授予秘书。

（5）任何执行委员会干事（会长和副会长除外），如无正当理由连续三次缺席执行委员会会议，则不再是执行委员会的成员。

（6）执行委员会有权选举合格会员填补可能不时发生的执行委员会成员遗（留）的职位，但不得超过三名；如执行委员会任职期间其成员遗缺职位超出更多时，则召开特别大会以填补超出的遗缺职位。

（7）指导会议的通常规则，适用于指导执行委员会的会议。

选举执行委员会

10. 执行委员会由两名会长、两名副会长、两名秘书、两名司库和八名干事组成，其选举办法如下：

（1）一名会长、一名副会长、一名秘书、一名司库、四名干事，由纯中国血统会员选举，并从男性纯中国血统会员候选人中产生。

（2）一名会长、一名副会长、一名秘书、一名司库、四名干事，由纯中国血统和半中国血统人选举，并从半中国血统男性和单身女性会员选人中——他们或从其父，或从其母得到中国血统——选举产生。

（3）每一会员候选人，应由另外两名符合上述条件的会员提名和支持。

（4）如候选人提名数目超出所需，则举行秘密投票，以决定候选人中何者当选。

（5）执行委员会应编制并保存有权选举干事的纯中国血统会员的名册和档案，并制定有选举权的半中国血统华人的名册。

（6）只有交纳所有应交会费的会员，方有权被提名为候选人或有选举权。

财经制度

11. （1）公会可在执行委员会批准的任何银行开设账户，公会全部资金均应按此账户入银行。

（2）执行委员会指定两名干事和一名代理人，负责签署所有支票和按此账户提取或存入金款的证件。

（3）司库应经常保有说明全部金款、全部资产和债务

以及公会确切的财经状况的账簿和档案。任何会员以公会名义接受的全部金款，均应立即交给司库。司库应代表公会为所收全部款额发给妥善的收据，并应在收款3天内将该项金额存入银行。司库应在每次执行委员会会议上，或应会长、副会长、查账人的要求下，出示全部账目和材料并随后提出报告。负责上述账册和档案的司库，应出席执行委员会的所有会议。

（4）公财政度，应于每年3月1日结束，公会年度大会应在此后的两个月内召开。

（5）公会各项账册，每年由年度大会时经公会委派的一名查账人（应为非公会会员）查账一次，执行委员会可为此查账人支付酬金。

（6）司库应准备资产负债表、利润和盈亏以及其他清楚说明公会财经状况的文件，并要查账之后提交年度大会。

资金投资

12. （1）不管是否安全，不管有无利息，不管是购买动产还是不动产，亦不管购买任何公司或协会、企业或事业的股份还是股权，执行委员会均可以公会名义或代表公会，将本执行委员会认为合适的全部或一部分公会资金投入任何贷款。

（2）执行委员会可以为他认为需要的或值得的会员提供贷款，不管是否安全，亦不管有无利息。

借款权

13. 不管是否要付利息，公会有权借入金款；如需要，亦有权为公会的动产和不动产提供保险。

签订合同

14. 在经执行委员会批准的情况下，公会为本身之利益，可以签订任何合同或法律契约；并未实行此种合同或法律契约，在盖下公章的情况下，可实施或签订任何转让、出租、抵押或其他法律证件。

通知

15. 依据本章程和细则需要向任何会员发出通知时，此等通知可在两家连续出版的刊物上发出广告，或在一家周刊上刊出，或在电台上广播，或在报纸和电台同时发出。

大会召开

16. （1）公会有年度大会和特别大会两种。

（2）在所有大会上，或由会长联合，或由一名会长单独，或由两名会长之一，或在会长缺席情况下由大会选出若干干事，担任大会主席，并享有审议权和投票权。

（3）召开年度大会或特别大会的法定到会人数，必须为20人（包括不少于6名的干事在内）。

（4）指导会议的通常规则，应适用指导公会大会。

（5）召开年度大会，应提前7天向会员发出通知。

（6）根据自己的提议，执行委员会可以召开特别大会；在会长提出书面请求，说明召开之理由，并由不少于20名交纳会费之会员签名的情况下，亦可召开特别大会，但需在秘书提前7天给予通知并在秘书收到该书面申请后的30天之内召开。

（7）任何决议的投票，应以举手方式进行；或者，如 2/3 出席会议的会员提出要求，亦可以秘密投票方式进行，决定应以出席和参加投票的交纳会费会员的多数票通过。

（8）大会通过之所有决议，对不管出席或未出席大会的全体会员均有约束力。

解散和结业

17. 根据 20 名交纳会费会员致执行委员会并申明解散公会之要求的书面申请，或者根据执行委员会的动议；应召开特别大会，以讨论解散公会之问题；大会上，应获得至少 1/3 公会注册并交纳会费之会员的赞同，方能通过此种解散的提案；一旦解散的提案得到通过，在清付所欠债务的条件下，公会财产应按出席大会会员所决定的方式进行处置。

细则

18. 在大会批准的情况下，执行委员会可以制定与本条例和指导本会事务的其他条例不相矛盾的工作细则。

条例修改

19. 公会条例可以在大会上以出席会议 2/3 票数通过加以修改、增添或废除，但须按本条例第 16 条之规定，将大会召开和所要讨论之问题事先通知会员。

综合性条例

20. 如出现任何问题，而又非为本条例或细则所能决定者，应由执行委员会按自认为合适的方式加以解决。

21. 除非另外宣布日期，本章程将于公会组成之日起生效。

22. 我们在此签名的几个人，作为上述所提公会的会员，谨根据 1952 年结社法令，并以上述条件为内容，申请结社。

1963 年

附录5 原谅我
——一个来自萨摩亚的真实故事

炙热的骄阳烘烤着他的后背,
他匍匐在地,把头埋进双臂,
身上裹着露兜树叶子编织的草席,
静静地等候,等候对他的处置!
这是萨摩亚人特有的请罪方式,
以此表达深深地歉意!

来到这个岛上已经一年有余,
早已习惯了慢条斯理地过日子,
可唯独改不掉在老家开快车的陋习,
就在上午,他撞飞了这家的孩子,
一个年轻的生命在他的车轮下瞬间消失!
他懊悔、他自责、他想去警局,
他想用尽一切来弥补他的过失!
可此刻,任凭汗水、泪水顺着他的脸颊肆无忌惮地淌下,
他还是听不懂法雷里传出的每一个声音!
那是长辈们在激烈地争执,
还伴随着一位老者低沉的叹息!

他记得,萨摩亚人经常劝说他的一句话语,
要在太阳落山之前忘掉所有的不顺心!
可他明明,明明给这家人造成的是,肝肠寸断般的伤痛!
他并不奢望得到饶恕,
只想让自己的良心得到稍稍的平息!

突然,嘈杂的屋内一片静寂,
一位长者缓缓地向他走近,
他俯下身来将他搀起,在他的脸颊上轻轻地亲吻!
这是这家里最尊贵的酋长,
这个亲吻意味着他已被这个家族赦罪,
而且还可以像亲戚一样踏入这个家门!

短短的半天时间,像是挨过了几个世纪,
他设想了无数个结局,
可偏偏没有想到会是这般的不可思议!
哦,原谅你就是原谅我自己!
温暖你就是温暖逝去的生命!
鲜花还在绽放,
太阳依旧泛着光辉,
生活还要继续,
祝愿这块土地上的人们,
世代善良,仁爱永存!……

参考文献

资 料

一 中文资料

陈翰笙主编:《华工出国史料汇编》,中华书局1984、1985年版。

《清季华工出国史料(1863—1910)》,"中研院"近代史研究所1996年版。

中华人民共和国国务院新闻办公室:《新时代的中国国际发展合作》白皮书,2021年1月。

中华人民共和国新闻办公室:《中国的对外援助》(2014),2014年7月。

中华人民共和国新闻办公室:《中国对外援助白皮书》(2011),2011年4月。

二 英文资料

1. 人口普查资料

Samoa Bureau of Statistics, *Population and Housing Census 2001 Tabulation Report*, Apia: Government of Samoa, 2001.

Samoa Bureau of Statistics, *Population and Housing Census 2006*, Apia: Government of Samoa, 2006.

Samoa Bureau of Statistics, *Population and Housing Census 2011*, Apia:

Government of Samoa, 2011.

Samoa Bureau of Statistics, *Population and Housing Census 2016*, Apia: Government of Samoa, 2016.

Samoa Bureau Statistics, *2016 Census Brief No. 1*, Apia: Government of Samoa, 2017.

2. 国家发展资料

Ministry of Finance, *Strategy for the Development of Samoa 2008 – 2012*, Apia: Government of Samoa, 2008.

Office of the Minister of Finance, *Corporate Plan 2016 – 2020*, Government Statistician of Samoa, Apia: Government of Samoa.

Office of the Minister of Finance, *Ministry of Finance Annual Report 2012 – 2013*, Apia: Government of Samoa.

Office of the Minister of Finance, *Ministry of Finance Combined Annual Report 2009 – 2010, 2010 – 2011 and 2011 – 2012*, Apia: Government of Samoa.

Office of the Minister of Finance, *Ministry of Finance Corporate Plan 2012 – 2016*, Apia: Government of Samoa.

Samoa Bureau of Statistics, *Consolidated Annual Report July 2012 – June 2014*, Apia: Government of Samoa, 2015.

Samoa Bureau of Statistics, *Gross Domestic Product*, Apia: Government of Samoa, 2016.

United Nations Developments programme, *Samoa National Human Development Report 2006: Sustainable Livelihoods in a Changing Samoa*, Apia: National University of Samoa, 2006.

3. 其他统计资料

Bureau of Democracy, *Human Rights, and Labor, Samoa 2012 International Religious Freedom Report*, Washington: United States Department of State, 2012.

Department of Foreign, *Affairsand Trade: Australian Aid: Promoting Prosperity, *Reducing Poverty, Enhancing Stability*, Sydney: Australian Government, June, 2014.

Desmond Lee-Hang, Jimmy Hatier, Judith Francis, *The Agriculture-Nutrition Nexus in Samoa*, CTA Technical Brief 1, September 2016.

Employment Statistics, June 2021 Quarter, Apia: Samoa Bureau of Statistics, June 2021.

Gross Domestic Product, Apia: Samoa Bureau of Statistics, March 2021.

National Statistics Office and UNDP Pacific Centre, *Samoa Hardship and Poverty Report, Analysis of the 2013/14 Household Income and Expenditure Survey*, Apia: Government of Samoa, 2016.

Overseas Merchandise Trade, Apia: Samoa Bureau of Statistics, September 2021.

UNESKO, *Pacific Education for all 2015 Review*, Paris: the United Nations Educational, Scientific and Cultural Organization, 2015.

专　著

一　中文及汉译专著

陈传仁:《海外华人的力量：移民的历史和现状》，世界知识出版社2007年版。

陈晓晨:《南太平洋地区主义》，社会科学文献出版社2020年版。

[美] 孔飞力:《他者眼中的华人：中国近现代移民史》，李明欢译，江苏人民出版社2016年版。

[美] 玛格丽特·米德:《萨摩亚人的成年——为西方文明所作的原始人类的青年心理研究》，周晓虹、李姚军、刘婧译，商务印书馆2005年版。

[美] 沈已尧:《海外排华百年史》，石毅译，中国社会科学出版社1985年版。

[日] 岩佐嘉亲:《萨摩亚史》（上），马采译，广东人民出版社1974

年版。

石莹丽:《萨摩亚的历史与现实》,中国社会科学出版社2019年版。

司徒泽波、陈本健:《斐济国、所罗门群岛、西萨摩亚群岛华侨概况》,正中书局1992年版。

王华:《萨摩亚争端与大国外交:1871—1900》,中国社会科学出版社2008年版

王作成:《库克群岛》,社会科学文献出版社2017年版。

[新西兰] W. 福克斯、B. 坎伯兰编:《西萨摩亚:热带波利尼西亚的土地、生活及农业》,中山大学地理系经济地理教研室译,商务印书馆1977年版。

喻常森:《国际社会对太平洋岛国援助的比较研究》,时事出版社2017年版。

翟兴付、仇晓谦:《萨摩亚》,世界知识出版社2002年版。

翟兴付:《萨摩亚华侨华人今昔》,香港社会科学出版社有限公司2003年版。

张兴汉、刘汉栋编:《世界华侨华人概况》,暨南大学出版社1997年版。

庄炎林主编:《世界华人精英传略》(大洋洲与非洲卷),百花洲文艺出版社1994年版。

二 英文著作

R. Hayden, *Chinese Indentured Labour in Western Samoa, 1900 – 1950*, Wellington: Government Printing Office, 1965.

John William Hart, *Samoa Culture*, Pesega, Western Samoa, 1984.

A. S. Noa Siaosi, *Catching the Dragon's Tail: The Impact of the Chinese in Samoa*, A thesis submitted in partial fulfillment of the requirements for the Degree of Master of Arts in Pacific Studies, University of Canterbury, 2010.

John Alvin Decker, *Labor Problems in the Pacific Mandates*, Pacific Affairs,

University of British Columbia Pacific Affairs, University of British Columbia.

Malama Meleisea, *The Making of Modern Samoa: Traditional Authority and colonial Administration in the Modern History of Western Samoa*, Suva: Institute of Pacific Studies of the University of the South Pacific, 1987.

Mead M., *Coming of age in Samoa*, New York: HarperCollins Publishers Inc, 1928.

Nancy Y. W. Tom, *The Chinese in Samoa: 1875 – 2015, The Dragon Came from Far*, Published by the Samoa Historical and Cultural Trust, Printed by Marfleet Printing, Apia, Samoa, 2105.

Nancy Y. W. Tom, *The Chinese in Western Samoa 1875 – 1985: The Dragon came from afar*, Published by the Western Samoa Historical and Cultural Trust, Printed by Commercial Printers LTD, Apia, Western Samoa, 1986.

Newton. Rowe, *Samoa Under the Sailing of Gods*, London: Unwin Brothers Limited, 1930.

Ron. G. Crocombe, *Asia in the Pacific Islands: Replacing the West*, Sua: IPS Publications University of the South Pacific, 2007.

Stephen John Smith, *The Samoa (N. Z.) Expeditionary Force 1914 – 1915: An Account Based on Official Records of the Seizure and Occupation by New Zealand of the German Islands of Western Samoa*, Wellington: Ferguson and Osborn Limited, 1924.

Te Rangi Hiroa, *Samoa Material Culture*, New York: Kraus-Thomson Oganization Limited, 1971.

Terence Wesley-Smith, Edgar A. Porter, *China in Oceania: Reshaping the Pacific*, New York: Bergbabn Books, 2010.

Yee Sin John., *The Chinese in the Pacific*, Suva: South Pacific Social Sciences Association, 1974.

论 文

一 中文论文

费晟:《南太平洋岛国华人社会的发展:历史与现实的认知》,《太平洋学报》2014年第11期。

马一:《清驻德属西萨摩亚中国领署的设置》,《德国研究》2015年第2期。

石莹丽:《萨摩亚华人华侨公共形象和社会地位的变迁》,《太平洋岛国研究》2018年第2辑。

石莹丽:《一个隐性的权力阶层——萨摩亚的宗教管理与宗教信仰》,《聊城大学学报》2018年第5期。

王华:《罗伯特史蒂文森与萨摩亚殖民争端——19世纪末欧洲殖民主义文化的另类声音》,《中国青年政治学院学报》2007年第4期。

王华:《评西方学者的萨摩亚研究》,《史学月刊》2005年第3期。

张秀明:《华侨华人相关概念的界定与辨析》,《华侨华人历史研究》2016年第2期。

赵少峰:《太平洋岛国报纸上的中国形象——以巴新、萨摩亚、斐济报纸为中心的考察》,《太平洋岛国研究》第一辑,社会科学文献出版社2017年版。

郑方圆:《全球化背景下人、制度和文化变迁——以美属萨摩亚为例》,《中共云南省委党校学报》2014年第4期。

二 英文论文及报刊新闻

"Airport Steps up to Meet International Standards", *Samoa Observer*, 20 March 2018.

Angela Anya Fatupaito, "Leva'a Samoa James Utuva, Sa'u Emo Tauave, Alofipo Siligamanaia Alofipo, Malama Meleisea, Penelope Schoeffel, Tiffany Arthur,, Kalissa Alexeyeff, Samoa's New Labour Trade", *The Journal of Samoan Studies*, Volume 11, No. 1 2021.

Ben Featuna'I Liua'Ana, "Dragons in Little Paradise: Chinese Fortunes in Samoa, 1900 – 1950", *The Journal of Pacific History*, Vol. 32, No. 1, Jun 1997.

Aumua Ming Leung Wai, "Reflections on the Experiences of the Chinese Community in Samoa", *The Journal of Samoan Studies*, Volume 11, No. 1 2021.

"China Invests in Future of Samoa", *Samoa Observer*, 11 August 2016.

"Chinese Company Tops Donors, Rugby Union gets Lifeline", *Samoa Observer*, 10 November 2017.

Elizabeth Ah-Hi, "Grand Opening for Samoa's International Gateway", *Samoa observer*, 10 May 2018.

Huntington Gilchrist, "Reviewed Work (s): Labor Problems in the Pacific Mandates", *Pacific Affairs*, Vol. 14, No. 4, 1941.

Llia L. Likou, "Chinese Language Popularity Growing in Samoa", *Samoa Observer*, 24 November, 2016.

Lvamere Nataro, "Cocoa Farmer Tells of Success Story", *Samoa Observer*, 28 April 2018.

Lvamere Nataro, Llia L. Likou, "Highway to Success for Farmers", *Samoa Observer*, 21 April 2018.

Philippa Brant, "The Geopolitics of Chinese Aid: Mapping Beijing's Funding in the Pacific", *Foreign Affairs*, March 4, 2015.

后　　记

2017年夏天，笔者承担了一项教育部国别和区域研究中心指向性课题：萨摩亚与中国关系研究，其中涉及萨摩亚华侨华人部分内容。在查阅有关资料时，被一本名为《龙来千里》的著作所吸引。该书作者南西·汤姆叙述了1875—1985年中国人在萨摩亚的生存状态，详细考察了1903—1934年中国人以契约劳工身份到达萨摩亚的具体时间、人数、处境。于是，笔者萌生了为1978年之后抵达萨摩亚的华侨华人续写奋斗史的愿望。带着这一想法，笔者深入田野，走访了部分萨摩亚华侨华人，倾听他们的心声，记录他们在萨摩亚的创业经历。

本书基于对萨摩亚30多位华侨华人的采访实录，同时选取了不同时间段、不同领域有代表性的同胞进行了具体介绍。其中涉及1870—1949年华侨华人内容，部分参阅了南西·汤姆的《龙来千里》一书。具体到当代萨摩亚华侨华人内容，笔者在撰述中尽可能保留了华侨华人的原始表述。为了把当代华侨华人的奋斗历程、同胞们之间的关系更加明确地表述出来，笔者在对每一位同胞介绍之前均描述了与他们的结识过程。

受历史学专业训练，在具体访谈过程中，笔者依然无法摆脱历史思维惯性。在与受访者的对话中，习惯性地先从受访者的出生地、家庭成员、受教育背景谈起，整个采访过程更像是传记式访谈，而且在叙述过程中依然延续了这一写作习惯。如此，对于每一位受访者的人生历程着墨较重。尽管笔者在撰写过程中已经意识到这一点，但并未进行过多修改。在笔者看来，他们得以把自己的人生经历完整记录下来的机会不多，这些经历共同汇成了他们的生命历程，是他们在萨摩亚创业的根基和源泉。同时，为了能够清晰地记住他们受访时的表述、表情、肢体语言等，笔者对每一位受访者进行了全程录像。回国后，笔者多次回放录像，他们在镜头前激愤、兴奋、骄傲、落寞……他们把最美好的时光、最难忘的经历都留在了萨摩亚。

受性别、文化、年龄、家庭背景、教育水平、创业历程等影响，华侨华人对于萨摩亚的文化认知存在较大差异，而且这些因素同时影响到他们与当地人的关系。采访中笔者借用了人类学的田野调查法，尽可能不带有任何先入为主的假设或者成见，不向受访者做任何暗示或者引导，让他们把自己在萨摩亚最真实的感受叙述出来。因此，在与他们的对话过程中，笔者尽可能把自己置于他们的创业经历中，去理解他们动机的合理化。由于每个人的经历不同，产业不同，文化认知不同，对萨摩亚的感受亦有天壤之别，但在他们身上有一种共同的文化特质，这种文化特质是他们勇于挑战、战胜困难的根源，这就是中华优秀传统文化。

本书从访谈到出版历经4年时间。其间，受新冠肺炎疫情影响，萨摩亚自2020年1月开始关闭海关，其经济遭受严重影响，国家基建能力和普通百姓购买力削弱。多数在萨华侨华人生意亦受到不同程度影响，有的同胞甚至长期滞留国内。因此，对于笔者回国后萨摩亚华侨华人的有效信息补充不多。

自2018年年底回国以来，笔者教学、科研工作日趋繁忙，关于本书的撰写一直处于搁置状态。直到2020年年底才被提上日程。在本书的撰写、校对、出版过程中，受到了诸多领导、亲友的支持，在此表达由衷的感激之情。

感谢我的爱人仓友廉先生。自2016年以来，他基本承担了全部家务劳动。2016年1月至2018年12月我在萨摩亚执行援助任务，他一个人留在国内照顾我的母亲。2018年年底回国后，我的工作日渐繁忙，母亲身体每况愈下，从一日三餐到家务劳动，他毫无怨言。而且每当我表现出厌倦之情时，他总是开导、鼓励我。近3年来，我先后获得聊城大学最美教师、山东省教育系统女职工建功立业标兵等荣誉，这都与先生的帮助分不开。在本书的校对过程中，他又停下所有工作仔细阅读了全部内容并且修改了漏字、错字部分。

感谢聊城大学历史文化与旅游学院、太平洋岛国研究中心的各位领导、同人。几年来，学院、中心为老师们搭建了国内一流的学术平台，营造了良好的学术氛围，老师们得以在温暖、祥和的环境中安心从事教学科研工作。

本书出版受到了学位与研究生教育质量强化建设——"世界史经费"（319291902）、山东省重点新型智库—太平洋岛国研究中心平台建设经费（3192501）以及学院图书出版专项经费的支持，本书的出版也是上述研究项目的阶段性成果。在此，恳请诸位同人对本书提出宝贵意见。

感谢萨摩亚华侨华人的通力协助。本书采访过程中，得到了华侨华人的理解支持，他们放下工作，配合采访，并且以最真诚的方式、最朴素的语言阐述了他们的打拼经历。尤其是翁维捷先生为笔者介绍、引荐了多位同胞，派员工陪同笔者前往萨摩亚敬老院采访了李美女士，施祖杰先生派员工陪同笔者前往萨摩亚受害人救助中心实地考察。在本书出版过程中，又受到翁维捷、施祖杰、王培正、王命秀、黄至杰五位华人华侨的部分经费资助，在此向他们表示最真诚的谢意。

石莹丽
2022年5月